# ISTVÁN MÉSZÁROS
e os desafios do tempo histórico

István Mészáros em São Paulo, novembro de 2007.

# ISTVÁN MÉSZÁROS
# e os desafios do tempo histórico

¶

ENSAIOS DE

Afrânio Mendes Catani – Brett Clark – Edmilson Costa – Emir Sader
François Chesnais – Giovanni Alves – István Mészáros – Jesus Ranieri
John Bellamy Foster – Jorge Beinstein – Jorge Giordani – Maria Orlanda Pinassi
Miguel Vedda – Osvaldo Coggiola – Plínio de Arruda Sampaio Jr.
Ricardo Antunes – Ricardo Musse – Roberto Leher
Rodrigo de Souza Dantas – Valério Arcary – Wolfgang Leo Maar

¶

ORGANIZAÇÃO DE
*Ivana Jinkings e Rodrigo Nobile*

Copyright desta edição © Boitempo Editorial, 2011
Copyright da organização © Ivana Jinkings e Rodrigo Nobile, 2011

*Coordenação editorial*
Bibiana Leme

*Assistência editorial*
Livia Campos

*Edição de texto*
Mariana Tavares

*Revisão*
Thaisa Burani

*Cronologia*
Isabella Jinkings

*Diagramação*
Acqua Estúdio Gráfico

*Capa*
David Amiel

*Fotografias*
Waldo Fuentes Sanchez: págs. 184 (meio e inferior esquerda) e 277
Boitempo Editorial e acervo pessoal de Mészáros (demais fotografias)

*Produção*
Livia Campos

CIP-BRASIL. CATALOGAÇÃO-NA-FONTE
SINDICATO NACIONAL DOS EDITORES DE LIVROS, RJ

M55

Mészáros e os desafios do tempo histórico / Ivana Jinkings e Rodrigo Nobile, organizadores. - São Paulo : Boitempo, 2011.

ISBN 978-85-7559-177-2

1. Mészáros, István, 1930-. 2. Socialistas. 3. Filosofia marxista. 4. Capital (Economia). 5. Capitalismo. 6. Socialismo. I. Nobile, Rodrigo. II. Jinkings, Ivana.

| 11-2784. | CDD: 301 |
|---|---|
| | CDU: 316 |
| 17.05.11   19.05.11 | 026481 |

É vedada a reprodução de qualquer parte deste livro sem a expressa autorização da editora.

Este livro atende às normas do acordo ortográfico em vigor desde janeiro de 2009.
A publicação contou com o apoio da Coordenação de Aperfeiçoamento de Pessoal de Nível Superior (Capes).

1ª edição: junho de 2011; 1ª reimpressão: abril de 2015

BOITEMPO EDITORIAL
Jinkings Editores Associados Ltda.
Rua Pereira Leite, 373
05442-000 São Paulo SP
Tel./fax: (11) 3875-7250 / 3872-6869
editor@boitempoeditorial.com.br | www.boitempoeditorial.com.br
www.blogdaboitempo.com.br | www.facebook.com/boitempo
www.twitter.com/editoraboitempo | www.youtube.com/imprensaboitempo

# SUMÁRIO

APRESENTAÇÃO ............................................................................................................. 7
Ivana Jinkings e Rodrigo Nobile

PREFÁCIO ....................................................................................................................... 11
Jorge Giordani

## O PODER DA IDEOLOGIA

SOBRE O IDEAL E O IDEOLÓGICO NO LUKÁCS TARDIO ................................... 19
Miguel Vedda

IDEOLOGIA, MATERIALISMO E DIALÉTICA ........................................................... 31
Osvaldo Coggiola

A COMPREENSÃO DA PRÁXIS .................................................................................. 43
Wolfgang Leo Maar

## TRABALHO E ALIENAÇÃO

TRABALHO E ALIENAÇÃO NO SÉCULO XXI: NOTAS CRÍTICAS SOBRE A CONTRIBUIÇÃO
DE MÉSZÁROS E LUKÁCS ........................................................................................... 57
Giovanni Alves

ACERCA DAS CHAMADAS "DETERMINAÇÕES-DA-REFLEXÃO": O LUGAR DO
PENSAMENTO NA PRODUÇÃO DO REAL ............................................................... 63
Jesus Ranieri

O SISTEMA DE METABOLISMO SOCIAL DO CAPITAL E SEU COROLÁRIO, A ALIENAÇÃO,
NA OBRA DE ISTVÁN MÉSZÁROS ............................................................................. 75
Ricardo Antunes

## MARX, LUKÁCS E OS INTELECTUAIS REVOLUCIONÁRIOS

INTELECTUAL MARXISTA, UM DIRIGENTE REVOLUCIONÁRIO ........................ 89
Emir Sader

ISTVÁN MÉSZÁROS, UM CLÁSSICO DO SÉCULO XXI ............................................. 95
    Maria Orlanda Pinassi

O INTELECTUAL COMO MILITANTE REVOLUCIONÁRIO ..................................... 103
    Ricardo Musse

## PARA ALÉM DO CAPITAL

A DIALÉTICA DO METABOLISMO SOCIAL E ECOLÓGICO: MARX, MÉSZÁROS E OS LIMITES ABSOLUTOS DO CAPITAL .................................................................. 117
    Brett Clark e John Bellamy Foster

MÉSZÁROS E AS CONDIÇÕES ESTRATÉGICAS DE UMA TEORIA SOCIALISTA DA TRANSIÇÃO ................................................................................................. 129
    Rodrigo de Souza Dantas

ISTVÁN MÉSZÁROS: UM MARXISMO PARA AS REVOLUÇÕES DO SÉCULO XXI ............... 137
    Valério Arcary

## EDUCAÇÃO E SOCIALISMO

CONSIDERAÇÕES SOBRE EDUCAÇÃO A PARTIR DAS CONCEPÇÕES DE ISTVÁN MÉSZÁROS ............................................................................................. 151
    Afrânio Mendes Catani

DESAFIOS PARA UMA EDUCAÇÃO ALÉM DO CAPITAL ...................................... 159
    Roberto Leher

## A CRISE ESTRUTURAL DO CAPITAL

NÃO SÓ UMA CRISE ECONÔMICA E FINANCEIRA, UMA CRISE DE CIVILIZAÇÃO ........... 187
    François Chesnais

A CRISE ESTRUTURAL DO CAPITAL E OS DESAFIOS DA REVOLUÇÃO ..................... 199
    Plínio de Arruda Sampaio Jr.

A SEGUNDA ONDA DA CRISE SISTÊMICA GLOBAL: O CAPITAL MAIS UMA VEZ NA ENCRUZILHADA .................................................................................................. 211
    Edmilson Costa

NO COMEÇO DE UMA LONGA VIAGEM: DECADÊNCIA DO CAPITALISMO, NOSTALGIAS, HERANÇAS E ESPERANÇAS NO SÉCULO XXI ........................................................ 221
    Jorge Beinstein

## APÊNDICE

A RECONSTRUÇÃO NECESSÁRIA DA DIALÉTICA HISTÓRICA ............................. 235
    István Mészáros

ENTREGA DO PREMIO LIBERTADOR AL PENSAMIENTO CRÍTICO A ISTVÁN MÉSZÁROS. 267
    Hugo Chávez

CRONOLOGIA ........................................................................................................ 269

SOBRE ISTVÁN MÉSZÁROS ................................................................................. 271

SOBRE OS AUTORES E OS ORGANIZADORES ................................................... 273

# APRESENTAÇÃO
*Ivana Jinkings e Rodrigo Nobile*

Em tempos de reflexão minimalista, István Mészáros é um pensador fundamental. A densidade e a abrangência de sua crítica da ordem social vigente representam uma sólida base teórica à construção de alternativas. Autor de extensa obra, ganhador de prêmios como o Attila József, em 1951, o Deutscher Memorial Prize, em 1970, e o Premio Libertador al Pensamiento Crítico, em 2008, Mészáros se afirma como um dos mais importantes pensadores da atualidade.

Filósofo no melhor sentido do termo – aquele que não apenas ajuda a desvendar o significado das coisas, mas propõe a sua transformação –, Mészáros faz uma crítica devastadora das engrenagens que caracterizam o sistema sociometabólico do capital. Seu trabalho dialoga criticamente com toda a produção relevante dos séculos XX e XXI e navega dos clássicos aos contemporâneos com rigor e criatividade notáveis. Domina o marxismo como totalidade crítica, da economia política à análise de classes, das relações de poder às disputas contra-hegemônicas Em sua obra, enfrenta os desafios para a superação da vida regulada pelo capital, em direção a uma existência humana fundada na igualdade substantiva.

Nascido em 1930, na Hungria, no seio de uma família modesta, foi criado pela mãe, operária, e tornou-se ele também – ainda adolescente – trabalhador em uma indústria de aviões de carga de Budapeste. Somente após o final da Segunda Guerra, em 1945, pôde se dedicar aos estudos. Formou-se em Filosofia em 1954, na Universidade de Budapeste, na qual mais tarde, no período que antecedeu ao levante húngaro de 1956, trabalhou como assistente de György Lukács no Instituto de Estética. Com a entrada das tropas soviéticas no país, exilou-se na Itália – onde lecionou na Universidade de Turim –, indo posteriormente trabalhar nas universidades de St. Andrews (Escócia), York (Canadá) e, por fim, Sussex (Inglaterra), onde, em 1991, recebeu o título de Professor Emérito.

A obra de Mészáros passa em revista velhos conceitos e lança luz nova sobre questões atuais, permitindo-nos redescobrir Marx como um pensador do presente e do futuro. *Para além do capital* – seu livro de maior envergadura – é hoje leitura indispensável para entender o sistema de relações capital-trabalho, seus limites, contradições, movimento e horizonte de superação, e é considerado o mais importante estudo sobre o pensamento político e econômico de Marx (especialmente de *O capital* e dos *Grundrisse*). A investigação do século XX o leva a constatar que o sistema do capital converte-se em um processo incontrolável e destrutivo.

Na contracorrente dos niilistas e dos acomodados, Mészáros aponta caminhos e reafirma que não há arremedo capaz de amenizar a gravidade extrema das contradições desse sistema, permanentemente criadas e insolventes. A "não alternativa" ao capital significa a "não alternativa" à sobrevivência da própria humanidade. Sendo assim, a disputa não se daria mais entre socialismo ou barbárie, mas entre socialismo ou extinção. A militância intelectual de Mészáros, sua relação estreita e de identificação com os movimentos sociais e os militantes em geral, faz dele um elo entre diferentes correntes de pensamento e grupos políticos. Sua dimensão humana, no entanto, vai além: o temperamento aberto, ameno, generoso constitui um exemplo para gerações de militantes políticos e acadêmicos, justificando sua escolha unânime como tema do III Seminário Internacional Margem Esquerda.

Para homenagear Istvan Mészáros, alguns dos mais destacados intelectuais do Brasil e do exterior participaram desse seminário, realizado entre agosto e setembro de 2009, em oito cidades brasileiras. O legado desse filósofo denso, rigoroso, radical foi o ponto de partida para as discussões e o entendimento da ideologia, do sistema do capital, de sua crise estrutural e sua necessária superação. Para tanto, foram organizadas dezoito mesas de debate que refletiram sobre o nosso tempo e as lutas que se apresentam no horizonte, abordando, sempre sob a perspectiva marxista, temas diversos – meio ambiente, educação, trabalho, alienação, financeirização, indústria bélica, papel dos intelectuais, entre outros.

Em São Paulo, entre os dias 18 e 21 de agosto, foram realizadas quatro jornadas de intensa discussão no Anfiteatro do Departamento de História da Faculdade de Filosofia, Letras e Ciências Humanas da Universidade de São Paulo (FFLCH-USP).

O trabalho iniciou-se com as mesas "O poder da ideologia", com Miguel Vedda (Argentina), Osvaldo Coggiola, Virginia Fontes e Wolfgang Leo Maar; e "Trabalho e alienação", com Giovanni Alves, Jesus Ranieri, Ricardo Antunes e Ruy Braga. A seguir, retomou-se o estudo com as mesas "Marx, Lukács e os intelectuais revolucionários", com Emir Sader, Maria Orlanda Pinassi e Ricardo Musse; e "Para além do capital – a crise estrutural do capital", com Edmilson Costa, François Chesnais (França) e Jorge Beinstein (Argentina). O terceiro dia teve como foco os temas de ecologia e educação, nas mesas "Para além do capital – lógica destrutiva e questão ambiental", com Brett Clark (Estados Unidos), Carlos Walter Porto-Gonçalves e

Mohamed Habbib; e "Educação e socialismo", com Afrânio Mendes Catani, Décio Saes, Isabel Rauber (Argentina/Cuba) e Roberto Leher. Por fim, no último dia foi a vez da mesa "Marxismo, lutas sociais e revolução na América Latina", com Aldo Casas (Argentina), Francisco de Oliveira, Gilmar Mauro e Lúcio Flávio de Almeida, e da Conferência Magistral "A necessária reconstituição da dialética histórica", de István Mészáros, precedida por um solo de Bach em viola de sua filha, Susie Mészáros (Inglaterra). Como parte de sua agenda em São Paulo, Mészáros visitou ainda a Escola Nacional Florestan Fernandes, do Movimento dos Trabalhadores Rurais Sem Terra (MST), onde foi homenageado.

Foram organizadas atividades também em cidades do interior paulista. No campus de Araraquara da Universidade Estadual Paulista realizou-se, em 24 de agosto, a mesa "A crise estrutural do capital", com Aldo Casas, Gilmar Mauro e Maria Orlanda Pinassi. O mesmo tema foi debatido na Unicamp, por Aldo Casas, Caio Navarro de Toledo, Plínio de Arruda Sampaio Jr. e Ricardo Antunes. Em 26 de agosto, ocorreu em Santo André, no Centro Universitário Fundação Santo André, a mesa "Crise do capital e perspectivas do trabalho", com Antonio Rago Filho, Everaldo de Oliveira Andrade, Livia Cotrim e Miguel Vedda.

István Mészáros voltou a proferir sua Conferência Magistral no Rio de Janeiro, em duas ocasiões: em 25 de agosto, na Universidade Estadual (UERJ), atividade que contou com comentários de Emir Sader e Gaudêncio Frigotto; e em 26 de agosto, na Universidade Federal do Rio de Janeiro (UFRJ), após a mesa "Perspectiva do socialismo hoje", da qual participaram Carlos Nelson Coutinho, Jorge Giordani e José Paulo Netto. Além do Rio de Janeiro, outras capitais brasileiras abrigaram atividades. Em 27 de agosto, o Centro Federal de Educação Tecnológica de Belo Horizonte recebeu o debate "Para além do capital – crise do capital e perspectivas do trabalho", com Ester Vaisman, Milney Chasin, Nicolas Tertulian (Romênia) e Rodrigo de Souza Dantas. Em Porto Alegre, na Universidade Federal do Rio Grande do Sul (UFRGS), Mészáros proferiu novamente sua Conferência, agora com comentários de Jorge Giordani. No dia seguinte, a UFRGS abrigou a discussão sobre "A transição para além do capital em Mészáros", com Carla Ferreira, Jorge Giordani e Nildo Ouriques. Em 1º de setembro, na Universidade de Brasília, o ciclo encerrou-se com o debate "A crise estrutural do capital e o desafio do socialismo no século XXI", do qual participaram Gilson Dantas, Rodrigo de Souza Dantas e Valério Arcary.

A relevância do trabalho de Mészáros e o interesse gerado por ele ficaram evidentes pela maciça presença de público nas atividades. Em São Paulo, o filósofo reuniu cerca de 1.400 pessoas para ouvi-lo na USP e no Tuca (PUC-SP), onde, em evento realizado em parceria com a CPFL, debateu com Göran Therborn (Suécia), Jorge Beinstein e Francisco de Oliveira sobre "A crise vista pelos marxismos do século XXI". Em Porto Alegre, cerca de 950 pessoas assistiram à Conferência de Mészáros. No Rio de Janeiro, calcula-se a presença de mil pessoas (somando UERJ e UFRJ). No total, a estimativa é de que aproximadamente 4 mil pessoas tenham participado presencialmente das atividades, além dos que acompanharam as transmissões dos debates via internet.

Esse monumental esforço da Revista *Margem Esquerda* para disseminar o pensamento de István Mészáros não poderia ocorrer sem o envolvimento de diversas pessoas e instituições que devem aqui ser relacionadas. Da comissão organizadora participaram Emir Sader, Ivana Jinkings, Maria Orlanda Pinassi, Ricardo Antunes, Rodrigo Nobile e Ruy Braga. As instituições que apoiaram foram: o Centro de Estudos dos Direitos da Cidadania (Cenedic), a Coordenação de Aperfeiçoamento de Pessoal de Nível Superior (Capes); a Fundação de Amparo à Pesquisa do Estado de São Paulo (Fapesp); o Conselho Latino-Americano de Ciências Sociais (Clacso); o Programa de Políticas Públicas e Formação Humana (PPFH) e o Laboratório de Políticas Públicas da Universidade Estadual do Rio de Janeiro (LPP-UERJ); a Escola de Serviço Social (ESS) e o Centro de Ciências Jurídicas e Econômicas (CCJE) da Universidade Federal do Rio de Janeiro; a revista *Versus*; o Centro Universitário Fundação Santo André; a Universidade de Brasília; o Centro Federal de Educação Tecnológica de Belo Horizonte; a Universidade Federal do Rio Grande do Sul; a Faculdade Triângulo Mineiro e a Universidade de São Paulo. Merecem ainda registro os apoios de Agnaldo Fernandes, Ana Lúcia Barbosa Faria, Antonio Rago Filho, Carla Ferreira, Deise Mancebo, Maria Malta, Mathias Luce, Pablo Gentili, Rodrigo Castelo Branco e Yolanda Guerra. Por fim, o seminário não seria realizado sem o sempre decisivo e dedicado empenho da equipe da Boitempo Editorial.

O livro que o leitor tem pela frente – cujos direitos autorais, assim como de toda a obra de Mészáros publicada pela Boitempo no Brasil, foram cedidos para o Movimento dos Trabalhadores Rurais Sem Terra – reúne parte das contribuições apresentadas durante o III Seminário Margem Esquerda, incluindo o ensaio "A reconstrução necessária da dialética histórica", do próprio homenageado. O volume traz ainda fotos, documentos e cartas que ajudam a compreender a relevância e a dimensão da produção desse grande intelectual e militante. Deve ser lido por todos aqueles que lutam pela emancipação do ser humano, contra o domínio do capital que o explora, oprime e aliena.

Uma ausência que marca esta homenagem: a de Donatella Mészáros, falecida no dia 13 de junho de 2007. Ao lado de István, com quem se casou em 1956, foi uma lutadora pela causa dos oprimidos e viveu intensamente, impregnada de generosidade e sonhos. À sua memória dedicamos esta edição.

*Maio de 2011*

# PREFÁCIO[*]
*Jorge Giordani*

István Mészáros é um pensador original, cujos trabalhos permitem compreender a crise que a humanidade vive hoje. Depois de passar, ainda adolescente, por uma série de ofícios que lhe permitiram compreender a tarefa de um ajudante de padaria ou de um trabalhador em uma fábrica produtora de peças de avião, o filósofo pôde, a partir de sua formação em Budapeste, realizar os estudos que muito cedo o levaram a ser assistente de seu professor Gÿorgy Lukács, com quem alcançou uma amizade que se estendeu pelo resto da vida.

Conversar com István Mészáros significa a oportunidade de acercar-se de um ser humano extraordinário, comprometido com uma mudança social radical da sociedade e que, em uníssono, aponta as cotidianidades da vida com humor e ironia fina e profunda. Sua companheira Donatella o acompanhou pelo mundo inteiro, desde sua Itália impregnada pelos sinais do pós-guerra até a elaboração mais profunda acerca da realidade de nossos dias; manteve-se sempre ao seu lado, seja na investigação teórica, seja na essência humana de um casal extraordinário. Hoje ainda a presença de Donatella [falecida em 2007] continua viva na obra que Mészáros desenvolve, dedicado à conclusão de uma série de trabalhos que, esperamos, seja prontamente trazida à luz pública.

Tudo isso antes de começar a tarefa que o esperava ainda nos tempos de professor emérito da Universidade de Sussex, isto é, enfrentar o desafio de que nem o próprio Marx pôde aproximar-se em vida: compreender o problema do Estado, necessário para iluminar o caminho, o obrigatório trânsito, de uma sociedade baseada no capital para outra fundamentada na lógica do trabalho.

---
[*] Tradução de Maria Orlanda Pinassi.

O itinerário que levou István Mészáros a ter de sair de sua terra natal, Budapeste, após a invasão soviética, em meados dos anos 1950, fez com que o pensador começasse uma nova vida, agora com Donatella. Mészáros permaneceu por certo tempo em Turim, onde publicou seu desafiador livro acerca da rebelião dos intelectuais na Hungria[1]. Mais tarde, chegou à atmosfera diferente da Universidade de St. Andrews, na Escócia, instituição fundada em 1413, o que a torna a universidade mais antiga do país e a terceira em países de língua inglesa. Foi em St. Andrews que nasceu George, seu terceiro filho. Em Codogno, na Itália, nascera Laura, a primogênita, seguida de Susie, em Londres.

A integração da família Mészáros à vida no Reino Unido tornou-se definitiva, em diferentes universidades e cidades de residência: desde a Inglaterra até a Escócia, passando por Londres e Sussex para terminar em Rochester, no condado de Kent, onde Donatella foi sepultada. Foi na Universidade de Sussex, após uma estadia na Universidade de York, em Toronto, no Canadá, que Mészáros alcançou o grau de professor emérito e lá permaneceu até se afastar das atividades docentes. Esse fato, porém, não influiu no empenho de seu trabalho de busca e exploração em torno das raízes últimas do metabolismo social que permeia os habitantes desta Terra.

Seu reconhecimento da grandeza de Attila József o levou a traduzir, junto com Donatella, os poemas desse grande revolucionário e poeta húngaro[2]. Anos depois, em um dos primeiros trabalhos publicados, *A teoria da alienação em Marx*, começou a mostrar sua linha de pensamento no campo da filosofia marxista[3]. A interpretação profunda do professor Lukács é expressa por Mészáros, em um par de obras, entre outras, publicadas posteriormente[4]. Ainda no princípio dos anos 1970, recebeu o Deutscher Memorial Prize por *A necessidade do controle social*[5], obra que foi seguida por uma série de trabalhos relativos à obra de Sartre[6] e ao estudo sobre o poder da ideologia[7].

Depois desses trabalhos, começa a sistematização do que seria talvez a obra magna de István Mészáros, a compreensão da lógica do metabolismo social do

---

[1] István Mészáros, *La rivolta degli intellettuali in Ungheria* (Turim, Einaudi, 1958).
[2] Idem, *Attila József e l'arte moderna* (Milão, Lerici, 1964).
[3] Idem, *A teoria da alienação em Marx* (São Paulo, Boitempo, 2006).
[4] Idem, *Aspects of History and Class Consciousness* (Londres, Routledge & K. Paul, 1971) e idem, *Lukács' Concept of Dialectic* (Londres, Merlin, 1972).
[5] Idem, *A necessidade do controle social* (São Paulo, Ensaio, 1987).
[6] Idem, *Obra de Sartre: busca da liberdade* (São Paulo, Boitempo, no prelo).
[7] Idem, *O poder da ideologia* (São Paulo, Boitempo, 2004).

capital[8]. Para além dos trabalhos de Marx, daqueles que ele próprio não pôde atingir em seu plano de trabalho original, e igualmente para além dessa lógica do capital imerso em uma crise estrutural que não resolve as contradições antagônicas – como as da igualdade substantiva, as ambientais e as relativas às unidades de produção transnacional e aos Estados nacionais – nem as contradições provenientes do desemprego estrutural, inerentes ao que ocorre na realidade de um sistema que Mészáros considera em uma transição, em uma teoria da transição que elabora para ir a outra lógica fundamentada no trabalho, isto é, a sociedade socialista. A obra foi publicada no fim de 1995, na qual vinha trabalhando há vários anos, para não dizer décadas. Esse trabalho seminal e lúcido permitiu, entre outras coisas, dar novo sentido à discussão acerca da obra de Marx. Não somente em função do que o próprio Marx não vivenciou, mas também pelo que significam as lutas para alcançar uma sociedade de novo cunho, superior às anteriores, mergulhado como se encontra atualmente o capitalismo em uma fase de crise estrutural que já dura décadas, desde o início dos anos 1970.

A obra de Mészáros não somente procede como trabalho de investigação da realidade atual, como tem a ver com seu compromisso militante pelas causas justas do socialismo. Mészáros nunca deixou de mostrar seu lado ativo em prol da luta dos povos da Terra, empenho que, entre outras coisas, o levou a percorrer várias partes do mundo, desde seu país natal, onde suas obras nunca foram difundidas com o merecido reconhecimento, até a queda do sistema soviético no fim dos anos 1980. Hoje, a própria Academia Húngara não poderia menos que render homenagem a um filho ilustre comprometido com a causa dos que lutam de maneira genuína, em seu país e no resto do mundo, pelo socialismo.

Uma faceta particular desse intenso e profundo compromisso com a humanidade se vê refletida nas visitas que realiza ao México, Brasil, Venezuela, Cuba, em diferentes ocasiões, brindando com sua obra os povos que lutam na América Latina e no Caribe pelo que o próprio Mészáros propõe em seus trabalhos: a superação da lógica do capital pela lógica do trabalho que a suplante.

Recentemente, sua obra consubstanciada com a perspectiva do socialismo no século XXI recebeu as honras do Premio Libertador al Pensamiento Crítico [concedido pelo Ministério da Cultura da Venezuela][9]. Tendo em vista esses trabalhos vinculados ao processo de transição e aos desafios que implicam a construção do

---

[8] Idem, *Para além do capital: rumo a uma teoria da transição* (São Paulo, Boitempo, 2002).
[9] Idem, *O desafio e o fardo do tempo histórico: o socialismo no século XXI* (São Paulo, Boitempo, 2007).

socialismo no contexto da crise estrutural do capital, Mészáros pôde elucidar alguns dos desafios enfrentados para viabilizar tamanha tarefa histórica. Um deles tem a ver com a possibilidade de tornar irreversível a construção do novo modelo, particularmente depois do que ocorreu no caso da União Soviética, os enormes esforços que surgiram depois da Primeira Guerra Mundial e o sofrimento do povo soviético ao rechaçar as pretensões da ofensiva nazista a partir de 21 de junho de 1941.

A consideração da experiência soviética como um sistema onde prevaleceu igualmente a lógica de extração do trabalho excedente, dessa vez por via política – não como ocorreu no capitalismo que Marx vivenciou, onde essa extração se dava por via econômica –, levou Mészáros a qualificar a experiência soviética como pós-capitalista, que priva da lógica do mesmo metabolismo do capital.

Quando poderá existir uma sociedade baseada na lógica do trabalho é algo difícil de prever, questão que nem mesmo Marx se atreveu a fazer. A teoria da transição de István Mészáros é uma teoria de longo fôlego, de caráter claramente estrutural, mas que não deixa de considerar aqueles aspectos específicos relativos à conjuntura tal como a sentimos e sofremos os 6,5 bilhões de seres humanos que habitam o planeta Terra – já que se corre, entre outros, o grave perigo de desaparecer ou de que exploda a irracionalidade da maior potência militar industrial da história da humanidade, questão sobre a qual temos exemplos suficientes, não somente com o que ocorre no Oriente Médio, mas também com as novas agressões que começam a aparecer no contexto latino-americano, com as bases militares dos Estados Unidos em terras colombianas.

A história das contínuas agressões do império norte-americano já foi suficientemente registrada, para não ressaltar os novos perigos que se assomam no horizonte de curto prazo. Sobre isso, o próprio Mészáros retoma a expressão lapidar de Rosa Luxemburgo, *"socialismo ou barbárie"*, que ressoa em diferentes partes do globo. Tais perigos não escapam à atenção do filósofo em um de seus últimos trabalhos, que faz referência ao poderio militar dos EUA[10].

A obra e a vida de István Mészáros permanecem ligadas à história dos grandes pensadores e renovadores do pensamento marxista. Como filósofo político, soube ir às causas mais profundas da realidade que nos toca viver, da mesma forma que deu sua contribuição à transformação de um sistema metabólico que mostra seus sinais de esgotamento. Toda essa tarefa que, junto com Donatella, sua companheira de existência e de luta, decidiu empreender, vê-se refletida e traduzida para

---

[10] Idem, *O século XXI: socialismo ou barbárie?* (São Paulo, Boitempo, 2003).

muitos idiomas em todo o mundo, o que mostra o reconhecimento ao seu compromisso radical com a construção de um mundo que prive da lógica do trabalho, o que significa nada mais, nada menos que a superação da sociedade atual com suas contradições antagônicas. Pouca coisa para o tamanho intelectual da empresa iniciada por esse revolucionário húngaro que segue nos dando mostras de valor, coragem intelectual e extraordinária presença como ser humano excepcional.

Donatella Mészáros, companheira de toda uma vida, em 2007.

# O PODER DA IDEOLOGIA

# SOBRE O IDEAL E O IDEOLÓGICO
# NO LUKÁCS TARDIO[*]
*Miguel Vedda*

## I.

Terry Eagleton abre seu livro sobre o conceito de ideologia[**] aludindo a um sugestivo paradoxo: a década de 1980 – uma época dourada para o neoliberalismo – esteve marcada pelo ressurgimento de movimentos ideológicos em todo o mundo, e pelo anúncio, por parte de um amplo grupo de intelectuais, da morte das ideologias. Caberia dizer que contrassensos como os assinalados por Eagleton, referindo-se aos anos imediatamente anteriores à aparição de seu estudo, atravessaram a chamada "era pós-moderna": uma época que também formulou, por meio de alguns de seus mais conhecidos expoentes, a cândida proposta de atacar um sistema que assumia cada vez mais um caráter unitário e global, mediante microestratégias, circuitos esquizoides ou proliferações rizomáticas. Em *O poder da ideologia*, István Mészáros não só passou em revista as mais diversas negações ideológicas da ideologia – de Hegel a Merleau-Ponty, de Weber a Aron, de Galbraith e Keynes a Bell – como se ocupou em examinar as antinomias dos modelos de pensamento hegemônicos durante a pós-modernidade. No interior desta estão a aparente oposição e a essencial complementaridade entre modernismo e pós-modernismo, posições representadas de forma exemplar, respectivamente, por Habermas e Lyotard. Mészáros destaca que, "ao se avaliar o relacionamento entre 'modernidade' e 'pós-modernidade', a primeira coisa a enfatizar é que *ambas* as tendências continuam a afirmar que vão 'além da ideologia', enquanto acusam a outra de permanecer dentro de seus limites"[1].

---

[*] Tradução de Maria Orlanda Pinassi. (N. E.)
[**] Terry Eagleton, *Ideologia: uma introdução* (São Paulo, Boitempo, 2006). (N. E.)
[1] István Mészáros, *O poder da ideologia* (São Paulo, Boitempo, 2004), p. 95.

De fato, assim como a proposta habermasiana de substituir a ideologia pela teoria vai de mãos dadas com uma condenação do pensamento pós-moderno, entendida como um neoconservadorismo, a crítica de Lyotard às grandes narrativas e ao paradigma comunicacional de Habermas supõe a existência de uma posição não ideológica: aquela que o escritor francês vincula com o particularismo do *petit récit* [conto]. Mas, assim como é preciso destacar as características históricas particulares que a negação da ideologia assumiu durante as últimas décadas, deve-se indicar também que a impugnação das formas ideológicas como meras superstições, destinadas a se destacar graças à neutra objetividade científica, possui uma extensa história. Por meio desta, tratou-se de silenciar que, como afirma Mészáros, a ideologia "não é ilusão nem superstição religiosa de indivíduos mal-orientados, mas uma forma específica de consciência social, materialmente ancorada e sustentada"[2]. Inspirando-se em Marx, Mészáros afirma que a natureza da ideologia está marcada pelo "imperativo de se tornar *praticamente consciente* do conflito social fundamental [...] com o propósito de resolvê-lo *pela luta*"[3]. Daí que as ideologias possuem implicações práticas de longo alcance "na arte e na literatura, assim como na filosofia e na teoria social, independentemente de sua vinculação sociopolítica a posições progressistas ou conservadoras"[4].

A remissão a Marx é em si significativa, sobretudo porque um vasto setor da própria crítica marxista se empenhou em construir uma imagem do autor de *O capital* como radical inimigo de todo pensamento ideológico em nome da ciência. Mesmo um autor tão brilhante como Michael Löwy disse que, para Marx, "ideologia é claramente um conceito pejorativo, um conceito crítico que implica ilusão ou se refere à consciência deformada da realidade que se dá através da ideologia dominante"[5]; e acrescenta que só a partir de Lenin o conceito passa a admitir um sentido não pejorativo, positivo, como designação de qualquer doutrina sobre a realidade social que se vincule a uma opinião de classe. Ainda que a crítica da ideologia percorra a obra de Marx, seria errado, em nossa opinião, supor que as reflexões geradas no âmbito das discussões com o idealismo – e, sobretudo, com o neohegelianismo – podem ser extraídas de seu contexto específico e elevadas simplesmente à condição de princípios gerais do pensamento de Marx. Georges Labica já demonstrou que o questionamento das ideologias como falsa consciência convive com uma visão diversa do ideológico, que se manifesta sobretudo nos es-

---

[2] Ibidem, p. 65.
[3] Ibidem, p. 66.
[4] Idem.
[5] Michael Löwy, *Ideologias e ciência social: elementos para uma análise marxista* (São Paulo, Cortez, 2008), p. 12.

tudos históricos concretos, naqueles em que se expressam "não somente os efeitos da ideologia para a consciência dos grupos e indivíduos, mas também a materialidade inscrita em práticas (usos e costumes, língua, literatura, religião, filosofia [...]) e instituições (transmissão de saberes, cultura e [...] política: os partidos)"[6]. A necessidade de definir uma cultura proletária contraposta à hegemonia burguesa induz o velho Engels a substituir o conceito de ideologia por *visão de mundo*. É substancial, para além dessas instâncias, a passagem de *Contribuição à crítica da economia política* em que Marx distingue as condições de produção econômica das formas jurídicas, políticas, religiosas, artísticas ou filosóficas, em suma, ideológicas, em que "os homens tomam consciência desse conflito e o resolvem mediante a luta"[7]. Em tal sentido, Althusser tem sua cota de verdade quando diz que, na ideologia, "a relação real está investida inevitavelmente na relação imaginária: relação que *expressa* mais uma *vontade* [...], inclusive uma esperança ou uma nostalgia que descreve uma realidade"[8], e quando assinala que, segundo Marx, as ideologias expressam uma vontade, uma esperança ou uma nostalgia que nenhuma mudança histórica poderá suprimir. Evitar a visão idealista segundo a qual as ideologias são meras bolhas de sabão (como enuncia Labriola), que se dissiparão pelo esforço intelectual ou pela instauração do comunismo, requer uma perspectiva de longo alcance; uma perspectiva que de modo eminente adotou Lukács em seu brilhante e, em boa medida, ignorado tratado de maturidade, a *Ontologia*[*].

## II.

Sabe-se que, no curso das últimas décadas, a recepção do pensamento lukácsiano – em estreita consonância com as posições de Adorno e da Escola de Frankfurt – sublinhou em geral a importância que, em sua obra-prima de juventude[**], possui a análise da *coisificação burguesa*, negligenciando os aspectos ativistas que percorrem, com variada ênfase, os ensaios do livro. Essa "omissão" induziu a que se visse no jovem Lukács um crítico implacável das ideologias enquanto meras expressões da falsa consciência. Eagleton assinalou de forma acertada que a natureza ativa, prática e dinâmica que a consciência possui na grande obra de 1923 está orientada a revisar

---

[6] Georges Labica, "Ideologie", em Gérard Bensussan e Georges Labica, *Dictionnaire critique du marxisme* (Paris, PUF, 1999), p. 560-72.
[7] Karl Marx, "Zur Kritik der politischen Ökonomie", em Karl Marx e Friedrich Engels, *Werke: Herausgegeben vom Institut für Marxismus-Leninismus beim ZK der SED* (43. v., Berlin, Dietz, 1956, v. 13), p. 9. [Ed. bras.: *Contribuição à crítica da economia política*, São Paulo, Expressão Popular, 2008.]
[8] Louis Althusser, *Pour Marx* (Paris, Maspero, 1965), p. 240.
[*] G. Lukács, *Para uma ontologia do ser social* (São Paulo, Boitempo, no prelo). (N. E.)
[**] G. Lukács, *História e consciência de classe* (São Paulo, Martins Fontes, 2003). (N. E.)

toda noção de falsa consciência como lacuna, hiato ou disjunção entre a realidade externa e nossas representações sobre ela: no jovem Lukács aparece, de fato,

> o sentido positivo e não pejorativo da palavra ideologia [...] como "a expressão ideológica do proletariado", e isto é, pelo menos, uma razão para considerar simplesmente equivocada a visão largamente difundida de que, para ele, ideologia é sinônimo de falsa consciência. Mas, ao mesmo tempo, ele conserva todo o aparato conceptual da crítica de Marx do fetichismo da mercadoria e, assim, mantém vivo um sentido mais crítico do termo.[9]

Se a função da consciência não é entender contemplativamente uma realidade já concluída, se a tomada de consciência é um fator dentro da transformação da realidade, pode-se entender que as formas ideológicas empregadas pelos homens para levar adiante sua práxis transformadora não podem ser subestimadas sem mais nem menos como simples erro. À margem de suas deficiências – admitidas em grande medida pelo próprio autor no tão importante como negligenciado prólogo [da nova edição de *História e consciência de classe*] de 1967 –, as propostas do jovem Lukács significaram um avanço substancial frente ao marxismo da Segunda Internacional e uma redescoberta frutífera do genuíno pensamento de Marx. Para este, segundo se adverte já nos *Manuscritos de 1844*[*], o mundo social e o conhecimento desse mundo são um e o mesmo processo; no curso dele, o ser humano não se encontra jamais no lugar de espectador desinteressado que, elevando-se acima de sua situação e seus interesses parciais, contempla o mundo "em si", assumindo a perspectiva imparcial e externa de uma hipotética divindade. Acerta Kolakowski quando sublinha esse componente da filosofia marxiana no que se refere ao modo de conceber a relação entre homem e natureza:

> Não existe uma natureza já concluída que se possa conhecer de maneira contemplativa a fim de submetê-la, em seguida, a um procedimento técnico. A natureza, enquanto nossa natureza, é conhecida por nós como uma natureza vinculada às nossas necessidades e ações; o conhecimento não pode liberar-se de ser um conhecimento humano, social e histórico. Em outras palavras: é impossível adotar o ponto de vista transcendental em que o sujeito do conhecimento seja o receptor de formas naturais já prontas e transforme, simplesmente, essas formas em subjetivos duplicados no interior de sua cabeça [...] É, por isso, impossível que o ser humano se coloque em um ponto de vista cósmico ou divino, renunciando à sua natureza e absorvendo cognitivamente, em uma autonomia sobre-humana, o ser, um ser liberado da situação de objeto da vida humana prática.[10]

---

[9] Terry Eagleton, *Ideology: An introduction* (Londres, Verso, 1991), p. 94-5. [Ed. bras.: *Ideologia: uma introdução*, cit., p. 90, 2006.]

[10] Leszek Kolakowski, *Die Hauptströmungen des Marxismus. Entstehung-Entwicklung-Zerfall* (Munique/Zurique, Piper, 1981, v. I), p. 458.

[*] Karl Marx, *Manuscritos econômico-filosóficos* (São Paulo, Boitempo, 2004). (N. E.)

Daí que Marx impugnara as visões fatalistas que consideram a história como o cenário em que se debatem forças impessoais. Contra a crença em uma "mão invisível" que dirige os processos sociais (Adam Smith) ou na astúcia de uma razão que realiza seus propósitos para além da vontade subjetiva dos seres humanos (Hegel), Marx crê, como se lerá a seguir em *A sagrada família*, que

> A *História* não faz *nada*, "não possui *nenhuma* riqueza imensa", "não luta *nenhum* tipo de luta"! Quem faz tudo isso, quem possui e luta é, muito antes, *o homem*, o homem real, que vive; não é, por certo, a "História", que utiliza o homem como meio para alcançar *seus* fins – como se se tratasse de uma pessoa à parte –, pois a História *não é senão* a atividade do homem que persegue seus objetivos.[11]

Daí a importância que Marx atribui à consciência de classe revolucionária: como a transformação da sociedade não é o efeito de uma necessidade histórica dependente da ação ou do pensamento dos seres humanos, a consciência de classe é, por sua vez, condição e resultado do processo revolucionário; não representa o escrupuloso reflexo das condições econômicas e sociais.

Mas a ênfase colocada por Marx sobre a unidade de teoria e práxis, de consciência e ação revolucionárias, se desencaminha no jovem Lukács para uma desatenção voluntarista pelas condições históricas e materiais, e para uma mitologização do proletariado como sujeito-objeto da história; operações que, em um e outro caso, se enlaçam com a visão escatológica de uma iminente parúsia: com a fé na realização da revolução mundial, como o Messias que chegará para fechar a história e consumar o salto do reino da necessidade para o da liberdade. Nesse acontecimento histórico universal a ideologia do proletariado possui uma função substancial, já que, para este, "a 'ideologia' não é uma bandeira sobre a qual lutar nem uma capa dissimuladora de seus verdadeiros objetivos, mas a finalidade e a arma mesmas"[12]. Segundo se lê em *História e consciência de classe*, "o destino da revolução (e, com ele, o da humanidade) depende da maturidade ideológica do proletariado, de sua consciência de classe"[13]; como meio de luta, a ideologia proletária oferece, ao mesmo tempo, a única perspectiva adequada para alcançar o conhecimento da essência da sociedade, atravessando a imediatez burguesa coisificada. As lutas de classes do passado – Revolução Inglesa, Revolução Francesa – foram guia-

---

[11] Karl Marx e Friedrich Engels, "Die heilige Familie oder Kritik der kritischen Kritik", em *Werke*, cit., v. 2, p. 98. [Ed. bras.: *A sagrada família ou a crítica da Crítica crítica*, São Paulo, Boitempo, 2003, p. 111.]
[12] G. Lukács, *Historia y consciencia de clase* (Buenos Aires, Hyspamerica, 1985, v. I), p. 116. [Ed. bras.: *História e consciência de classe*, cit.]
[13] Idem.

das por estruturas ideológicas de ordem religiosa ou moral que representavam, segundo Lukács, uma falsa consciência; a luta de classes proletária, ao contrário, teria encontrado "seu grito de guerra e, ao mesmo tempo, sua arma mais potente na manifestação da verdade desnuda"[14]; a realização do paraíso sobre a Terra coincidiria, pois, com o definitivo encontro com a verdade sócio-histórica:

> Ao mostrar as verdadeiras forças motoras do acontecer histórico e a consequência da situação de classe do proletariado, o materialismo histórico se converteu em um instrumento de luta. A tarefa mais importante do materialismo histórico consiste em julgar exatamente a ordem social capitalista, em revelar a essência da ordem social capitalista.[15]

## III.

Em outro contexto, indicamos de que modo a relativa estabilização da onda revolucionária em nível mundial e a ascensão dos fascismos contribuíram para que Lukács abandonasse as perspectivas iniciais em direção a uma filosofia cada vez mais desprovida de componentes voluntaristas; nesse sentido, e não no de uma capitulação ante o *status quo*, deveriam ser interpretados alguns dos pontos capitais de seu pensamento maduro e tardio, como o da *reconciliação com a realidade* e o do *triunfo do realismo*. A atenção mais escrupulosa à dinâmica histórica e à obra de Marx – cabe recordar aqui o efeito iluminador que teve sobre Lukács a leitura dos *Manuscritos econômico-filosóficos* – produziu em sua vida política e intelectual uma mudança de orientação decisiva, que, no entanto, só pôde ser aproveitada por Lukács de maneira plena nos últimos anos de vida, quando se entregou a esse vasto e inacabado projeto de reconstrução do marxismo, cujos resultados mais significativos se encontram nas *chefs d'oeuvre* [obras-primas] de maturidade: a *Estética* e a *Ontologia*.

Em relação a esta última, devemos recordar aqui a relação que ela mantém com *História e consciência de classe*: no ensaio sobre a coisificação e a consciência do proletariado, Lukács elaborou uma original *fenomenologia* do capitalismo desenvolvido, tal como podia elaborar um intelectual revolucionário avesso ao economicismo então hegemônico. Em parte, isso se explica tanto na concepção do proletariado como sujeito-objeto idêntico da história quanto nas entusiasmadas perspectivas de abolir, em um futuro próximo, a coisificação mercantil. Na contramão dessas ilusões entusiásticas, o velho Lukács pretendia transcender a descrição fenomenológica para orientar-se pela busca dos fundamentos histórico-

---

[14] Ibidem, p. 129.
[15] Idem.

-sociais sugeridos por Marx já nos *Manuscritos*; por isso, em lugar da mistificação da consciência de classe proletária e da função redentora do partido, encontramos uma análise que leva em consideração a humanidade enquanto *gênero*. A isso se deve somar outra mudança significativa: o autor de *História e consciência de classe*, em sua vontade de captar a essência do capitalismo, havia colocado no centro de sua caracterização a categoria de *mercadoria*, já que na estrutura da relação mercantil via "o protótipo de todas as formas de objetividade e de todas as correspondentes formas de subjetividade que se dão na sociedade burguesa"[16]. No Lukács maduro e tardio, a categoria central já não será a de mercadoria, mas a de *trabalho*; na *Ontologia*, o ato de trabalho será apresentado como *fenômeno originário* [*Urphänomen*], como forma originária da práxis [*Urform der Praxis*] e como *modelo do ser social* [*Modell des gesellschaftlichen Seins*]. Pode-se imaginar que o que se tem em vista não é o trabalho abstrato, alienado, senão, antes de tudo, o *trabalho concreto*, graças ao qual pode o homem realizar-se como ser genérico. Mas resta mencionar ainda outra alteração: em contraposição à íntegra produção juvenil, em que a cotidianidade aparece em termos negativos, uma "harmonia de claro-escuro" [*Harmonie des Helldunkels*], ou – na terminologia de Ernst Bloch – como "obscuridade do instante vivido" [*Dunkel des gelebten Augenblicks*][17], o projeto filosófico tardio coloca a análise da vida diária como ponto de partida para o estudo das formas humanas de objetivação. Em contraposição à metodologia habitual na ciência e na filosofia, que se empenha em concentrar a investigação tão somente no estudo das formas mais desenvolvidas do conhecimento, ou que se limita a estender-se, a partir destas, até as modalidades próprias da vida corrente, o autor de *A peculiaridade do estético* e da *Ontologia* sublinha a necessidade de ver na experiência cotidiana o fundamento real das formas mais altas de objetivação, assim como a única base a partir da qual essas formas podem ser explicadas.

As reflexões sobre a ideologia desenvolvidas na *Ontologia* se entendem no âmbito dessa orientação geral do pensamento tardio. O propósito de Lukács é estabelecer um *tertium datur* [terceira via possível] frente à antítese conformada tanto por aqueles que sustentam que as formas ideológicas se encontram inteiramente determinadas pela base econômica como pelos que sustentam que as ideologias – sobretudo em suas expressões mais altas, religião, arte, filosofia – são completamente independentes dos fundamentos econômicos do acontecer histó-

---

[16] G. Lukács, *Historia y consciencia de clase*, cit., v. II, p. 5.
[17] Cf. Werner Jung, "Zur Ontologie des Alltags. Die späte Philosophie Von Georg Lukács", em *Von der Utopie zur Ontologue. Zehn Studien zu Georg Lukács* (Bielefeld, Aisthesis, 2001), p. 115-29.

rico. Para isso, remete tanto à vida cotidiana, onde se encontram os dilemas que os homens procuram resolver por meio de construções ideológicas, como à gênese histórica que marcou o nascimento destas no curso do processo de "hominização do homem" [*Menschenwerden des Menschen*]. Em um e outro contexto, as ideologias não emergem jamais de maneira exclusiva como aberrações intelectuais que deveriam ser iluminadas pelas luzes da ciência, senão amiúde – nos termos que Lukács empresta de Marx – como formas em que os homens tomam consciência dos conflitos dos homens e os resolvem. Para Lukács, parece acertada a ênfase colocada por Gramsci no duplo sentido em que emprega a expressão *ideologia*: como visão de mundo positiva e como falsa consciência, criação intelectual de indivíduos isolados. Mas a essa definição se deve acrescentar uma concreção sócio-histórica de que Lukács sente falta no pensador italiano, e que permite reconhecer a vinculação ontológica entre os dois sentidos do termo. Dessa maneira, examinadas em termos genéricos, a ideologia é

> aquela forma de elaboração intelectual da realidade que serve para que a práxis social se torne consciente e se oriente para a ação. Assim, surgem a necessidade e a universalidade das concepções com vistas a dominar os conflitos do ser social; nesse sentido, toda ideologia tem seu preciso ser-assim: emerge imediata e necessariamente a partir do *hic et nunc* [aqui e agora] social dos homens que atuam socialmente na sociedade.[18]

É, pois, a *função* que uma estrutura ideológica cumpre dentro de uma formação social o que explica seu caráter, seja enquanto instrumento para compreender e transformar a realidade, seja para mascarar as relações sociais. Em qualquer caso, o parâmetro decisivo para avaliar uma ideologia não pode ser nunca a correção científica de seus conteúdos, sua capacidade para "refletir" a realidade, mas *sua efetividade social*: o modo como ela influi sobre a forma pela qual os homens dirimem os conflitos que a história colocou na ordem do dia. A aplicação de critérios de avaliação epistemológica às ideologias seria tão desacertada como, no extremo oposto, a apelação para um pragmatismo sem ideias, cujo único critério seja o êxito prático circunstancial, à margem de toda vasta atenção ao contexto mais amplo em que o feito momentâneo se insere. A condenação de tal pragmatismo e, em geral, de toda *realpolitik* caracteriza o pensamento político lukácsiano desde *Tática e ética*, mas assume uma dimensão central e nova no período tardio. Aqui, as perspectivas de longo alcance de um Spinoza ou de um Hegel são reinterpretadas em termos de uma ênfase na "continuidade da evolução humana, com

---

[18] G. Lukács, *Zur Ontologie des gesellschaftlichen Seins* (Darmstadt/Neuwied, Luchterhand, 1986, v. II), p. 398.

o que se distingue das oscilações próprias da agitação da vida empírica, mas persiste, no essencial, um componente do processo sócio-histórico"[19]. As páginas que, na *Ontologia,* se destinam a comentar o poema "Dauer im Wechsel" [A persistência na mudança], de Goethe, e a colocá-lo em relação com a dialética hegeliana de essência e fenômeno, põem a descoberto essa orientação do velho Lukács; quando Hegel contrapõe a "calma" [*Ruhe*] da essência à agitada e efêmera superfície dos fenômenos, revela uma profunda compreensão da dinâmica do ser social:

> [Hegel] destaca com razão [...] que o fenômeno possui conteúdos diferentes dos da lei; que o fenômeno possui uma forma inquieta, móvel, que tem de permanecer alheia à essência. Dessa maneira, Hegel reconheceu de forma acertada que o âmbito do fenômeno é o genuíno âmbito da historicidade em sua imediatez precisamente através de sua peculiar fisionomia, que se distingue de maneira clara da essência precisamente por seu caráter variado, dinâmico, irrepetível e, inclusive, fugaz.[20]

Este ponto de vista incide também sobre o modo de avaliar as ideologias; a efetividade destas só se revela em longo prazo. Apenas prolongados lapsos de tempo mostram se o êxito atual não se limitou a gerar um agrupamento momentâneo e fugaz das forças que pareciam bastar para dirimir, de forma imediata, uma situação de crise, mas sim ofereceu impulso às forças essenciais que agiam por trás dos efeitos agudos. A mesma determinação em ultrapassar as perspectivas de curto alcance se percebe na análise da gênese das ideologias: o fato de que só o capitalismo oferece as condições propícias para entender cabalmente as estruturas ideológicas não contradiz que estas possuem uma história prolongada que, em última instância, remonta às origens da sociedade. Nestas, as formas mais elementares do trabalho – que, como dissemos, constitui o modelo ontológico de toda atividade humana – já revelam uma estrutura que encontramos nas formas mais complexas que assumem tanto o metabolismo da sociedade com a natureza como o conjunto das relações especificamente inter-humanas: a práxis humana – e este é um ponto decisivo onde as posições teleológicas [*teoleogische Setzungen*] correspondentes ao ser social se diferenciam decisivamente da causalidade que rege a natureza – é a execução prática de um projeto que foi formulado previamente pela consciência. Marx já havia destacado que a procedência do ideal é um elemento que define o trabalho humano; pois, ao fim deste,

---

[19] G. Lukács e F. Benseler, "Briefwechsel zur Ontologie zwischen Georg Lukács und Frank Benseler", em Rüdiger Dannemann, Werner Jung e Frank Benseler (orgs), *Objektive Möglichkeit: Beiträge zu Georg Lukács "Zur Ontologie des gesellschaftlichen Seins"* (Opladen, Westdeutscher, 1995), p. 67-105.
[20] G. Lukács, *Zur Ontologie des gesellschaftlichen Seins,* cit., v, p. 333.

brota um resultado que antes de começar o processo já existia na mente do trabalhador; ou seja, um resultado que já tinha uma existência *ideal*. O trabalhador não se limita a fazer mudar de forma a matéria com a qual lhe brinda a natureza, mas, ao mesmo tempo, *realiza nela seu fim,* fim que ele *sabe* que rege como uma lei as modalidades de sua atuação e ao que necessariamente tem de subordinar sua vontade.[21]

A ênfase colocada, em toda práxis social, na determinação consciente de que um fim *precede* a realização prática não anula a prioridade ontológica da realidade frente à consciência: por um lado, porque o critério para determinar o acerto de uma posição consciente é sua realização prática; nas palavras de Marx: "A questão de saber se ao pensamento humano cabe alguma verdade objetiva [*gegenständliche Wahrheit*] não é uma questão da teoria, mas uma questão *prática*. É na prática que o homem tem de provar a verdade, isto é, a realidade e o poder, a natureza citerior [*Diesseitigkeit*] de seu pensamento"[22]. Por outro lado, porque a realidade material determina sempre o campo de possibilidades dentro do qual podem surgir apenas aquelas que estão latentes na realidade objetiva, em concordância com o princípio de que os homens fazem sua própria história, mas sob condições não criadas por eles mesmos. Em todo caso, o surgimento da consciência, que deixa de ser um epifenômeno biológico e passa a constituir um fator essencial, ativo do ser social no devir, permite que as ideias adquiram uma relativa autonomia a respeito da realidade material; esse desdobramento do fator ideal [*das ideelle Moment*] é um pressuposto ineludível para a gestação das ideologias, como o é também para a constituição da religião, da ciência e da arte. O fato de Lukács se deter a estudar as relações entre ciência e ideologia se relaciona com o modo com frequência reducionista em que foi descrita a relação entre ambas: estabelecer uma simples identidade entre elas seria tão errado quanto supor que as formas ideológicas se defrontam com conhecimento científico como a mentira com a verdade. Ao contrário de uma contraposição absoluta, entre ambas existe o fato de que, amiúde, as teorias científicas se converteram em componentes substanciais das ideologias; e, à margem da verdade ou falsidade epistemológicas das teorias, é a vinculação que se estabelece entre sua refuncionalização ideológica e o *hic et nunc* específico o que justifica sua eficácia histórica; assim, a teoria evolucionista assumiu funções diversas no materialismo histórico e na doutrina racial fascista. Essencial para a conversão de uma teoria em ideologia é que a primeira se torne um instrumento de luta política:

---

[21] Karl Marx, "Das Kapital", em Karl Marx e Friedrich Engels, *Werke*, cit., v. 23, p. 193. [Ed. bras.: *O capital*, Rio de Janeiro, Civilização Brasileira, 2008.]

[22] Idem, "Thesen über Feuerbach", em Karl Marx e Friedrich Engels, *Werke*, cit., v. 3, p. 5-7. [Ed. bras.: "Ad Feuerbach", em *A ideologia alemã*, São Paulo, Boitempo, 2010, p. 533]

Nem uma opinião correta ou incorreta nem uma hipótese, teoria etc. científica correta ou incorreta é em si ideologia [...] Somente quando se tenha convertido em veículo teórico ou prático para dirimir através da luta conflitos sociais [...] pode transformar-se em ideologia.[23]

Não menos importante é determinar a conexão entre ideologia e falsa consciência; em relação a esse problema, Lukács destaca que, assim como muitas realizações da falsa consciência não chegaram a converter-se em ideologias, tampouco o ideológico tem por que se reduzir a uma falsa consciência. O poder da ideologia, como vimos, infere-se de sua eficácia social, de sua capacidade para cumprir funções sociais; é assim que certas estruturas ideológicas cientificamente falsas puderam exercer uma influência substancial em determinados contextos históricos. Nesse sentido, Lukács cita uma conhecida passagem da tese de doutorado de Marx que afirma: "Dominou ou não o velho Moloch? Não teria sido o Apolo délfico um verdadeiro poder na vida dos gregos?"[24]. Reverter as representações ideológicas à sua base terrena é uma operação válida e ainda necessária; mas não deveria anular uma tarefa mais difícil e talvez mais importante: a de indagar por que certas visões de mundo, à margem de sua verdade ou falsidade, convertem-se em forças sócio-históricas efetivas; a de explicar, em estreita conexão com isso, de que modo algumas estruturas excedem o meramente individual e se convertem em força material enquanto se apoderam das massas. Lukács entende que, a despeito do caráter progressista ou regressivo que uma estrutura ideológica tenha, sua efetividade para dirimir conflitos será praticamente nula a menos que certa estrutura consiga mobilizar e organizar setores da população que, em determinadas circunstância históricas, tenham conseguido tornar-se decisivos[25].

Conviria situar essas reflexões do velho Lukács no contexto histórico de seu surgimento. Aos olhos dele, a morte de Stalin tinha de abrir um campo propício não só para a reconstrução de uma filosofia marxista livre de distorções burocráticas, mas também para a recuperação dos ideais de participação democrática e de alguns dos princípios mais autenticamente revolucionários que a burocracia se havia encarregado de afastar: sobretudo o modelo dos conselhos operários e as formas de descentralização. Um bom testemunho disso oferece o ensaio "*Demokratisierung heute und morgen*" [Democratização hoje e amanhã] (1968), onde ele insiste na "autogestão" [*Selbsttätigkeit*] das massas e propõe uma maior dimensão para a espontaneidade subjetiva. Em entrevista concedida a Adelbert Reif, Lukács

---

[23] G. Lukács, *Zur Ontologie des gesellschaftlichen Seins*, cit., p. 400-1.
[24] Citado em ibidem, p. 413.
[25] Ibidem, p. 439.

estabelece uma relação direta entre seu projeto de "desestalinização" do marxismo e a necessidade de recuperar a dimensão do cotidiano: "Por democracia socialista entendo uma democracia da vida cotidiana, tal como se gestou nos conselhos trabalhadores de 1871, 1905 e 1917; tal como existiu em uma época nos países socialistas, e tal como agora deve ser despertada nesses países"[26]. Lukács define esse modelo como democracia dos conselhos [Rätedemokratie] e assinala que a democratização deve surgir dos níveis elementares da vida cotidiana e, então, expandir-se para as instituições mais altas, de modo que seja o povo quem, na maior medida possível, decida acerca das questões da vida pública. Mas, para parafrasear Marx, não se trata tão só de dizer que as propostas do último Lukács estão vinculadas a determinadas formas de evolução social, que em certa medida explicam sua gênese. Importante é entender por que muitas das propostas da *Ontologia*, bem como da *Estética*, seguem revelando uma persistente atualidade. É isso que pode revelar a exploração de uma obra ignorada e silenciada por vários setores da intelectualidade norte-americana e europeia, e que venturosamente mostra uma contínua e intensa efetividade na América Latina.

---

[26] Idem, "Die Duetschen – eine Nation der Spätentwickler? Gespräch mit Adelbert Reif", em *Georg Lukács zum 13 April 1970 (Goethepreis)* (Neuwied/Berlim, Luchterhand, 1970), p. 110-5.

# IDEOLOGIA, MATERIALISMO E DIALÉTICA
## Osvaldo Coggiola

A premissa básica de Mészáros, em *O poder da ideologia*, é que "a ideologia dominante do sistema social estabelecido se afirma fortemente em todos os níveis, do mais baixo ao mais refinado"[1]. A "neutralidade" (metodológica ou ideológica) nas "ciências sociais" é, na verdade, a ocultação (consciente ou não) do embate de classes que perpassa a pesquisa, sua lógica e suas conclusões:

> Sendo a ideologia a consciência prática inevitável das sociedades de classe, articulada de modo tal que os membros das forças sociais opostas possam se tornar conscientes de seus conflitos materialmente fundados e lutar por eles, a questão verdadeiramente importante é a seguinte: os indivíduos, equipados com a ideologia da classe a que pertencem, ficarão do lado da causa da emancipação, que se desdobra na história, ou se alinharão contra ela? A ideologia pode (e de fato o faz) servir a ambos os lados com seus meios e métodos de mobilização dos indivíduos que, ainda que não percebam com clareza o que ocorre, inevitavelmente participam da luta em andamento.[2]

Essa abordagem se situa plenamente na tradição marxista. Desde o início, o pensamento de Marx rejeitou, no esteio de Hegel, qualquer teleologia deduzida de uma suposta "natureza humana" *in abstracto*. O *Manifesto Comunista* situou-se no vértice oposto ao dos utopistas que "substituem a atividade social por sua própria imaginação pessoal; as condições históricas da emancipação por condições fantásticas". Quanto ao papel do proletariado na derrubada do capitalismo, ele era produto da "observação" essencial de Marx, na qual se apoiava sua teoria: "As

---

[1] István Mészáros, *O poder da ideologia* (São Paulo, Boitempo, 2004), p. 59.
[2] Ibidem, p. 327.

outras classes degeneram e perecem com o desenvolvimento da grande indústria; o proletariado, pelo contrário, é seu produto mais autêntico"[3].

Ao tratar de todas as formações econômico-sociais e do complexo sistema de formas de consciência social e ideologias que se erguem sobre esse fundamento, em sua especificidade *histórica*, o marxismo também oferecia a base metodológica necessária para a aplicação a si mesmo. Já vimos como Marx, ao analisar o desenvolvimento anterior das ciências sociais e do "espírito" em geral, não cometeu o equívoco de considerá-lo em bloco como tantas outras formas de "mistificação ideológica" da real existência social, mas reduziu todos esses fenômenos a "formas de consciência social", em parte reflexos "invertidos" da realidade ("ideologias"), em parte válidos objetivamente dentro de limites históricos precisos.

O traço fundamental dos resultados obtidos pelas ciências sociais consistia em que estas se baseavam na consideração atemporal e a-histórica das relações sociais e econômicas existentes na época capitalista (consideradas como virtualidades no passado e eternas para o futuro). Na época em que Marx as estudou, esse traço não respondia inteiramente a um fim apologético do capitalismo e sim atendia às necessidades *práticas* da luta revolucionária da burguesia contra o sistema feudal. À medida que as relações de produção capitalistas foram se convertendo de impulsoras em freios do desenvolvimento das forças produtivas materiais, foram os traços "ideológicos" da ciência social que começaram a adquirir primazia.

Marx pôde encarar essa tarefa graças ao fato de sua concepção não ser uma simples análise de todos os fenômenos sociais e intelectuais por sua base econômica, mas uma compreensão do conjunto da vida social em todas as suas manifestações, que possuía por base a produção material da vida social. A apropriação pelo marxismo de conteúdos científicos das doutrinas anteriores foi possível porque estas não eram apenas um acúmulo de *"conceptions nuageuses"* [concepções nebulosas], já que, ao seu modo, generalizavam o real desenvolvimento das forças produtivas que se operava no terreno da produção material e suas consequências sobre a vida social. "A filosofia não é senão o pensamento de sua época sob a forma de ideias", dizia Hegel.

Contudo, essa relação consciente da filosofia com sua "época" não era a consciência da sua relação com uma *classe social* determinada. Daí que a filosofia, não deixando passar em branco os novos antagonismos de classe (burguesia-proletariado) que já se perfilavam no próprio curso da revolução burguesa, considerava-os, contudo, inevitáveis e "naturais" à própria existência humana e social. O grande salto do marxismo foi compreender esses antagonismos como históricos e superá-

---

[3] Karl Marx e Friedrich Engels, *Manifesto Comunista* (São Paulo, Boitempo, 1998), p. 66 e 49.

veis mediante a revolução, não mais política e sim *social*, da qual ele mesmo proclamou-se teoria, conscientemente referida não apenas à sua época (modo de produção), mas também a uma classe social particular de sua época.

O caráter historicamente revolucionário do proletariado, por outro lado, era colocado no *Manifesto* com base no mesmo método materialista de análise usado para a sociedade burguesa:

> O operário moderno, longe de se elevar com o progresso da indústria, desce cada vez mais, caindo abaixo das condições da sua própria classe. O trabalhador cai no pauperismo, e este cresce ainda mais rapidamente do que a população e a riqueza. É, pois, evidente que a burguesia torna-se incapaz de continuar desempenhando o papel de classe dominante e de impor à sociedade, como lei suprema, as condições de existência de sua classe. Não pode exercer o seu domínio porque não pode mais assegurar a existência de seu escravo, mesmo no quadro de sua escravidão. [...] A condição de existência do capital é o trabalho assalariado. Este se baseia exclusivamente na concorrência dos operários entre si. O progresso da indústria, de que a burguesia é agente passivo e involuntário, substitui o isolamento dos operários, resultante da competição, por sua união revolucionária, resultante da associação.[4]

Todas as visões empíricas ou positivistas partiram da cisão abstrata entre sujeito e objeto no processo histórico, que só pode ser preservada por meio do *método dialético*. O ponto de partida metodológico de Marx, a "unidade de objetivos"[5], significava unidade entre teoria e prática, entre sujeito e objeto no processo de conhecimento, entre conhecimento e ação no processo de transformação do mundo. É essa a chave metodológica, cuja existência é também a grande conquista teórica do marxismo em relação a todas as "teorias sociais" anteriores, mas esse método (unidade entre ser e consciência, forma e conteúdo, teoria e prática), o único "materialista e, portanto, científico", mantém ainda certo grau de abstração se não se concretiza seu conteúdo para um problema determinado.

Somente com um afã pedagógico poder-se-ia dizer que o marxismo é o resultado do "encontro" (ou da "síntese") de suas "três fontes e partes integrantes": o socialismo francês, a economia política inglesa e a filosofia clássica alemã. Em primeiro lugar, porque isso significaria esquecer outra série não menor de influências: os historiadores burgueses da Revolução Francesa (Guizot, Thierry); a crítica romântica da revolução, que destacava a contradição entre a forma (abstratamente democrática e igualitária) e o conteúdo (concretamente burguês e de defesa da

---

[4] Ibidem, p. 51, 150.
[5] Em um questionário elaborado por sua filha, Marx deu a seguinte resposta à pergunta sobre qual sua característica pessoal mais marcante: "*l'unité de but*" [a unidade de objetivo].

propriedade privada da nova classe dominante) de seu programa; a polêmica sobre a "classe revolucionária" contra Proudhon; a crítica da economia política de Sismondi; a atividade dos primeiros partidos operários (democratas franceses e cartistas ingleses); o conceito de "ditadura revolucionária" dos Convencionais e de Blanqui; o socialismo utópico de Saint-Simon, Fourier e Owen; e enfim, as investigações sobre a "sociedade primitiva" de Morgan, para citar somente as mais destacadas.

A existência dessas teorias e as múltiplas discussões desenvolvidas a respeito na época de Marx refletiam a *crise ideológica da sociedade burguesa*, produto da incapacidade da burguesia em materializar o programa teórico que havia enunciado no século das luzes (o "reino da razão"), com a finalidade de livrar sua batalha decisiva contra o Antigo Regime – crise que participava do mesmo processo que a *emergência do proletariado enquanto classe independente*, que já desenvolvia uma "crítica" prática da nova servidão assalariada. Captando o caráter *social* dessa crise, a crítica marxista pôde se afirmar como teoria da *revolução social* e, por ter abarcado todos os campos (econômico, filosófico, social, político) em que essa crise se desenvolvia, a nova teoria pôde se constituir como *científica*.

Seu ponto de partida era simples: "O fato evidente de que os homens, antes de tudo, comem, bebem, se alojam e se vestem e que devem trabalhar antes de poder lutar pelo poder, se ocupar de política, de religião e de filosofia, esse fato manifesto, até hoje completamente negligenciado, enfim obteve seu lugar na história", disse Engels. Depois, tornou-se moeda corrente a afirmação de que o marxismo era o herdeiro de todo desenvolvimento cultural anterior da humanidade. Isso era necessário em virtude de que, só se apoiando nas conquistas culturais e científicas precedentes, a nova teoria podia desenvolver-se sob uma forma científica, e é por isso que seus primeiros representantes não poderiam ter surgido da classe social que seria sua portadora (a classe operária) e sim da *intelligentsia* burguesa dilacerada pela crise ideológica da sociedade.

Não obstante, é preciso assinalar que o marxismo não foi a continuidade linear, direta, desse desenvolvimento cultural, mas sua continuidade pela via da crítica, sua "superação" (mediante a exposição positiva dos novos princípios). Sucintamente, as etapas percorridas pela crítica marxista (que são, ao mesmo tempo, outras tantas etapas cumpridas na construção da teoria) podem ser sintetizadas em: crítica da religião de um ponto de vista filosófico; crítica da filosofia de um ponto de vista político; crítica da política de um ponto de vista econômico e, enfim, crítica da economia política. Essas "etapas" apenas têm valor esquemático, já que na *démarche* do próprio Marx sobrepõem-se permanentemente: têm valor também para indicar o caminho percorrido pela crítica, que assentou os fundamentos da nova teoria.

A crítica devia começar necessariamente pela forma mais abstrata da cultura, a religião. "A crítica da religião é o pressuposto de toda crítica", disse Marx[6], que, junto com Engels, aprofundou o ataque materialista à religião já realizado por Ludwig Feuerbach, do qual tomaram partido pelo materialismo filosófico. O ataque de Feuerbach à religião sustentava que a *essência do cristianismo* tinha de ser procurada não nos céus, mas no próprio homem, cuja religião não seria senão o reflexo "alienado" de sua própria existência realmente alienada no seio da natureza, fora da qual nada existe. Notavelmente, Feuerbach antecipava grande parte do "segundo momento" da crítica, ao afirmar que a filosofia não era outra coisa que a religião posta sob a forma de ideias, tornando-se, ao mesmo tempo, prisioneiro da filosofia.

A "falha" de Feuerbach consistia em que seu materialismo tinha um caráter meramente "naturalista", ou seja, concebia a natureza como *objeto* e não como *sujeito*. Portanto, Feuerbach concebia o "Homem" abstratamente, como "ser humano em geral", e não concretamente, em sua relação ativa com a natureza por meio da indústria e do comércio, isto é, mediante sua organização social.

Esse momento capital da crítica se cumpriu em um texto de 1845, *A ideologia alemã*, especialmente nas teses sobre Feuerbach*, onde, além de realizar-se a passagem decisiva do "homem em geral" para o "homem social", resolveu-se a contradição "céu-Terra" formulada por Feuerbach na contradição existente na própria "Terra". Marx, nas teses, já situava a "prática revolucionária" como categoria central da crítica: "[Feuerbach] não entende [...] o significado da atividade 'revolucionária', 'prático-crítica'. [...] Os filósofos apenas *interpretaram* o mundo de diferentes maneiras; o que importa é *transformá-lo*". Nessa mesma época, Marx já identificava os executores de tal "prática revolucionária", os agentes da "transformação do mundo", que não eram os filósofos (nem a filosofia), mas "esses trabalhadores *massivos* e comunistas, que atuam nos ateliês de Manchester e Lyon"[7].

Também na mesma época produziu-se o momento último e fundamental da crítica, aquele que daria forma definitiva à nova teoria social. Se todas as contradições "celestiais", "ideológicas" e jurídicas remetiam à contradição da vida social dos homens, não seria na teologia, na filosofia ou no direito que os agentes da revolução encontrariam as armas teóricas para cumprir sua tarefa, mas na "anatomia da sociedade civil": a teoria marxista, que já adotava conscientemente o ponto de vista do proletariado, encontraria sua base material na *Crítica da economia*

---

[6] Karl Marx, *Crítica da filosofia do direito de Hegel* (São Paulo, Boitempo, 2005), p. 145.
* Karl Marx e Friedrich Engels, "Ad Feuerbach", em *A ideologia alemã* (São Paulo, Boitempo, 2007), p. 533, 535. (N. E.)
[7] Idem, *A sagrada família* (São Paulo, Boitempo, 2003), p. 61-2.

*política*. A conversão teórica à economia política coincidiu com a passagem política da revolução burguesa jacobina (do idealismo revolucionário em geral) para a ação independente do proletariado moderno, decidido a buscar na economia política tanto as raízes específicas da opressão que sofria quanto a via não menos específica de sua emancipação, e considerando todas as outras formas de ação social (inclusive a política) como subordinadas à sua ação "econômica".

A crítica das determinações da sociedade burguesa pôde ser realizada por Marx devido ao cumprimento de duas condições. A crítica marxista da sociedade burguesa (desde as formas mais "elevadas" da ideologia religiosa ou filosófica até a "base" econômica) não se cumpriu como uma aproximação progressiva da verdade que residiria, em última instância, na base econômica, mas como momentos de uma unidade, como crítica da totalidade da vida social. Ademais, não rejeitou simplesmente os resultados anteriores da investigação científica em cada um desses campos, mas os "superou" criticamente, conservando seus conteúdos realistas, graças ao seu esforço voltado para a caracterização *histórica* da sociedade burguesa, analisando em sua gênese e desenvolvimento as tendências que conduziam ao seu desaparecimento.

Cumprir de tal modo essa tarefa só foi possível graças ao *método dialético* que, quanto à sua *forma*, havia sido desenvolvido por Hegel na *Lógica* e na *Fenomenologia do espírito*\*. O atraso do desenvolvimento capitalista da Alemanha em relação à França e Inglaterra que mostrava a especificidade das contradições de sua vida econômica e social – contradição entre o relativamente elevado desenvolvimento da indústria capitalista nas cidades e a sobrevivência de formas de propriedade pré-capitalistas no campo, ou entre formas antigas e modernas de organização política – motivou que ali se efetivasse o surgimento de uma teoria filosófica e social que apontava a *contradição* como motor do desenvolvimento histórico geral. Segundo Karl Korsch,

> foi graças à sua ligação com Hegel que o novo materialismo proletário pôde apropriar-se da soma do pensamento social burguês tal como tinha se desenvolvido no período precedente. Conseguiu-o sob a forma do antagonismo, de igual maneira que, na mesma época, o movimento social da classe burguesa foi prolongado pela ação política do proletariado.[8]

A crítica radical da sociedade classista, que havia sido antecipada não apenas pelos chamados "socialistas utópicos", mas também por Gracchus Babeuf e Thomas

---

\* Bragança Paulista/Petrópolis, Ed. Universitária São Francisco/Vozes, 2007. (N. E.)
[8] Karl Korsch, "Introduzione al 'Capital'", em *Dialettica e Scienza nel Marxismo* (Bari, Laterza, 1974).

Münzer, não podia ser formulada de maneira completa senão em uma época de desenvolvimento maduro da sociedade capitalista, pelo menos em alguns países. Somente nas condições próprias a uma época histórica em que, de um lado, a produção material tivesse sido objetivamente socializada em proporções até então desconhecidas ("a época que criou o individualismo como ideologia é, na verdade, precisamente aquela em que as relações sociais atingiram seu maior desenvolvimento"[9]) e, de outro, a esfera da produção material tivesse sido completamente separada, do ponto de vista formal, das outras esferas da vida social, as relações sociais diretamente originadas da própria produção material, a conexão que existe entre essas relações sociais de produção e as condições políticas e jurídicas da vida social poderiam transformar-se em objeto de uma análise crítica.

Enfim, ao adotar conscientemente o ponto de vista dessa classe que sofre "a forma mais radical da opressão social", a teoria marxista não tirava uma simples conclusão "moral", mas adotava o único ângulo possível para dar um caráter científico à sua investigação teórica. A concepção materialista da história, como método e atitude intelectual geral (ou "ideologia"), era a forma do seu conteúdo, e esse conteúdo particular ao qual a concepção materialista da história se adapta como sua forma correspondente se constituiu através da teoria e da práxis da ação de classe do proletariado.

A teoria marxista não pôde encontrar sua expressão mais acabada senão na revolução proletária, criticando no âmbito da teoria o que ela criticava no âmbito da prática. Assim, encontrava sua resolução à proposição hegeliana que o jovem Marx tomou para si no início de sua atividade: "A forma não tem valor se não é a forma do seu conteúdo". Cabe assinalar, no entanto, que não foi arbitrariamente que Marx e Engels designaram na dialética de Hegel não apenas o método de sua investigação materialista da sociedade, como também a forma mais geral das leis do desenvolvimento. Com efeito, essas leis, que, segundo Hegel, indicavam o desenvolvimento atemporal da Ideia Absoluta, na realidade expressavam o curso do desenvolvimento revolucionário da sociedade, só que de uma maneira mistificada. O lado "mistificado" da dialética idealista não era a *forma* do desenvolvimento (suas leis), mas o *objeto* que a pretendiam se referir (não a sociedade humana e seus fundamentos materiais, mas sim a Ideia).

Esse aspecto "ideológico" da teoria hegeliana, porém, coexistia com um avanço real, a saber, o "sistema" em que, pela primeira vez, natureza, sociedade e pensamento se encontravam submetidos a uma única investigação e a leis únicas de

---

[9] Karl Marx, *Contribuição à crítica da economia política* (São Paulo, Expressão Popular, 2008).

desenvolvimento, avanço do qual não se podia prescindir na elaboração de uma teoria revolucionária. Esse caráter contraditório do sistema de Hegel tinha por base a natureza revolucionária do avanço científico no alvorecer da época burguesa e também seus limites de classe. A filosofia clássica alemã tentou, de maneira mística e abstrata, ultrapassar intelectualmente os limites do pensamento burguês. Tal como a lei do valor de Ricardo, o método dialético, elaborado no mesmo período revolucionário da sociedade burguesa, a ultrapassava por suas consequências (do mesmo modo que o movimento revolucionário prático da burguesia supera em parte, em seus objetivos, a sociedade burguesa, enquanto o movimento revolucionário proletário não se constituiu ainda como movimento independente).

Usado para as finalidades do novo sujeito do desenvolvimento social (o proletariado), aplicado à análise não do desenvolvimento abstrato da Ideia, mas sim do desenvolvimento concreto da sociedade, o velho método não podia deixar de revelar seus aspectos conservadores e "glorificadores do existente". A eliminação deles seria a forma pela qual se expressaria sua "desmistificação" materialista:

> Na sua forma racional, a dialética é um escândalo e uma abominação para as classes dirigentes e seus ideólogos doutrinários, porque, na concepção positiva das coisas existentes, ela inclui também a inteligência de sua negação fatal, de sua destruição necessária, porque apreende o próprio movimento do qual toda forma não é senão configuração transitória; porque ela é essencialmente crítica e revolucionária.[10]

Foi a mudança do ponto de vista *social* o elemento decisivo da chamada "inversão materialista" da dialética de Hegel, levada a cabo por Marx. Aplicada ao desenvolvimento histórico real da sociedade, baseado na evolução de sua produção material, a "contradição" hegeliana transformou-se na luta entre as classes sociais, a "negação" dialética no proletariado (negação da sociedade burguesa): a revolução proletária resultava da "síntese" dialética do desenvolvimento social contraditório, expressa positivamente na passagem para a sociedade socialista. Essa "dialética concreta" era a única que podia servir de instrumento teórico ao proletariado. A dialética hegeliana, a despeito da dissolução de todos os elementos que constitui sua forma, culminava no congelamento do Estado e no congelamento do próprio método dialético; não era uma dialética da revolução, e sim uma filosofia da restauração.

Já a dialética materialista era a única que podia ser consequente consigo mesma, por ser uma dialética da *revolução*. A dialética materialista era o conteúdo geral da nova teoria da revolução social. Por essa razão, os ataques ao desenvolvimento revolucionário independente do proletariado, à revolução proletária, expressaram-se de modo teórico geral como um ataque à dialética materialista.

---
[10] Idem, "Prefácio", em *El capital* (México, Fondo de Cultura Económica, 1972).

Marx afirmou que, com "o salto do reino da necessidade para o reino da liberdade", chegava ao fim a pré-história da sociedade humana e tinha início a sua verdadeira história. A distinção não era só terminológica: ela refletia a inversão do método (e, portanto, do resultado) hegeliano feita por Marx. Na *Filosofia do direito*\* de Hegel, Marx criticou a ideia do Estado moderno como "encarnação da ideia moral" – ou seja, como estágio final da evolução política da sociedade humana. O formalismo do Estado hegeliano, a distorção de suas assembleias, uma ilusão de representatividade e de democracia, não eram deformações que afetavam apenas o Estado conceituado por Hegel, mas que pertenciam efetivamente à estrutura do Estado moderno, e só por isso passaram pela cabeça de Hegel.

A apologia do Estado moderno (na verdade, da monarquia constitucional prussiana) por Hegel punha em questão o próprio princípio dialético da sua filosofia. A contradição da filosofia hegeliana propunha o resgate de seu princípio do seu invólucro idealista, resolvendo a ambiguidade do termo *fim*, que significava simultaneamente *termo* e *objetivo*. Hegel não era um pensador do fim do saber nem do fim da história. Não se furtava à contradição inerente ao conceito de fim, ao mesmo tempo e contraditoriamente um objetivo e um termo, o momento de uma realização e o de um desaparecimento.

A chave do marxismo encontra-se em ter resolvido a contradição hegeliana, situando a universalidade humana não na superestrutura (política), mas na infraestrutura (produtiva) da sociedade humana:

> O homem é um ser genérico (*Gattungswesen*), não somente quando prática e teoricamente faz do gênero, tanto do seu próprio quanto do restante das coisas, o seu objeto, mas também – e isto é somente uma outra expressão da mesma coisa – quando se relaciona consigo mesmo como [com] o gênero vivo, presente, quando se relaciona consigo mesmo como [com] um ser *universal*, [e] por isso livre. [...] É verdade que também o animal produz. Constrói para si um ninho, habitações, como a abelha, castor, formiga etc. No entanto, produz apenas aquilo de que necessita imediatamente para si ou sua cria; produz unilateral[mente], enquanto o homem produz universal[mente]; o animal produz apenas sob o domínio da carência física imediata, enquanto o homem produz mesmo livre da carência física, e só produz, primeira e verdadeiramente, na [sua] liberdade [com relação] a ela; o animal só produz a si mesmo, enquanto o homem reproduz a natureza inteira; [no animal,] o seu produto pertence imediatamente ao seu corpo físico, enquanto que o homem se defronta livre[mente] com o seu produto. O animal forma apenas segundo a medida e a carência da espécie à qual pertence, enquanto que o homem sabe produzir segundo a medida de qualquer espécie, e sabe conside-

---

\* São Paulo, Loyola, 2010. (N. E.)

rar, por toda a parte, a medida inerente ao objeto; o homem também forma, por isso, segundo as leis da beleza. [...] O objeto do trabalho é portanto a *objetivação da vida genérica do homem*: quando o homem se duplica não apenas na consciência, intelectual[mente], mas operativa, efetiva[mente], contemplando-se, por isso, a si mesmo num mundo criado por ele. Conseqüentemente, quando arranca (*entreisst*) do homem o objeto de sua produção, o trabalho estranhado arranca-lhe sua *vida genérica*, sua efetiva objetividade genérica (*wirkliche Gattungsgegenständlichkeit*) e transforma a sua vantagem com relação ao animal na desvantagem de lhe ser tirado o seu corpo inorgânico, a natureza.[11]

Hegel teorizou a partir do conceito de que "o gradual progresso em direção à realização da unidade [entre essência e existência] constitui o significado da história". O próprio triunfo do liberalismo político, que para Hegel acontecera com a vitória do constitucionalismo liberal na Revolução Francesa, foi contraditório (fato que Hegel eliminou através dos preceitos idealistas da sua filosofia) e pouco teve a ver com a prédica doutrinária dos "pais do liberalismo". A Constituição de 1791 estava dominada por uma concepção de estrita separação dos poderes, que não pertencia à tradição de Locke nem à de Montesquieu. Houve em seus cimentos ideias teóricas e uma concepção rígida da soberania nacional, mas o fator determinante pareceu ter sido uma desconfiança do poder Executivo. O liberalismo foi incapaz de resolver suas contradições no seu período revolucionário.

O novo conteúdo "materialista e científico" da dialética, convertida em arma revolucionária por Marx, possuía outra consequência metodológica. Do ponto de vista dialético-materialista, já não seria possível tratar acerca desse método abstraindo do seu *objeto* concreto. Essa era uma consequência natural do caráter conscientemente *histórico* da dialética, contrário à representação da dialética materialista como um sistema independente. Uma dialética materialista não poderia dizer nada das determinações do pensamento em si mesmo nem das relações que elas mantêm entre si, abstração feita de seu conteúdo histórico concreto. O marxismo pode reclamar-se como continuação da filosofia clássica, ao fundar a objetividade de suas proposições justamente em sua vinculação consciente a uma *época* precisa (o capitalismo) e a uma *classe social* determinada (a classe operária), não em sua pretensa "coerência lógica". Do mesmo modo que a filosofia clássica era a expressão mais geral do desenvolvimento das forças produtivas materiais de sua época, o marxismo definiu-se como a expressão *teórica* da principal força produtiva criada pelo capital. Seu objetivo seria organizar a rebelião das forças produtivas contra as relações capitalistas de produção ou, sua expressão concentrada, o Estado:

---

[11] Idem, *Manuscritos econômico-filosóficos* (São Paulo, Boitempo, 2004), p. 81-3.

"A organização revolucionária dos proletários como classe contém em si todas as forças produtivas que o sistema social é capaz de conter"[12]. O marxismo superava a velha filosofia burguesa afirmando que suas proposições não pretendiam o estatuto de verdades "eternas", mas, em sua conexão com uma época e uma classe transitórias, sua validez e especificidade históricas.

A pretensão de estabelecer precisamente o conteúdo e as formas da "revolução intelectual" sob o socialismo ignoraria a magnitude das mudanças que o socialismo mundial introduziria em todos os aspectos da vida social, ou, como disse Korsch:

> A revolução social, em que pese a determinação materialista de suas precondições e de suas formas de desenvolvimento, permanece sendo um "salto", certamente não um "salto" do reino absoluto da necessidade para o reino absoluto da liberdade, mas um "salto" de um sistema de relações sociais já esclerosadas, transformadas em entraves, para um sistema flexível de formas novas e mais plásticas de vida social, que se desenvolve no processo revolucionário e que deixa um grande espaço ao desenvolvimento das forças produtivas, assim como ao aparecimento de categorias de novas atividades humanas.[13]

Marx limitou-se a assinalar a possibilidade de superação da fragmentação alienante da ciência em geral:

> Toda a história serviu para preparar e desenvolver a transformação do "homem" em objeto tanto da consciência sensível quanto da necessidade do "homem como homem" em necessidade natural concreta. A própria história é uma parte da história natural, da transformação da natureza em homem. As ciências da natureza compreenderão depois tanto as ciências humanas quanto as ciências humanas compreenderão as ciências da natureza. Haverá uma só ciência.

Essa "ciência única" não seria o resultado dos esforços "interdisciplinares" sob o capitalismo, mas produto da abolição da alienação do trabalho, da divisão entre trabalho "produtivo" (material ou imaterial) e intelectual.

O marxismo, ao proclamar-se abertamente como a expressão *teórica* do movimento *prático* da classe operária pela "expropriação dos expropriadores" e pela implantação do comunismo, e ao fundamentar precisamente nessa unidade com o movimento operário sua verdade *objetiva* e *relativa*, tornou evidente que sua progressão nada tinha a ver com algum academicismo. "As proposições teóricas dos comunistas não se baseiam, de modo algum, em ideias ou princípios inventados ou descobertos por este ou aquele reformador do mundo. São apenas a expressão geral das

---

[12] Idem, *Miséria da filosofia* (São Paulo, Centauro, 2006).
[13] Karl Korsch, "Introduzione al 'Capital'", cit.

condições efetivas de uma luta de classes que existe, de um movimento histórico que se desenvolve diante dos [nossos] olhos."[14]

O eventual progresso dessas "concepções teóricas" se encontraria indissoluvelmente unido ao progresso do movimento que expressava. A *démarche* de Marx proclamou que somente na *Crítica da economia política* poder-se-ia encontrar o fundamento material da crítica prática da sociedade pela classe operária. Não obstante, Marx deixou colocada em sua forma mais geral, algébrica, "a constituição do proletariado como classe dominante", a fórmula que expressava a etapa da *revolução* que a sociedade deveria sofrer para a sua transformação comunista. O conteúdo *aritmético* dessa fórmula seria despejado não por um esforço teórico, mas por um movimento prático do proletariado, que desafiaria a teoria. A verdade da ideologia só poderia ser medida pela sua capacidade para transformar-se em força material.

---

[14] Karl Marx e Friedrich Engels, *Manifesto Comunista*, cit., p. 51-2.

# A COMPREENSÃO DA PRÁXIS
### Wolfgang Leo Maar

> *Todos os mistérios que induzem a teoria ao misticismo
> encontram sua solução racional na prática humana e na
> compreensão dessa prática.*
> Karl Marx

## I.

István Mészáros é um intelectual marxista cedo saído do contexto do chamado "comunismo" – a Hungria de 1956 – cuja elaboração teórica muito se beneficiou dessa situação. Há muitos autores que, na conjuntura do fim dos regimes do Leste Europeu, se referem a uma "libertação" da discussão marxista, seja nos próprios países do leste, seja nos países ocidentais, como a Alemanha, onde o marxismo deixaria de ser identificado com o inimigo além do muro.

As mudanças ocorridas no início dos anos 1990 possibilitaram, de maneira paradoxal, um revigoramento da discussão efetivamente marxista, tendo em vista a ruptura com os freios impostos a ela nos contextos de sobrevivência pragmática das estruturas estatais nos países do bloco comunista face ao capitalismo em processo de globalização imperial. Adiante-se que esse quadro é de difícil apreensão no Brasil, onde, de um lado, entraves como os mencionados influenciaram pouco o debate marxista, mas, de outro, este não demonstrava muito ânimo no período. Mesmo hoje, embora haja uma tendência de crescente interesse e uma consolidada inserção em diversos contextos sociais concretos, o debate marxista poderia ser muito mais expressivo no plano político e ideológico.

No caso do professor Mészáros – ele, antes de tudo, é um professor exemplar em sua competência e engajamento –, o distanciamento precoce do regime, simultâneo à continuidade de sua inserção marxista, possibilitou um vigor de pensamento capaz de desenvolver de modo pleno a criatividade e a densidade de uma produção intelectual do nível de *História e consciência de classe*[*], de Lukács. Mas

---
[*] São Paulo, Martins Fontes, 2003. (N. E.)

isso sem enfrentar, como este, as travas à elaboração de seu pensamento impostas por uma agenda política delimitada pelas circunstâncias, tanto no período de feitura daquela obra quanto posteriormente. Mészáros se refere às consequências da situação pela qual passou Lukács nos seguintes termos:

> O alvo real das transformações socialistas, a necessidade de ir *além do capital*, praticamente desaparecia do horizonte. Seu lugar foi tomado por uma orientação centrada na *política*, deixando de lado ou desconsiderando a insistência de Marx em que a revolução tinha de ser *econômica e social*, em oposição à necessariamente limitada e restrita margem de ação oferecida por qualquer revolução *política*.[1]

Tendo em vista tal diagnóstico, a própria releitura filosófica inovadora de Lukács mereceria de Mészáros uma dupla aproximação. Por um lado, a obra seria vista como contribuição decisiva ao marxismo, ao conferir *status* ao pensamento dos proletários como herdeiros da filosofia clássica. Mas, por outro, passaria a ser apreendida também pelo enfoque crítico ao seu não superado viés abstrato, compreensível apenas porque, aparentemente, seria o único em condições de resistir às imposições restritivas do contexto histórico-social e seu pragmatismo existencial.

Assim, em um de seus primeiros livros, *O conceito de dialética em Lukács*, Mészáros afirma: "A ausência de forças de mediação efetivas é remediada em Lukács mediante um apelo direto à razão"[2].

A consequência disso seria um "utopismo ético" como refúgio das ideias filosóficas, sem dúvida uma contribuição decisiva de Lukács como prisma para a correção do pragmatismo positivista então reinante. Contudo, em que pese o fato de assim, de um lado, as ideias socialistas se conservarem com a função de possibilitar a crítica do que é imediatamente dado, de outro lado a política se refugiaria no âmbito do "dever-ser", com a correspondente sobrevalorização dos intelectuais enquanto agentes da "razão", para além dos sujeitos tomados em sua perspectiva de classe.

Nessa medida, o programa que logo se impôs a Mészáros seria o de subtrair a reflexão filosófica marxista, tal como exemplificada em *História e consciência de classe* e em outras obras de Lukács, ao predomínio da universalidade abstrata, para conduzi-la sobretudo ao plano do particular contingente, à realidade sócio-histórica. Tratar-se-ia de descartar as caracterizações genéricas no rumo prioritário às especificidades históricas. Na obra lukácsiana, estas últimas estariam ou ausentes

---

[1] István Mészáros, *Para além do capital* (ed. rev., São Paulo, Boitempo, 2011), p. 84.
[2] Idem, *Lukács' Concept of Dialectic* (Londres, Merlin, 1972), p. 81.

da elaboração ou, quando presentes, inseridas nas amarras de um normativismo geral, como no caso da sua reflexão estética.

A preocupação com tal programa salta aos olhos, por exemplo, em um texto escrito por Mészáros como contribuição para uma coletânea que organizou a partir de um seminário na Universidade de Sussex acerca de *História e consciência de classe*. O próprio título já é esclarecedor: "Consciência de classe contingente e necessária". O objetivo dessa elaboração teórica de Mészáros é uma crítica ao que seria uma mera dedução conceitual-filosófica da "consciência de classe atribuída" em que Lukács teria incorrido. Lembre-se que este, em seu famoso novo prefácio escrito em 1967 para *História e consciência de classe*, afinal reconhecera ter deduzido a classe com base em sua consciência-de-si.

Para Mészáros, o proletariado seria, a um só tempo,"contingência sociológica, com fins específicos e poderes e instrumentos mais ou menos limitados para sua realização"[3], mas também

> parte constituinte do inconciliável antagonismo estrutural da sociedade capitalista. A distância entre esses dois aspectos do "ser do proletariado", refletida na forma prevalecente da consciência de classe, pode ser maior ou menor segundo as diferentes condições históricas, e as formulações marxistas do problema da consciência de classe não implicam nenhum problema linear na redução dessa brecha.[4]

Para Mészáros, cumpre aqui expor as relações de uma dialética entre os interesses do indivíduo empírico e os da classe social. A seu ver, melhorar a posição individual não significa debilitar a consciência de classe; ainda mais quando "o desenvolvimento da consciência de classe é um processo dialético: é uma inevitabilidade histórica precisamente quanto à tarefa que se realiza pela necessária mediação de um agente humano consciente de si próprio"[5].

Se o desenvolvimento espontâneo da consciência de classe é "um sonho utópico" abstrato[6], a solução concreta para essa questão estaria no plano da organização política, justamente efetivada por mediação dos indivíduos como agentes históricos.

O sentido de tal organização estaria em que a classe seria dotada de "consciência" de classe na medida em que fosse "objetivamente capaz de estabelecer uma alternativa histórica viável à sua própria subordinação estrutural"[7]. A "consciência"

---

[3] Idem (org.), *Aspectos de la Historia y la Conciencia de Clase* (México, Unam, 1973), p. 137.
[4] Idem.
[5] Ibidem, p. 139.
[6] Ibidem, p. 149.
[7] Idem.

caracterizaria a classe que ultrapassa sua estruturação "natural", espontânea, em conformidade com o processo de trabalho social vigente, a partir do conhecimento adquirido acerca das limitações dessa "espontaneidade" – na verdade uma "mediação social" não espontânea, mas que se passa por "natural" –, bem como dos potenciais nela obstruídos em função do próprio modo de organização laboral social.

Nesse plano, em uma reflexão que poderia ser de estritas inferências filosóficas, inserem-se as questões econômicas e sociais que lhe conferem uma complexidade estrutural e histórica marcada pelas formas do intercâmbio entre as contradições da divisão social do trabalho e as manifestações de interesse particular individual.

Precisamente aqui Mészáros é exitoso no descolamento de Lukács, avançando em relação ao mestre e sua dedução conceitual abstrata. O proletariado como classe dotada de "consciência de classe" passaria a ser uma classe existente *na* sociedade civil, mas já não estruturalmente uma classe constitutiva *da* sociedade civil[8], senão da necessária transformação desta. Isso se apresenta justamente ao pôr em cena, mediada por sua organização, uma alternativa apta a romper as relações de subordinação e alienação que pautam esta última em função do processo de trabalho nela vigente. Isto é: no plano da necessidade, essa classe aponta para além da sociedade vigente em que se insere como contingência.

## II.

Sem dúvida, István Mészáros é um dos mais ativos intelectuais engajados na época de transição entre o que Hobsbawm caracterizou como curto século XX e o século XXI.

Para reforçar esse prisma do engajamento social prático, os editores de seus textos lembram-nos inexoravelmente de sua participação em algum evento político, seja o Fórum Social Mundial, seja o Movimento dos Trabalhadores Rurais Sem Terra, seja até mesmo alguma atividade ligada ao presidente [da Venezuela Hugo] Chávez... Para alguns, haveria inclusive consequências desse engajamento prático em sua própria produção intelectual. Há quem defenda que, nessa medida, sua obra seja dividida segundo dois momentos. Conforme um de seus prefaciadores, a partir da publicação de *Para além do capital*, em 1995, iniciar-se-ia uma segunda fase na elaboração da obra do autor. Seus livros seriam mais diretamente orientados à intervenção político-social face às mudanças ocorridas na sociedade,

---

[8] Ibidem, p. 148.

com o que relegaria a uma posição lateral "as grandes obras filosóficas que vinha escrevendo"[9] em sua fase inicial.

O próprio Mészáros assim se refere ao seu engajamento:

> O papel histórico da esquerda socialista é elaborar e materializar uma alternativa viável. Naturalmente, o caminho traçado por essa alternativa será difícil e doloroso. Mas estou convencido de que *as perspectivas para um exame de como superar* os antagonismos do imperialismo global e de suas crescentemente destrutivas ordens são mais promissoras do que nunca.[10]

Assim, a seu próprio juízo, o que o torna engajado é principalmente sua produção teórica. Nisso não há demérito; muito pelo contrário. A teoria, ao mesmo tempo que é considerada vital para a prática, não se reduz à orientação da ação de intervenção social e política; isto é, não pode ser considerada meramente como subordinada à prática.

Mesmo o nexo com a prática evidente em *Para além do capital* exige uma apreensão qualificada. A compreensão adequada da práxis e suas mediações é decisiva. Exige-se em sua apreensão uma compreensão do nexo dialético entre sujeito e objeto que caracteriza a produção da vida dos homens pelos homens. Não se trata de um sujeito dado a efetivar uma prática já idealizada, mas de uma relação de formação recíproca entre objeto e sujeito da atividade constituinte e formadora. Veja-se, por exemplo, um trecho dos mais fundamentais para elucidar a questão, de *O desafio e o fardo do tempo histórico*:

> Outro mundo é possível e necessário. Necessário não no sentido de uma predeterminação fatalista, mas como uma necessidade urgente e profunda, cuja realização, ou não, decide tanta coisa no futuro. É óbvio, entretanto, que não basta esperar um resultado positivo. O livro de Ernst Bloch, *O princípio esperança*\*, não está à altura da missão, por mais nobre e apaixonado que seja o compromisso com ela. Os antagonismos estruturais e contradições explosivas pesquisados nessas páginas têm sua própria base material, e a paralisante inércia social que resulta dessa base deve ser enfrentada por uma força capaz não somente da necessária *negação* radical, mas também de instituir *positivamente* uma ordem alternativa sustentável. A "possibilidade" declarada com relação ao "outro mundo" não será transformada em realidade duradoura sem o trabalho contínuo da ação emancipatória social à altura da missão.[11]

---

[9] Idem, *O desafio e o fardo do tempo histórico* (São Paulo, Boitempo, 2007), p. 14.
[10] *III Fórum Social Mundial* (São Paulo, Carta Maior, 2004), p. 38. Itálico do autor.
\* Rio de Janeiro, EDUERJ/Contraponto, 2006. (N. E.)
[11] István Mészáros, *O poder da ideologia* (São Paulo, Boitempo, 2004), cit., p. 50.

A compreensão plena do trecho citado demanda uma clara apreensão do nexo dialético entre sujeito e objeto na práxis que preside sua estruturação[12]. A "possibilidade" como verdade a ser realizada não é uma meta abstrata pronta, mas como objeto "histórico" apresenta uma dimensão "subjetiva" em sua "objetividade", cuja única via de acesso é a produção da sociedade na própria vida social material dos homens. Segundo Mészáros, a realização efetiva da possibilidade implica haver uma mudança, uma reestruturação, na relação entre a "possibilidade futura" e o "sujeito presente", tendo em vista a efetivação desse sujeito no futuro, futuro que já se encontra presente no vigente, embora como possibilidade obstruída. Eis "a necessidade cuja realização ou não decide tanta coisa no futuro". Nesse sentido, o sujeito não se apresenta como mera "subjetividade", mas como "objetividade", ainda que potencial, a demonstrar que o sujeito também não é "objeto" pressuposto, mas se forma em nexo com sua prática. Ao mesmo tempo, a prática revela, para além de sua "objetividade", uma "subjetividade" mediante a qual corresponde ao dinamismo do sujeito.

A educação como ação emancipatória social, como "transcendência positiva da autoalienação"[13], expressaria concretamente essa mudança, como trabalho formativo tendo em vista a totalidade social, para além do estrito e estreito âmbito da ordem vigente no plano da constituição concreta do sujeito e no plano da configuração da práxis. A realização efetiva desse processo educacional-formativo evidenciaria como reestruturação material o que seria para Mészáros "o poder da ideologia emancipadora"[14].

Em outro trecho da mesma obra, Mészáros assim se refere à questão:

> O desafio de nosso tempo histórico [é aceitar] o fardo da responsabilidade que dele emerge: [...] o dedicado trabalho voltado ao assentamento dos alicerces de tal ordem social genuinamente cooperativa [...] tinha de começar no presente imediato.[15]

---

[12] A referência a Bloch é ao menos discutível quando se sabe que, para ele, a "esperança" é, ao melhor modo de Hegel, uma tendência real, o conteúdo essencial presente no sujeito e eclipsado em sua aparência vigente.

[13] Ibidem, p. 214.

[14] Ibidem, p. 54. Cabe acrescentar que a concepção de "*ideologia significa a sociedade enquanto aparência*" apresentada por Adorno (ver ibidem, p. 169), embora descartada por Mészáros, é plenamente justificável nos próprios termos deste. Afinal, segundo ele, "é possível *superar a alienação* com uma reestruturação radical das nossas condições de existência" (*O desafio e o fardo do tempo histórico*, cit., p. 214). Assim, Mészáros certamente não poderia negar que nas "condições de existência" vigentes na sociedade há um predomínio histórico concreto da imposição da própria estruturação material da sociedade a obstruir as pretensões de efetivação de possibilidades alternativas, a caracterizar destarte o que seria o "contrapoder" ideológico da sociedade vigente em sua configuração social aparente.

[15] Ibidem, p. 21.

Essa declaração é estruturada conforme dois momentos: 1) a elaboração e a materialização de alternativas (necessidade da "ordem social cooperativa" efetiva no mundo contingente); 2) o exame de como superar os antagonismos (o nexo entre necessidade e contingência, registrado como "trabalho [de] assentamento dos alicerces [...] no presente imediato").

A elaboração dessa última questão parece ser a meta prioritária que Mészáros se propõe. Ou seja, situar os problemas e apontar questões relevantes para que haja a compreensão adequada do *trabalho de elaboração* das alternativas, a práxis. Em outros termos: esclarecer suas condições de possibilidade efetiva, tanto racionais-filosóficas quanto, principalmente, sócio-históricas.

Em um trecho inicial de *Para além do capital*, o autor afirma que o programa marxista de ultrapassar social e economicamente a lógica do capital como forma do metabolismo de controle global não poderia ser cobrado da agenda histórica no período de elaboração de *História e consciência de classe*[16]. A meta precisaria ser posta não apenas subjetivamente, mas sobretudo na própria objetividade do tempo histórico. Aqui, vale realçar de novo a dificuldade maior: embora Mészáros insista, corretamente, em se situar no plano da contingência particular concreta, não pretende abrir mão, de modo igualmente correto, da necessidade no âmbito do tempo histórico. Por isso, distancia-se da necessidade do tempo conceitual, da inferência do cálculo formalista.

A superação da reprodução continuada da sociedade capitalista deverá ser apresentada nos termos de uma complexa mediação entre momentos teóricos e práticos, subjetivos e objetivos. Isto é, como processo em formação apto a refazer, no plano da consciência, o que, à primeira vista, se apresenta como imposição real efetiva, para assim nos capacitar a intervir em uma situação que, ela própria, já é uma mediação e que, desprovida dessa abordagem formativa, passaria por imediatismo "natural" dado, espontâneo, exterior à nossa participação.

Quando Marx expressava a necessidade de se combater o capital mediante suas próprias forças, não seria esse percurso entre o enriquecimento abstrato e a dinâmica histórico-social que tinha em mente? Nesse difícil trajeto, as contradições do capital precisam deixar de ser apreendidas apenas em seu contexto conceitual, para adquirir configuração concreta no contexto contingente, aqui e agora, da vida dos homens em sua interação entre si e com a natureza.

Aqui se localiza a verdadeira contribuição do nosso – e de qualquer – "filósofo" na atualidade: *decifrar o caráter histórico concreto eclipsado pelos nexos conceituais abstratos e apontar para a superação destes últimos na realidade apreendida*

---

[16] Idem, *Para além do capital*, cit., p. 28.

*como mediação social*, tal como se apresenta de maneira exemplar em *A ideologia alemã*, de Marx e Engels[*]. Ou seja, transitar entre a generalidade abstrata da dedução conceitual-filosófica e a vida material contingente dos indivíduos concretos sempre com a vista na práxis, em sua dialética de necessidade e contingência.

Neste ponto, há plena identificação entre Mészáros e seu mestre Lukács, para quem "autêntico filósofo é quem, ao analisar as grandes contradições de sua época, pode avançar rumo a novos nexos seculares; assim Vico e Hegel, cada um a seu modo, descobriram a historicidade primária do ser"[17].

A diferenciá-los, aqui, apenas a expressão "novos nexos seculares", que Mészáros dificilmente usaria e que sinaliza mais uma vez o quanto o pensamento lukácsiano estava comprometido com os modos filosóficos tradicionais.

Em *Razão e revolução*, Herbert Marcuse chama a atenção para a necessidade de se apreender todo conceito filosófico como categoria social, econômica e histórica, ainda que persista em se expressar em linguagem filosófica[18]. Isso implica às vezes questões delicadas com que, vez por outra, nos deparamos na própria leitura da densa obra de István Mészáros. Ainda com certa frequência a conceituação filosófica e a focalização histórico-social encontram-se em íntimo convívio, a testemunhar, como não poderia deixar de ser, o contexto intelectual em que ocorreu a elaboração de seu pensamento.

A obra de Lukács que é o núcleo desse contexto – e Mészáros é um dos primeiros a fazer essa crítica definitiva – exige atenção similar, porém redobrada. Isso porque Lukács, ao contemplar a continuidade do marxismo como herdeiro da filosofia, não raras vezes sucumbe em sua expressão aos modos filosóficos *pré-históricos* e deixa de atentar devidamente à particularidade da elaboração teórica de Marx, ou seja, ao modo específico como nele qualquer conceito se relaciona a uma realidade particular[19]. No Lukács de *A destruição da razão*, por exemplo, a possibilidade efetiva de uma realização alternativa, em vez de ser determinada por mediações histórico-sociais, seria sobretudo vinculada à "razão": são os ideais filosóficos racionais como "utopia"[20], isto é, como possível realização.

---

[*] São Paulo, Boitempo, 2007. (N. E.)
[17] G. Lukács, *Von Nietzsche zu Hitler* (Frankfurt, Fischer, 1966), p. 9.
[18] Herbert Marcuse, *Razão e revolução* (São Paulo, Paz e Terra, 2005), p. 239.
[19] Seria justamente para tentar superar tais dificuldades que Adorno, cujo objetivo é precisamente decifrar a própria razão e suas manifestações no contexto histórico de sua imanência e contingência, procura ultrapassar mediante constelações e imagens dialéticas os limites da expressão conceitual generalizante em sua *dialética negativa* e toma a própria linguagem, enquanto imposição formal e calculadora, como objeto e instrumento da reprodução do capital.
[20] G. Lukács, *Von Nietzsche zu Hitler*, cit., p. 12.

De outro lado, a "destruição da razão" decorre da apresentação de "utopias irracionais"[21]. São ideias ou ideais presentes em sua irracionalidade, fins irrealizáveis na relação com seus meios, implicando a impossibilidade efetiva da transformação e a ilusão das alternativas que precisam ser desmascaradas. O que pretende ser crítica ideológica se converte em crítica ideologizante ao se ater sobretudo aos efeitos invertidos na *camara escura* filosófica. Disso resultam "racionalidade" ou "irracionalidade" mistificadas e, salvo generalizações abstratas, divorciadas da apreensão das mediações histórico-sociais e, em decorrência, da práxis.

Por tudo que foi exposto, é equivocado considerar a produção intelectual de Mészáros conforme dois momentos, um de engajamento social e outro de reflexão filosófica. Ao contrário: há nela uma unidade, caracterizada pela unidade de seu objeto, apresentada justamente como uma apreensão conjunta, em tensão dialética, de uma perspectiva a um só tempo teórica e prática, sem privilegiar, de uma parte, focalizações estritamente filosóficas e, de outra, enfoques histórico-sociais. Como Marx, Mészáros procura se mover simultaneamente no plano da história e da filosofia, do particular contingente e da inferência conceitual. E mais: certamente relutaria em considerar a teoria reduzida à prática, ao pleitear justamente um contexto de autonomia de ação à teoria, ao âmbito de uma consciência que não é simples instrumento para "praticar uma prática" de modo verdadeiro ou falso, mas constitui ela própria uma "verdade *objetiva* histórica" que é uma "verdade objetiva *histórica*", dotada de um núcleo histórico como possibilidade real, que é realmente possível apenas em determinadas condições de relação entre teoria e prática, entre sujeito e objeto. A mediação entre necessidade e contingência é histórica, no sentido de sua determinação ter um núcleo histórico, e o escopo da teoria estaria, segundo Mészáros, justamente em decifrar as condições dessa mediação histórica.

O sujeito em sua configuração não se encontra dado, embora se situe empiricamente e não seja uma construção transcendental. A prática, de sua parte, também não seria indiferente em relação ao sujeito, embora tenha implicações sobre o próprio sujeito, que não seria imune aos seus resultados.

As importantes elaborações de Mészáros orientadas à distinção, seja entre mediações, seja entre produção econômica e metabolismo social, justificam-se nessa medida e formam contribuições teóricas decisivas à apreensão da prática.

Os sujeitos, só aparentemente dados, podem muito bem orientar sua prática contrariamente aos próprios interesses. Isso implica uma discussão dos interesses face ao seu contexto, mas, principalmente, uma apreensão do sujeito mediada pela própria práxis na sua forma em curso, em sua determinação concreta, vigente.

---

[21] Ibidem, p. 19.

Para aprofundar uma questão como essa, Mészáros desenvolve a distinção entre *mediações de primeira ordem* e *mediações de segunda ordem*. Estas últimas seriam sociais e se apresentariam como se fossem de primeira ordem, contextos, condições e interesses "falsos" instalados como se fossem "verdadeiros"[22].

Por outro lado, a discussão sobre os modos metabólicos de interação social revela em Mészáros o outro momento dessa dialética. Isto é, a prática dada implica resultados que, longe de ser absolutos em sua objetividade, tal como aparenta ser a produção econômica capitalista, são, ao contrário, dotados de um momento subjetivo – histórico – que pode conduzir à sua transformação, inversão e destruição. Ou seja, a produção via trabalho social nos termos impostos *na* sociedade capitalista é somente uma determinada forma social historicamente consolidada do modo pelo qual os homens, em sua interação entre si e com a natureza, constituem – e, portanto, podem transformar – a geração *da* sociedade, do contexto social como tal, em que a existência dos homens adquire concretude.

Assim, Mészáros examina a própria práxis dos homens nos termos do *nexo entre produção capitalista e metabolismo social*. Veja-se, para exemplificar, como essa caracterização preside a apreensão da educação, seja pelo prisma da ordem vigente, seja por uma prisma marxista: "O conceito marxista de educação [...] em agudo contraste com as concepções atualmente predominantes, centralizadas de maneira estreita sobre as instituições, abarca a totalidade dos processos individuais e sociais"[23].

## III.

À guisa de conclusão, pode-se afirmar que a apreensão da posição de alternativas concretas e de como se sustentam e desenvolvem constitui o objetivo fundamental na obra de István Mészáros.

*Para ele, a crítica só não basta; é preciso, simultaneamente, práxis*. Tome-se o problema conforme um parágrafo fundamental de *O poder da ideologia*:

> A crítica radical do *status quo* social deve definir sua "práxis" [...] Em última análise, a questão da crítica radical é inseparável daquela de um *agente social* em relação ao qual é possível vislumbrar uma *alternativa estrutural* à ordem social dada. [...] Não é possível articular o conteúdo de uma crítica social radical [...] sem a identificação de uma força social capaz de se tornar a alternativa hegemônica à classe dominante da ordem estabelecida.[24]

---

[22] István Mészáros, *A teoria da alienação em Marx* (São Paulo, Boitempo, 2011), p. 78, e *O desafio e o fardo do tempo histórico*, cit., p. 40.
[23] Idem, *A teoria da alienação em Marx*, cit., 25.
[24] Idem, *O poder da ideologia*, cit., p. 234.

Apreendido por essa perspectiva, o engajamento, em sua necessidade e contingência, seria precisamente tributário do exposto por Marx na oitava de suas famosas teses sobre Feuerbach: "Toda vida social é essencialmente *prática*. Todos os mistérios que conduzem a teoria ao misticismo encontram sua solução racional na prática humana e na compreensão dessa prática"[25].

Destaque-se, em primeiro lugar, o diferencial em relação a Lukács, para quem, de acordo com *A destruição da razão*, "a solução racional" para o misticismo estaria na razão e não na práxis. Já para Mészáros, o alvo propriamente dito reside em situar problemas e apontar questões relevantes da práxis, mas para formular contribuições fundamentais à *compreensão da práxis*. Por exemplo, ao decifrar, no nexo das mediações entre necessidade e contingência, a dialética sujeito-objeto e teoria-prática, tendo em vista suas especificações históricas concretas. Nesse sentido, apontam-se algumas das contribuições teóricas que são da maior relevância.

A dialética entre necessidade e contingência constitui o problema central, e as contribuições teóricas a ser levadas em conta na sua elucidação são particularmente duas: distinção entre mediações de primeira ordem e de segunda ordem; e distinção entre metabolismo social e produção.

Embora, por um prisma substantivo, tanto metabolismo social e produção quanto mediações de primeira e de segunda ordem sejam histórica e socialmente concretos, a distinção entre eles constitui um problema teórico relevante.

De um lado, trata-se de conceituações que, quanto ao seu conteúdo teoricamente exposto, somente se realizam em concretudes particulares. De outro, são realidades empíricas somente distinguíveis e relevantes na prática quando postas em seu contexto mediante a apreensão teórica.

Há um urgente debate ideológico a ser travado atualmente em um contexto de engajamento mais nuançado de esquerda[26]. Nesse, como em muitos outros embates, as decisivas elaborações teóricas de István Mészáros não são apenas relevantes. São imprescindíveis.

---

[25] Karl Marx, *Manuscritos econômico-filosóficos e outros textos escolhidos* (São Paulo, Abril Cultural, 1978), p. 52; vide também Karl Marx e Friedrich Engels, *A ideologia alemã*, cit., p. 534.
[26] Por exemplo, o debate necessário com posições como as de Axel Honneth, que em sua "política do reconhecimento" desconsidera a práxis no sentido exposto e retorna à apreensão da sociedade em termos de um ordenamento moral com verniz histórico-social (ver Nancy Fraser e Alex Honneth, *Redistribution or Recognition?*, Londres, Verso, 2003). É a nova sociedade civil aparentando estruturar-se sem a necessidade das classes e sem as necessidades delas.

# CONFERÊNCIA *Margem* ESQUERDA

## Marx Hoje: importância e atualidade da teoria da alienação

# ISTVÁN MÉSZÁROS

Lançamentos de: *A teoria da alienação em Marx*
revista *Margem Esquerda* nº 7

Quarta-feira, 10 de maio, 19h
Anfiteatro do prédio de Geografia da USP
Av. Prof. Lineu Prestes, 338
Cidade Universitária
**Entrada Gratuita**
Informações: 3875-7285
www.boitempoeditorial.com.br

**István Mészáros** nasceu em Budapeste, em 1930. Graduou-se em Filosofia na Universidade de Budapeste, onde foi assistente de Georg Lukács. Sua produção intelectual é das mais importantes e dele a Boitempo já publicou *Para além do capital: rumo a uma teoria da transição*, *O século XXI: socialismo ou barbárie?*, *O poder da ideologia* e *A educação para além do capital*.

## *Margem* ESQUERDA 7

**ENTREVISTA**
István Mészáros
IVANA JINKINGS

**DOSSIÊ: DILEMAS E DESAFIOS DA ESQUERDA**
PT × PSDB: rumo ao quinto governo Collor
GILBERTO MARINGONI

O pulso ainda pulsa?
VALTER POMAR

Um novo ciclo para a esquerda brasileira
EDMILSON COSTA

Afinal, quem é a classe trabalhadora hoje?
RICARDO ANTUNES

O fantasma da cordialidade
FLÁVIO AGUIAR

**ARTIGOS**
A precarização e a revolta: o que nos diz a experiência francesa
MARCO AURÉLIO SANTANA

Bolívia: a revolução democrático-plebéia
EMIR SADER

Um olhar para a esquerda
JOSÉ LUÍS FIORI

Duas memórias de presos políticos: Argentina e Brasil (anos 1970)
AFRÂNIO MENDES CATANI

A imagem da mulher e a esquerda
LINCOLN SECCO

Dialética × dogmatismo: sobre um inédito de Lukács em defesa de *História e consciência de classe*
ANTONINO INFRANCA

Cinema para a revolução/anotações sobre o som e sobre uma conversa com J.-M. Straub e D. Huillet
LUIZ RENATO MARTINS

**CLÁSSICO**
Nota sobre o texto "A teoria freudiana e o padrão da propaganda fascista"
JOSÉ LEON CROCHIK

A teoria freudiana e o padrão da propaganda fascista
THEODOR W. ADORNO

**HOMENAGEM**
Apolonio e a guerra civil na Espanha
JACOB GORENDER

**COMENTÁRIOS**
Os catadores, Agnès Varda e eu
JEAN-CLAUDE BERNARDET

*À margem*: instrumento de combate ao Cinema Novo?
DANIELA PINTO SENADOR

## A TEORIA DA ALIENAÇÃO em Marx

Neste livro, István Mészáros mergulha nos escritos de Marx para recuperar a riqueza, a densidade e a complexidade da temática e para demonstrar os inúmeros traços de continuidade na obra marxiana. Com ele, o pensador húngaro conquistou o Prêmio Isaac Deutscher, na Inglaterra, e viu sua publicação tornar-se leitura obrigatória em quinze países, de doze línguas diferentes.

**Promoção:** Boitempo Editorial
**Patrocínio:** Pró-Reitoria de Cultura e Extensão Universitária da USP
**Apoio:** Associação Nacional dos Magistrados da Justiça do Trabalho

**BOITEMPO** EDITORIAL
Mais informações:
(11) 3875-7285 / 9626-2724
www.boitempoeditorial.com.br

# TRABALHO E ALIENAÇÃO

# TRABALHO E ALIENAÇÃO NO SÉCULO XXI: NOTAS CRÍTICAS SOBRE A CONTRIBUIÇÃO DE MÉSZÁROS E LUKÁCS

*Giovanni Alves*

Nos tempos de capitalismo global e de crise estrutural do capital, o tema da alienação tornou-se a proposição crucial da investigação marxista. Não é apenas mais uma das questões de discussão desse universo, mas *o* tema candente a partir do qual se deve elaborar a crítica do capital como modo de controle estranhado do metabolismo social. Por isso, o livro *A teoria da alienação em Marx*\*, de István Mészáros, publicado em 1970, é um marco no marxismo do século XX. Ele coloca a agenda de investigação crítica necessária para pensar a práxis capaz de superar o capital.

Em um país capitalista como o Brasil, onde o marxismo sofreu a derrota da dialética[1], as investigações marxistas tendem a padecer do *tertium datur* [terceira via possível] necessário, capaz de apreender a concreção indispensável das novas formas de alienação do capital.

Do viés que reduz de tal maneira a categoria do proletariado que impossibilita pensá-lo como sujeito histórico efetivo do socialismo[2] às análises críticas que despercebem as novas particularidades da exploração capitalista sob o toyotismo como "momento predominante" da reestruturação do capital – para esses autores, o horizonte último é a crítica do fordismo-taylorismo[3] –, temos sintomas de uma "dialética" incapaz de apreender a riqueza concreta do novo.

---

\* São Paulo, Boitempo, 2006. (N. E.)
[1] Leandro Konder, *A derrota da dialética – A recepção das ideias de Marx no Brasil, até o começo dos anos trinta* (São Paulo, Expressão Popular, 2010).
[2] Sérgio Lessa, *Trabalho e proletariado* (São Paulo, Cortez, 2008).
[3] Ruy Braga, "A vingança de Braverman – o infotaylorismo como contratempo", em Ricardo Antunes e Ruy Braga, *Infoproletários: degradação real do trabalho virtual* (São Paulo, Boitempo, 2009).

O que Mészáros apresenta nesse denso estudo republicado em língua portuguesa, em 2006 – *A teoria da alienação em Marx* – é mais um ponto de partida de uma reflexão fundamental e necessária do que propriamente um ponto de chegada para pensar o complexo de alienações sob a mundialização do capital.

Neste pequeno artigo, iremos apenas pontuar algumas questões a partir da tese central de Mészáros no livro citado. Na "Introdução" de sua obra clássica, por exemplo, o autor salienta que o problema da "autotranscendência positiva da alienação" é o eixo da reflexão marxiana nos *Manuscritos econômico-filosóficos*\*. Mészáros é inclusive categórico em afirmar que o sistema de Marx nasceu tão logo o problema da transcendência – ou o problema da "unidade da teoria e da prática" – foi concretizado como a "negação e supressão" da "autoalienação do trabalho". Não apenas a introdução do conceito de "trabalho alienado", como observa o filósofo húngaro, mas o próprio discernimento histórico da classe social do proletariado seriam o ponto de Arquimedes capaz de traduzir o programa da "negação e supressão" da "autoalienação do trabalho" em realidade efetiva (o que explicita que a teoria da classe e consciência de classe do proletariado em Marx pressupõe efetivamente, como lastro fundamental – e fundante –, a teoria da alienação do trabalho[4]).

Entretanto, é importante compreendermos o pleno significado histórico-ontológico dessa constatação marxiana:

1) O texto dos *Manuscritos econômico-filosóficos*, ou *Manuscritos de Paris*, é de 1844, conjuntura histórica pré-revolucionária marcada pela primeira grande crise do capitalismo industrial e a ascensão das massas proletárias. Nos escritos de juventude, como o artigo "Glosas críticas ao artigo 'O rei da Prússia e a reforma social' De um prussiano"\*\*, também de 1844, Marx já salientava o movimento do proletariado e a própria categoria de proletariado como o sujeito que nega o estado de coisas existente na medida em que se põe em movimento. Então, está claro que o eixo categorial organizador naquele momento da reflexão marxiana é a *Aufhebung* como movimento histórico posto a partir da alienação como pressuposto do sujeito *in fieri* [em formação].
2) A ideia mészáriana da centralidade da autotranscendência positiva da alienação na reflexão de Marx nos leva a pensar que classe social implica efetivamente consciência de classe no sentido de consciência como pressuposto da *Aufhebung*.

---

\* São Paulo, Boitempo, 2004. (N. E.)
[4] Ver Giovanni Alves, *A condição de proletariedade* (Bauru, Praxis, 2009).
\*\* Karl Marx e Friedrich Engels, *Lutas de classes na Alemanha* (São Paulo, Boitempo, 2010), p. 25-52. (N. E.)

Desse modo, teríamos a seguinte equação ontológica, onde o sinal de igualdade [=] significa *implicação necessariamente pressuposta*: Aufhebung = consciência (de classe) = classe (sujeito coletivo que nega – aliás, *nega* e *supera*, no sentido da autotranscendência positiva).

3) Na leitura mészáriana de Marx, a ideia de *Aufhebung* significa movimento social do sujeito coletivo capaz de negar o estado de coisas existente (o capital), um movimento sociometabólico alternativo, mais propriamente social que político e, portanto, que nasce por baixo, abrangendo a totalidade da vida social. É por isso um movimento global da classe, capaz de ir além das parcialidades do movimento político ou sindical.

4) Nesse caso, a radicalidade do movimento social significa que ele atinge a raiz, isto é, o próprio homem, ou as relações sociais que têm na vida cotidiana seu ponto nevrálgico. Sindicatos e partidos, na ótica mészáriana, são incapazes de promover a *Aufhebung*, tendo em vista seu parcialismo. Na medida em que o capital é um processo estranhado global, ele exige, para sua superação, processos globais, isto é, capazes de abranger a totalidade da vida social.

A ideia de autotranscendência positiva tem seu significado exposto no prefixo "auto" e no qualificativo "positiva". Vejamos suas implicações significativas.

É "autotranscendência" no sentido de que é uma transcendência efetivada pelo próprio sujeito alienado, isto é, a superação deve ser obra dos próprios trabalhadores assalariados e não de governos, partidos ou sindicatos – nenhuma dessas instâncias político-sindicais é capaz de promover, por si só, a emancipação do homem que trabalha da alienação. Por isso, os sujeitos alienados têm de ter autocapacidade para superar, por si próprios, o estado de alienação. Nesse caso, salienta-se como necessidade radical a constituição (ou formação) de sujeitos humanos capazes de autonomia radical (auto-organização de cultura).

É autotranscendência *positiva* no sentido de propor para si uma alternativa positiva – concreta – à alienação, construindo assim um metabolismo social alheio ao sistema social da alienação baseado na propriedade privada dos meios de produção e na hierarquia social do trabalho. Portanto, coloca-se a necessidade da radicalidade positiva, não meramente insurgente, à ordem burguesa. Ela é *positiva* no sentido de propor uma nova ordem sociometabólica capaz de ser alternativa – no plano prático-sensível – à ordem alienada. A positividade radical tem o caráter propositivo para além da ordem do capital, implicando inclusive tirar as consequências radicais de elementos contraditoriamente compositivos da própria ordem burguesa (partindo de Marx, diríamos: *discernir* – eis a palavra – embriões da nova ordem no interior da velha ordem).

Assim, coloca-se a classe do proletariado enquanto sujeito emancipador não apenas no sentido de "coveiro da velha ordem burguesa", mas de "parteiro da nova sociedade de produtores auto-organizados". Na ótica radical de Mészáros, depois de Marx, o comunismo aparece, desse modo, como o movimento extremo de homens e mulheres proletários capazes de construir coletividades auto-organizadas radicalmente democráticas (o que pressupõe negar – ou superar, no sentido positivo – o complexo de alienação).

Entretanto, problematizando, algumas questões se colocam. A conjuntura histórica – o complexo social que emerge da processualidade contraditória da ordem do capital e a forma de ser do movimento social no tocante a pré-contingência e movimento da consciência de classe – altera o registro da luta de classes. Isto é, altera-se a natureza da espontaneidade proletária e seu metabolismo social.

Ora, não estamos em 1844-1848, muito menos em 1905 ou 1917-1919, ou seja, conjunturas revolucionárias que explicitavam formas de ser candentes da classe do proletariado como sujeito vivo. A própria conjuntura de 1970-1973, marcada pelo movimento de ascensão de lutas operárias e estudantis, tem sua particularidade concreta vibrante que se distingue da conjuntura posterior, dada pela reação neoliberal, onde a reestruturação produtiva e o desemprego alterariam a espontaneidade da classe em movimento.

Enfim, altera-se a qualidade-densidade do movimento histórico da classe e os elementos da condição de proletariedade capazes de abrir novas possibilidades para a formação da consciência de classe. Portanto, altera-se o registro histórico da *Aufhebung*.

Sob a crise estrutural do capital, em uma conjuntura de reação neoconservadora, ofensiva do capital na produção e intensa manipulação, como salientou Lukács, explicita-se uma profunda contradição entre a verdade candente da necessidade histórica da *Aufhebung* (no sentido de que as respostas *parciais* contra o capital são não apenas limitadas, mas insuficientes) e os limites irremediáveis postos pelo movimento da própria classe ainda como "classe", cuja espontaneidade imersa em uma pré-consciência, portanto aquém da contingência e necessidade da consciência de classe em virtude do grau de manipulação, permanece muito distante da ação radical necessária para a autotranscendência positiva da alienação.

Portanto, explicita-se com maior candência um complexo de "estranhamento", onde temos não apenas a contradição entre *capacidades* e *obstáculos* para a efetivação dessas capacidades – como salientou Lukács –, mas entre necessidade de *Aufhebung* como autotranscendência positiva da alienação e condições objetivas (e subjetivas) no tocante à posição do sujeito para a realização delas. O que significa que a "crise estrutural do capital", na ótica de Mészáros, não implica necessariamente derrocada do capitalismo, mas sim uma nova época histórica em que se abre uma série de possibilidades para a permanência da ordem burguesa global, na medida em que não se põem elementos necessários para a própria *Aufhebung*. A barbárie social é uma das possibilidades – e, hoje, perceptível em um maior espectro social – de permanência crítica da ordem burguesa.

Segundo Gramsci, abre-se uma época de morbidez social quando o que existia deixou de existir e o que vem ainda não chegou. Essa "espera" é menos uma temporalidade passiva do sujeito contemplativo e mais uma temporalidade ativa do sujeito não posto pelos próprios registros do metabolismo social marcado pelo fetichismo e pela intensa manipulação. Talvez possamos dizer: espera-se não pelo outro que ficou de vir, mas por nós mesmos como sujeitos capazes (mas não efetivos) de *Aufhebung*.

Duas ênfases teórico-metodológicas são cruciais para a reflexão crítica do último Lukács: primeiro, às questões da *vida cotidiana*; depois, à dimensão *manipulatória* do capitalismo tardio, cunhado por ele como capitalismo manipulatório.

Na verdade, são traços que remetem à emergência de uma nova dinâmica sociometabólica do capitalismo manipulatório e à necessidade de tomarmos a vida cotidiana – espaço-tempo da espontaneidade da "classe" em seu movimento pré-contingente, contingente e necessário – como ponto de partida para apreendermos os sinais – ou campos de possibilidades concretas – da autotranscendência positiva dos sujeitos proletários alienados.

Ora, é na vida cotidiana que se põe a formação do sujeito de classe capaz de negar e superar o capital como metabolismo social alienado. Mais do que nunca, a revolução social como processo de *Aufhebung* implica a formação da classe, ou processos de subjetivação ou formação de sujeitos capazes de autonomia radical. Eis o campo da *moralidade* [*Sittlichkeit*, em Hegel] propriamente dita, na qual se constrói, de baixo para cima, a nova ordem emancipada do capital.

Na óptica radical do último Lukács, a emancipação social do trabalho nasce da tessitura da vida cotidiana para além da ordem burguesa. A ideia de *democratização* sustentada por ele implica processos cotidianos de elaboração positiva de dinâmicas alternativas radicalmente democráticas para além da ordem alienada do capital. Assim, o exercício da autonomia radical ocorre no devir humano dos homens na vida cotidiana como momento de processos históricos mais amplos de transformação histórica.

A ideia de *revolução social* assume, desse modo, um sentido processual de largo espectro espaço-temporal, de baixo para cima e de cima para baixo, no sentido de espaços de legalidade radicalmente democráticos que aplainam o caminho da autotranscendência positiva da alienação.

Revolução social é, para Marx, a extinção do Estado, mas a ideia de extinção não ocorre em uma grande noite, e sim implica um processo de democratização radical de largo espectro histórico. Pode levar anos e anos, décadas e décadas, nos quais sujeitos humanos autônomos tornam-se capazes de instituir espaços autogeridos na produção e reprodução social para além do Estado político do capital. Temos, nesse caso, o campo das possibilidades históricas contingentes delineado pela intervenção prático-sensível de teleologias políticas para além (e, inclusive, no interior) do fetiche-Estado.

# ACERCA DAS CHAMADAS "DETERMINAÇÕES-DA-REFLEXÃO": O LUGAR DO PENSAMENTO NA PRODUÇÃO DO REAL[1]

*Jesus Ranieri*

Ainda que, à primeira vista, pareça óbvio, é inusual dizer, inclusive para um marxista: o pensamento tem um lugar não somente importante, mas preponderante na articulação e no desdobramento de toda a objetividade que nos cerca, seja do ponto de vista da elaboração humana de produtos originários do processo de trabalho, seja naquilo que respeita à classificação conceitual de um mundo não diretamente produzido por nós, mas reconhecido segundo suas determinações interiores, aquelas que o identificam. Também não é muito comum atribuir parte significativa das conclusões de Marx ao pressuposto de que sua produção teórica é metodologicamente oriunda de sistemas em princípio nascidos no idealismo alemão, notadamente a filosofia de Hegel. Mas podemos afirmar que é bastante difícil compreender de maneira adequada as conclusões a que Marx chega sem levar em conta que a relação entre concreção e abstração já havia sido colocada, muito antes dele, por Hegel – e não só por ele, é claro, mas certamente Hegel é o primeiro a ancorar uma tese acerca das abstrações sobre um fundo material e respeitar esse movimento do ponto de vista da unidade interna do objeto.

---

[1] Embora o argumento deste texto pareça opor-se – ao tratar especialmente de Hegel – à substância crítica da contribuição de István Mészáros presente em *Estrutura social e formas de consciência*, sem dúvida nossa inspiração partiu dela para indicar aquilo que, sobressaído de Hegel, preservou-se em larga medida na concepção metodológica de Marx. A originalidade de Mészáros está presente na percepção de que a estrutura última do pensamento marxiano não somente reteve o aprendizado oriundo de Hegel, mas, muito além disso, mostrou quanto o sistema hegeliano só ganha potência e amplitude a partir de sua interpretação e revelação pelo materialismo.

Desde o início de nossas pesquisas sobre o sistema teórico de Marx transpareceu, pela leitura dos textos originais, que a herança epistemológica do materialismo dialético repousava em um fértil diálogo com o idealismo de Hegel, uma investigação que chega a contemplar a contribuição deste último como uma forma absolutamente fundadora, naquele plano epistêmico, daquilo que apareceria depois como a espinha dorsal de uma crítica da economia política desferida por Karl Marx ou, para concordar com György Lukács, encarar Hegel como o "precursor da dialética materialista de Marx"[2]. A afirmação gira em torno da concepção de que, mais do que uma Filosofia em sentido profissional, o que caracteriza a perspectiva hegeliana (e também, depois, a contribuição de Marx) é a formulação de uma substantiva teoria social ancorada na aglutinação entre economia e dialética como fundamento tanto da história quanto da atividade humana, ou seja, economia e dialética como elementos que sustentam uma lógica expositiva de tais história e atividade humanas na forma de apresentação de um método científico[3]. Cada vez mais, a investigação rigorosa dos textos hegelianos, em especial os metodológicos, nos faz crer que a relação entre abstração e concretude, do ponto de vista do lugar do pensamento nessa apreensão, tem uma amplitude que nem sempre é adequadamente considerada nos textos de autores materialistas, considerando aí o próprio Marx, e menos ainda, infelizmente, na produção de seus seguidores mais competentes, com a honrosa exceção, talvez, do já citado Lukács.

O plano do ser é o fundamento a partir do qual se conforma, tanto em Hegel quanto em Marx, uma estrutura explicativa acerca do comportamento do mundo – a processualidade do pensamento é oriunda da processualidade do real. Em outras palavras, se o cientista não se abandonar à vida do objeto, não teremos ciência alguma. Mas o problema é ainda mais complexo: do ponto de vista de nossa formação (no sentido profundo da *Bildung* que remete ao cultivo de um novo tipo de ser), o pensamento só se apropria do real a partir de questões que o próprio real lhe coloca; na constituição histórica e antropológica do ser humano, a homogeneização (abstração conceitual) do real se confirma como busca de unidade de um mundo que é, por princípio, absolutamente heterogêneo, sendo que o conteúdo das homogeneizações é a base sobre a qual repousa o controle das contingências na adequação e subversão de um multiverso alheio a todo interesse em universo articulado, formado por valorações objetivas que garantem a continuidade da própria vida em comunidade. E chamamos aqui de valoração o conteúdo de reco-

---

[2] G. Lukács, "O jovem Hegel. Os novos problemas da pesquisa hegeliana", em *O jovem Marx e outros escritos de filosofia* (Rio de Janeiro, Editora UFRJ, 2007), p. 89.
[3] Idem.

nhecimento de processos que dão conta da tomada de consciência da contraditoriedade do real e indicação de respostas na tentativa de dirimir conflitos.

Não é gratuito, portanto, que, no caso de Hegel, o lugar das considerações que têm de ser levadas a cabo pelo pensamento esteja justamente na parte dedicada, tanto na grande quanto na pequena lógica, à chamada "doutrina da essência", a seção em que o papel da reflexão é investigado a fundo – e, mais especificamente, que as reflexões apareçam de forma nítida como a unidade dos universos objetivo e subjetivo incorporados em uma mesma capacidade, a um só tempo abstrativa e capaz de proceder objetivações, as chamadas determinações-da-reflexão (*Reflexionsbestimmungen*), ou seja, a unidade e a distinção entre a unidade, a diferença e o fundamento da relação entre as duas. O papel do pensamento é o de captura das características da essência a partir da constituição do ser. Trata-se de um caminho subjetivo levado a cabo a partir do universo objetivo, caminho que transpõe a simples dedução intelectual de algo existente a partir do ser dado. Ao contrário, acolhe o ser que, mesmo sendo o *imediato*, só pode ser reconhecido nessa imediatez pelas características presentes em suas mediações, a partir de sua gênese, jamais a partir de uma impressão puramente subjetiva de seu interior. Como diz o próprio Hegel, tudo o que encontramos na esfera do conceito está também contido na esfera do ser, mas, no primeiro caso, a diferença é que esse conteúdo se põe como algo *refletido*[4]. E reflexão significa compreender tanto a ordem quanto a conexão das coisas, ou seja, fazer com que nossas ideias estejam de acordo com tais ordem e conexão, a fim de que as referidas ideias tenham condições de reproduzir, aí sim, a lógica de qualquer movimento proveniente do ser social.

Para *refletir* é preciso, porém, *abstrair*, o que é o mesmo que tornar simples algo que é em si mesmo mais complexo. Trata-se de tornar o concreto, no conjunto de suas atribuições, objeto de *análise* – colocar de lado uma parte daquilo que é multiforme e concentrar a investigação em um multiforme menor, uma vez que partes constituintes do todo são também, em si, totalidades. Precisamente, abstrair é o mesmo que se ausentar da diferença – todo processo de abstração é formal por princípio, no sentido de que precisa da *forma* para ter identidade ou projetar o *entendimento*. É esse o caso, por exemplo, da lógica formal, mas jamais essa forma lógica é a última no que tange ao alcance da forma concreta do pensar, que tem, necessariamente, de contemplar a contradição, ou melhor, a identidade do objeto construída a partir da confrontação de suas diferenças com relação ao seu entorno[5].

---

[4] A respeito, ver G. W. F. Hegel, *Enzyklopädie der philosophischen Wissenschaften* (1830) (Hamburgo, Felix Meiner, 1969), p. 159s. [Ed. bras. *Enciclopédia das ciências filosóficas em compêndio* (1830), São Paulo, Loyola, 1995.]

[5] Idem, *Enciclopédia das ciências filosóficas em compêndio* (1830), cit., adendo ao § 115, p. 229.

No plano mais íntimo de reprodução conceitual de uma realidade dada, o que vem em primeiro lugar à nossa vista é, então, a constatação de Hegel de que a consciência (independentemente de sua correção ou falsidade) não é um elemento externo ao ser, mas parte componente dele, e essa integração faz com que o sistema hegeliano assente a consciência como parte inelutável do processo não somente cognitivo, mas de composição de toda a objetividade. Além disso, se a consciência não fosse capaz de proceder à mediação entre objetividade e subjetividade, não seria possível ter ciência alguma, uma vez que a mediação atua também no plano da abstratividade, ou seja, na asserção de características componentes de aspectos que, para ser compreendidos, dependem do desdobramento de sua própria constituição, uma vez que esta última é somente componente de um todo maior (ainda que ele, na sua própria especificidade, seja também uma totalidade). É nesse sentido que os resultados da progressividade do próprio vir-a-ser de qualquer ente aparecem a um só tempo na forma de sua expressão e também de seu conteúdo, como pares que representam determinações-da-reflexão – interior-exterior, fenômeno-essência, qualidade-quantidade, sujeito-objeto, intelecto-razão.

Ao proceder metodologicamente o caminho do ser ao conceito, Hegel acaba por mostrar como os distintos momentos do desenvolvimento humano surgem no pensamento como categorias oriundas da materialidade mesma, ou seja, como produtos do domínio e predomínio humanos, também ideais, sobre a imediata realidade material e paralelamente ao desenvolvimento desta última – e isso considerando que os desacertos, fracassos e equívocos da consciência correspondente são também parte importante do progresso que daí advém, na medida em que a realidade passa a ser incorporada de maneira cognoscitiva pelo sujeito. Enfim, também o falso tem lugar na composição dialética de todo o processo que conduz ao conhecimento daquilo que se põe como o verdadeiro.

Determinações-da-reflexão aparecem como o resultado do confronto originário entre homem e natureza e, nessa situação, expõem-se como o lugar do desenvolvimento da capacidade humana de abstração. O contato humano principia com objetos singulares e a apreensão inicial deles acontece exatamente segundo a forma como surgem, ou seja, imediata e isoladamente. A imediatez dessa "aparição" desemboca, porém, no seu contrário, na medida em que os objetos se relacionam reciprocamente, fazendo com que, dessa confrontação inicialmente espontânea entre ser humano e realidade imediata, surja o que Hegel chama de determinações-da-reflexão, que são formas de separar o que é singular daquilo que é universal, ou, precisamente, mostrar como a relação entre os objetos pode ser acompanhada pela consciência e, por sua vez, determinada pela reflexão humana. Trata-se de determinações oriundas da reflexão e não de determinações que se ocupam do refletir. Determinações-da-reflexão são, portanto, distintas de determinações reflexivas.

Hegel diz que o conteúdo do sensível, do mundo real, é em si dialético, no sentido de que é um outro, pois vem a ser algo distinto de si mesmo – trata-se da reflexão em si que, enquanto singular, se manifesta como multiplicidade de predicados[6]. E fala em reflexão, uma vez que, no interior da consciência, a reprodução conceitual segue o passo de compreender aquilo que acontece no mundo material, pois o conteúdo da "consciência sensível" devia ser, em princípio, o puro singular, mas ele (o conteúdo) é *dialético*, na medida em que força o singular a referir-se ao outro, depender dele e, assim, ir além de si mesmo. O singular é mediatizado pelo outro e tem dentro de si, por isso, as propriedades daquilo que o define enquanto diferença[7]. Assim, a mais próxima verdade do singular imediato é o seu vir-a-ser que se refere (*Bezogenwerden*) a outro. As determinações dessa relação são denominadas *determinações-da-reflexão*, ou seja, a possibilidade de a reflexão determinar o mundo material por meio de um processo unitário de homogeneização do universo. E essas relações apreendidas intelectualmente pela consciência denominam-se o *apreender* (*Wahrnehmen*)[8].

O universo categorial enquanto instrumento científico é oriundo dessa capacidade de abstração ancorada nas particularidades dos seres, do ponto de vista do acompanhamento e compreensão daquilo que neles é específico. É claro que nem tudo é determinação-da-reflexão, mas sem ela não atingiríamos um segundo universo categorial a partir do qual o desvendamento das partes componentes do objeto pode ser atingido segundo o seu próprio conteúdo. Toda a explicação acerca do *em si mesmo* de algo depende da relação deste último com o restante daquilo que com ele se relaciona, para que este *em si* se constitua e seja compreensível. Para ser adequada, a exposição (discursiva) das determinações do objeto tem, portanto, de estar à altura das próprias determinações em si mesmas, sendo que

---

[6] Ibidem, *Enzyklopädie der philosophischen Wissenschaft im Grundrisse: mit den mündlichen Zusätzen* (1830) (Frankfurt Suhrkamp, 1986, v. III), § 10, p. 208.
[7] Ibidem, adendo ao § 419, p. 208. Grifos do original.
[8] Idem. E também: "Na verdade, Hegel encontra uma forma adequada de reprodução conceitual do movimento do objeto por meio do exercício do pensamento: por intermédio de um artifício que é, ao mesmo tempo, lógico e imanente, ele conseguiu propor uma delimitação da verdade mediante o acompanhamento histórico da forma segundo a qual o objeto se apresenta, enquadrando categorialmente o conjunto das conexões causais. Ao proferir que a verdade só se manifesta na sua inteireza *post festum*, ele tomava como fundante do movimento genético o processo como um todo e, como condição da ciência, a exploração pormenorizada de cada uma das esferas e etapas que lhe são constituintes. Somente, portanto, o conhecimento da *coisa em si* é verdadeiro conhecimento racional e efetivo", em Jesus Ranieri, *A câmara escura: alienação e estranhamento em Marx* (São Paulo, Boitempo, 2001), p. 40, nota 23.

componentes de tais determinações são também as determinações-da-reflexão. A realidade se compõe, enfim, em função das propriedades de tudo aquilo que a determina, propriedades que se distinguem em, por um lado, reflexo e, por outro, objetividade, motivo pelo qual as determinações-da-reflexão existem como estrutura simbólica no interior do pensamento e também pelo qual a qualidade das propriedades de objetos que se relacionam atua como produção valorativa na orientação de nossas atividades. A identificação abstrata é, nesse sentido, diretamente oriunda de uma determinação material que age como força motriz na consolidação de algo novo.

Uma situação concreta. Se pronuncio, em português, a palavra "mesa" e, em uma aula de inglês, digo que o mesmo vocábulo é equivalente a "*table*", ou ainda, em uma classe de alunos que estudam alemão, digo que mesa é o mesmo que "*Tisch*", em cada uma desssas situações o significado no novo ou distinto idioma só tem conteúdo se mentalmente delas são extraídas experiências distintas com diferentes tipos de objetos que, direta ou indiretamente, têm o mesmo uso que teriam as mesas enquanto aplicação prática no idioma original. A experiência ancorada na sociabilidade (em que pese toda sua diversidade) é o princípio orientador nessas distintas analogias – indo às últimas consequências, podemos dizer que o mesmo tipo de raciocínio se aplica a alguém que, por falar somente português e por analogia e desconhecimento do vocábulo, sugira que, em inglês, a palavra "sobremesa" deve ser vertida para "*over table*", ainda que para os falantes, nativos ou não, do referido idioma isso não signifique nada ou, no máximo, um absurdo corrigível. Por outro lado, quando o vocábulo é em si mesmo abstrato e hermético, porque internamente conceitual, como a categoria *alienação*, as determinações não deixam de estar aí presentes, ainda que sua explicação remeta a outro tipo de prática, de história tanto mais profunda e complexa quanto o exija a sofisticação do próprio complexo societário. A valoração vem do uso e de sua situação material e não o contrário – e é assim que se consolida, nesses termos, também a cultura.

A razão não toma conhecimento dos objetos simplesmente, reunindo-os segundo suas determinações interiores e exteriores; no novo estágio, ao contrário, ela sabe que é capaz de fazê-lo e que esse fazer é parte componente da objetividade. E, portanto, que o próprio fazer reflexivo pode ser, e é, objeto de compreensão e, caso ele queira, também de mudança. A consciência aparece aqui como elemento histórico que compõe e depende da forma de ser do restante do mundo: a relação recíproca entre ela e o mundo permite, a um só tempo, o conhecimento tanto de uma como de outro, na medida em que a consciência aparece não como algo puramente distinto de outros objetos, mas como um elemento que neles penetra e os abarca. Ser plenamente consciente de si, ou ser reflexivo, não é somente se saber a si mesmo em contraste com o restante dos objetos do mundo, mas ver e compreender o mundo exterior como produto, imagem e reflexo da própria atividade da consciência.

Alienação e estranhamento são, sem dúvida, categorias que atuam, no sistema de Marx, como determinações-da-reflexão. Ao trabalhar com o conteúdo dessas categorias, Marx – similarmente ao que até agora vimos como componentes da dialética hegeliana – partiu do princípio de que não se pode confundir a capacidade de homogeneização, pelo pensamento, de um complexo originariamente heterogêneo com a determinação, pelo pensamento, de toda a realidade como produção engendrada única e exclusivamente por ele, à revelia das conexões causais provenientes das relações da materialidade. O pensar realmente avança quando se sabe sendo, ao mesmo tempo, consciência e consciência de si mesmo, ou seja, quando unifica a possibilidade de conhecer um objeto que é ser-outro diferente dele mesmo ao conhecimento do eu-mesmo como algo diferente do próprio objeto.

Nesse sentido, temos de apontar que o par alienação-estranhamento (*Entäusserung-Entfremdung*) é talvez uma das constituições mais importantes das determinações-da-reflexão, uma vez que tais categorias abrangem tanto a suprassunção das condições materiais quanto o ideário dominante de uma época, sendo que no interior delas não está somente presente o erro ou o infortúnio de más interpretações, mas também o caminho na descoberta de umas tantas conexões submetidas à apreensão correta dos fenômenos sociais. O que apreendemos de Marx é que, ainda que as legalidades sejam efetivas, também elas são sínteses elaboradas pela realidade dos indivíduos comuns que se orientam por meio de atos práticos, indivíduos que, em última instância, não são necessariamente capazes de controlar os resultados concernentes aos referidos atos, uma vez que estes ultrapassam tanto as possibilidades quanto as capacidades de compreensão teórica e decisão prática de tais indivíduos. As maneiras que a representação – e às vezes até mesmo a ciência – encontra para dar forma a um processo cuja racionalidade tem de ser posta em moldes compreensíveis nem sempre são sinônimo de verdadeiro movimento interno desse processo. Estranhamentos (extensões prático-materiais de exteriorizações do processo abstrato do conhecer) são representações, cópias, feitas pelo homem para ter consciência de uma realidade não imediatamente compreensível e, além disso, comumente se apresentam como momentos de mediação da mais elementar experiência cotidiana.

Ao contrário daquilo que geralmente se entende por alienação – um senso comum acadêmico definido pelas impossibilidades de realização humana em virtude dos obstáculos sociais impostos a todos nós pela apropriação e privatização do trabalho social –, a referida categoria tem (tanto em Marx quanto em Hegel) um sentido mais amplo, voltado para a exteriorização (*Entäusserung*) do indivíduo a partir do significado histórico de sua constituição, inclusive antropológica. A rigor, não há como dar continuidade ao universo das realizações humanas (com ou sem o capital) sem a concorrência do estranhamento, uma vez que toda nova experiência tem, em si, o poder de "objetificar" a personalidade, ou seja, moldá-la de acordo com o ser-em-si das objetividades. Toda exteriorização é, assim, também estranhamento, pois ela contém a noção de permanência do movimento dialético, da contradição e da não estaticidade[9].

O trabalho é, sem dúvida, a base sobre a qual se assenta o completo universo da realização da atividade humana. Por isso, todo objeto que é produto dessa atividade é também extensão objetiva de uma existência subjetiva, ou seja, é externação (*Äusserung*) da capacidade humana de trabalho, que leva à consecução dessa mesma atividade. Ao mesmo tempo que aparece como relação histórica entre homem e natureza, o trabalho acaba por determinar o conjunto da vida humana – ou seja, como *mediador* ele satisfaz necessidades tornando o gênero humano, em sua apropriação da natureza, cada vez mais um gênero *para-si* mesmo. Esse processo é, em Marx, a obtenção omnilateral do que podemos chamar, do

---

[9] Não podemos deixar de assinalar que a categoria "estranhamento" tem, em Marx, uma relevância e plurivocidade maiores do que a apontada aqui por nós, pois esta última se restringe à exposição mais abstrata acerca do lugar da consciência no processo do homem de tornar-se humano. A distinção entre alienação e estranhamento é bem delimitada já nos *Manuscritos econômico-filosóficos* [São Paulo, Boitempo, 2004] e vem marcada pelo lugar de divisão do trabalho, propriedade privada e troca como elementos formadores do impedimento da emancipação humana, este sim o real estranhamento (*Entfremdung*) moldado historicamente pela apropriação do trabalho alheio. É senso comum tratar o termo "alienação" (*Entäusserung*) como sendo a negatividade de uma situação social vinculada ao aviltamento do trabalho, negatividade esta que teria uma necessária contrapartida positiva, de emancipação, cujo alcance dependeria da supressão do estágio alienado, que é compreendido como aglutinador tanto de *Entäusserung* como de *Entfremdung*, termos alemães geralmente vistos como sinônimos pela bibliografia que tratou do fenômeno da alienação. Nesse sentido, as duas categorias seriam partícipes sinonímicas da caracterização da desigualdade social, posto que responsáveis pela determinação tanto material como espiritual da vida do homem sob o capitalismo. Porém, não notamos isso na reflexão desenvolvida por Marx. Nesse caso, as referidas categorias aparecem com conteúdos potencialmente distintos, na medida em que são distintos também etimologicamente. *Entäusserung* tem o significado de *remissão para fora*, *extrusão*, *passagem de um estado a outro* qualitativamente diferente, *despojamento*, realização de uma ação de *transferência*. Nesse sentido, *Entäusserung* carrega o significado de *exteriorização*, um dos momentos da *objetivação* do homem que se realiza através do trabalho em um produto de sua criação. Por outro lado, *Entfremdung* tem o significado de real objeção social – consciente ou não – à realização humana, na medida em que historicamente veio a determinar o conteúdo das exteriorizações por meio tanto da apropriação do trabalho como da determinação dessa apropriação pelo surgimento da propriedade privada.

ponto de vista de nossa capacidade de abstrair, de capacidade para *conceituar* – trabalhar não é simplesmente produzir coisas, mas conhecer os meios a partir dos quais essa produção é possível e, a partir disso e por isso, garantir a reprodução de um novo tipo de ser. E o conceito é um conteúdo que, do ponto de vista da relação entre ciência e representação, pode aparecer como sendo o resultado das chamadas *determinações-da-reflexão*. Na verdade, a opção de Marx é uma distinção bastante sutil entre *diversidade* e *oposição*. A primeira toma o objeto como algo em si mesmo e, nessa observação, procura alcançar-lhe a *identidade*, na medida em que o compara a outros tantos objetos distintos dele mesmo, retendo aquilo que, nele, é específico

Da simples comparação entre objetos nasce, portanto, o aporte da reflexão que gera aquilo que caracteriza as singularidades. Nesse sentido, o idêntico em si mesmo é sinônimo de ausência de determinação, mas para que a singularidade exista como componente objetivo de um ente é necessário que a oposição se apresente de forma que a diferença não tenha diante dela somente *um* outro qualquer, mas o *seu* outro, que a complemente e caracterize – enfim, que a determine.

Da abstração humana nasce a capacidade de identificar algo que pertence à mesma espécie ou mesmo gênero do objeto, considerando a referida singularidade do objeto em questão. Esta é a determinação-da-reflexão: a percepção de que um ente é distinto de outro, ainda que pertençam, ambos, ao mesmo gênero, e, além disso, a certeza de que cada ente é objeto nosso, pois se confronta com a nossa consciência. Portanto, se a consciência toma o objeto como sendo *o* diferente, ela o faz por saber-se a si mesma como aquilo que está nele posto como sendo o ser diferente, ou seja, é porque ela faz de si mesma objeto que a conceituação se desdobra em significado. Nesse sentido, *conceituar* é uma operação exclusivamente humana, pelo menos até onde sabemos. E isso só foi possível com o advento do trabalho porque, na relação estabelecida entre ser humano e natureza, a diferença entre aquilo que tem *validade* para a vida e aquilo que *não o tem* funda a distinção no interior dos dois elementos (homem e natureza) para o resto da história da própria humanidade, uma vez que o *valor* é aquilo assentado por nós – mas que não existia antes, de forma alguma, na própria natureza.

É por isso que a categoria "negação" é tão importante na determinação da especificidade de qualquer ente. O sentido da afirmativa hegeliana que sugere que toda determinação é sempre negação teve fundamental importância para que o materialismo de Marx compreendesse o lugar da relação entre determinação e negação como aspecto central no desenvolvimento da gênese do trabalho. O referente princípio é inovador (e extremamente importante no caso em pauta) porque considera que a própria negação já garante que o elemento negado seja algo determinado, uma vez que o ato de negá-lo assim o define. Em outras palavras, algo se define precisamente pelo que ele *não é*, e esse *não ser* algo corresponde à especificidade do conteúdo daquilo que *é*. Em primeiro lugar, quando uma coisa nega a outra nesse sentido, o que temos é uma determinação em geral (e não uma só coisa determinada) que tem como conteúdo coisas identificadas a partir de seus elementos particulares e que se diferenciam do restante do universo em função dessas suas características. Em segundo lugar, o que temos é a bipartição entre uma coisa e a outra negadora dessa primeira, mas as duas *positivas* porque, aqui, não se está ainda levando em consideração a sua racionalidade interna, mas somente considerando que elas existem. E, em terceiro lugar, uma coisa se afirma porque nega a outra e, ao negá-la, vem afirmar sua natureza intrínseca, deixando notar que ela não se restringe a um outro indeterminado que é delimitado pelo oponente.

Um exemplo dessa premissa está presente no primeiro capítulo de *O capital*[*], quando Marx aplica o princípio da identidade e da não identidade à relação entre as formas relativa e equivalente das mercadorias. A relação geral do trabalho com o capital se reflete na manutenção universal do trabalho abstrato enquanto garantia da troca de equivalentes, e essa abstração se coloca não do ponto de vista do trabalho que qualifica as mercadorias segundo suas propriedades ou o princípio de sua utilidade, mas sim do tempo de trabalho socialmente necessário para a produção do *valor*, princípio motor da manutenção do sistema enquanto produtor universal de excedente. A distinção é aparentemente pequena, mas o é por ser conceitual, *constitutiva*, e ela faz com que Marx diferencie, a partir das qualidades internas no novo modo de produção, as suas propriedades com relação a todos os sistemas socioeconômicos que vieram antes.

É por isso que, na crítica dirigida à filosofia, assim como à economia, a noção que prevalece e se desenvolve como núcleo a partir do qual esses comentários e críticas são realizados é aquela vinculada ao conceito de trabalho. E o trabalho, no interior desse sistema, afirma-se como *categoria* – um elemento conceitual a partir do qual vem se estabelecer a ordem de uma ciência. O sistema de Marx não poderia ter sustentação se a categoria trabalho não fizesse parte dele. Portanto, já aqui se pode entrever a ciência marxiana como a tentativa dialética de exercício do pensamento que busca desvendar a relação entre categorias que exprimem a realidade a partir de sua articulação imanente, exercício que será amplamente desenvolvido na "Introdução" de 1857 aos *Grundrisse*[**] – ou seja, exercício que aparecerá como exposição ou apresentação (*Darstellung*) do método.

---

[*] Rio de Janeiro, Civilização Brasileira, 1998. (N. E.)
[**] São Paulo, Boitempo, no prelo.

O trabalho de reflexão que leva às determinações é capaz, portanto, de desdobrar conclusões ou subsumir a insuficiência de pensamentos não reflexivos, como a caracterização daquilo que seria a *totalidade* tomada à revelia de seu conteúdo: é impossível compreender a relação de produção do objeto por meio do trabalho sem recorrer ao princípio metodológico que toma essa totalidade como o elemento articulador do conhecer. Aqui, novamente o exemplo está ancorado na chamada ciência hegeliana: o ser social é o próprio movimento do objeto que, para Hegel, é reconhecido como sendo o espírito (*Geist*). Curiosamente, quando afirmo que esse movimento é "totalidade", não estou dizendo coisa alguma. Em si mesma, a totalidade, também para Marx, *não existe*. Pelo menos, não enquanto universal abstrato isolado de mediações. O todo só se expõe enquanto natureza universal das singularidades, e cada ente existente é algo determinado de forma concreta, algo particularizado. Ao mesmo tempo, porém, ser totalidade – o gênero enquanto o universal – pertence a cada singularidade determinada e constitui sua essencialidade determinada. Se tirássemos do homem a sua qualidade "humana", não poderíamos dizer o que ele é, e ele é o produtor de um processo histórico do qual ele mesmo é resultado. O que é produto do trabalho se caracteriza, sempre, por uma precisa natureza *permanente* interior e uma existência exterior que lhe dá vida e forma. Nesse sentido, o homem é um ser universal, mas ele só é universal na medida em que, por meio do trabalho, o universal é para ele. O animal também é *em si* um universal, mas o universal não é, enquanto tal, *para* ele, mas para ele é o singular, somente e sempre, como o seu alimento ou o meio exterior inerte, na medida em que, nesse caso, a consciência não aparece como mediador que nutre a relação entre o ser e o mundo por meio de abstrações. No caso do animal, a consciência não fez de si mesma objeto.

Para Marx, a economia humana se traduz em uma teoria das objetivações dos produtos do trabalho, das objetivações de si mesmo e objetificações (a esfera subjetiva de objetivação das personalidades) dos sujeitos humanos na história. A preocupação temática presente na teoria proposta por ele obedece, portanto, a esse interesse em expor, por meio tanto da crítica da economia política (via filosofia) como da relação entre homem e gênero humano, a conexão entre trabalho, produção e reprodução da vida, ciência e liberdade. Por isso, a estruturação de seu sistema segue uma unidade orgânica, a partir da qual Marx procura expor os nódulos internos das condições determinantes das relações materiais estabelecidas entre os homens. Esses mesmos temas são tratados segundo a perspectiva de que representam uma única totalidade cuja compreensão da hierarquia das determinações é o fundamento para a apreensão científica do real como uma efetividade – *Wirklichkeit*, no dizer do próprio Marx.

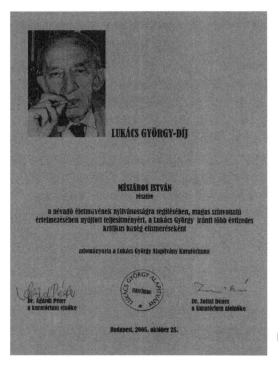

Recebe, em 1992, o prêmio "Lukács" na Hungria.

Prêmio recebido do Ministério de Ciência, Tecnologia e Meio Ambiente de Cuba, em fevereiro de 2006.

# O SISTEMA DE METABOLISMO SOCIAL DO CAPITAL E SEU COROLÁRIO, A ALIENAÇÃO, NA OBRA DE ISTVÁN MÉSZÁROS

Ricardo Antunes

## I.

István Mészáros é um autor que caminha na contracorrente da tendência intelectual hoje dominante. Com uma produção vária e disseminada em diversos países do mundo, é herdeiro de Karl Marx e Rosa Luxemburgo e um dos mais instigantes, densos e críticos pensadores marxistas contemporâneos. Aluno e colaborador do filósofo húngaro György Lukács, com quem trabalhou diretamente na Universidade de Budapeste, na primeira metade dos anos 1950, tornou-se, dentre todos os antigos colaboradores de Lukács, o que mais efetivamente contribuiu para a realização de uma obra original, coerente e devastadora em relação às tantas mistificações hoje presentes.

Mészáros iniciou a vida como operário na Hungria. Quando chegou à universidade, destacou-se pela articulação fina entre vida intelectual independente e radical e decisiva militância extra-acadêmica, combinando sua atuação na universidade com as necessidades mais vitais da humanidade. Sua força decorre ainda do fato de ter se tornado desde cedo um espírito anticapitalista excepcional, traço que o acompanha desde o início dos anos 1950. Hoje professor emérito da Universidade de Sussex, na Inglaterra, trabalhou, enquanto esteve exilado em decorrência da invasão soviética, em 1954, em universidades na Escócia, na Itália, no Canadá e no México.

Uma breve passagem por sua ampla produção exemplifica a força de seu combate, mas, para termos a dimensão de sua importância, bastaria recordar que seus livros *A teoria da alienação em Marx*[*], publicado em 1970, *O poder da ideologia*[**],

---

[*] São Paulo, Boitempo, 2006. (N. E.)
[**] São Paulo, Boitempo, 2004. (N. E.)

em 1989, e *Para além do capital*\*, em 1995, tiveram ampla circulação do Norte ao Sul do mundo, em locais tão diversos quanto China, Índia, Japão e Oriente Médio.

Uma vez que promover uma observação mais abrangente do conjunto da obra de Mészáros seria tarefa extensa, serão explorados neste artigo dois de seus livros mais importantes: *A teoria da alienação em Marx*, onde o projeto inicial de seu trabalho foi apresentado, e *Para além do capital*, onde tal projeto foi cabalmente desenvolvido e formulado. A eles se une *O poder da ideologia*, que enfeixa sua tríade poderosa, mas que não será tratado nesta oportunidade.

Logo que foi publicado, *A teoria da alienação em Marx* tornou-se referência obrigatória para aqueles interessados em melhor compreender um tema crucial de nosso tempo: a problemática da alienação. Contra os equívocos estruturalistas que seccionavam a obra marxiana em tantos "cortes epistemológicos", Mészáros mergulhou corajosamente nos escritos fundamentais de Marx para, de modo ontologicamente original, recuperar a densidade e a complexidade dessa problemática. O impacto do livro foi imediato e lhe possibilitou receber o meritório Deutscher Memorial Prize, na Inglaterra.

O projeto intelectual e político mészáriano apresentado nesse livro foi, 25 anos depois – período intermediário de rica produção intelectual por parte do filósofo –, desenvolvido em sua abrangência e totalidade em *Para além do capital*. Nessa obra, a alienação do trabalho encontra sua ancoragem solidamente exposta no que o autor, inspirado em Marx, denomina como o *sistema de metabolismo social* do capital, responsável pela nefasta divisão hierárquica e social do trabalho que perpetra a subordinação estrutural do trabalho ao capital.

A alienação do trabalho[1] era concebida então não como resultante de alguma determinação ontológica inalterável, mas, ao contrário, como vigência e força desse *sistema de metabolismo social* que acabava por prolongar a divisão social hierárquica que subordina o trabalho ao capital. Aquela via sua dimensão *vital* e *autoconstituinte* sujeitar-se e subsumir aos imperativos do sistema global do capital.

---

\* São Paulo, Boitempo, 2002. (N. E.)
[1] Mészáros utiliza a alienação, não o estranhamento, como a conceitualização central. Mas faz, em nota de rodapé, uma diferenciação importante em seu livro, que precisa ser aqui indicada: "quando a ênfase recai sobre a 'externalização' ou 'objetivação', Marx usa o termo *Entäusserung* (ou termos como *Vergegenständlichung* [objetivação]), ao passo que *Entfremdung* é usado quando a intenção do autor é ressaltar o fato de que o homem está encontrando oposição por parte de um poder hostil, criado por ele mesmo, de modo que ele frustra seu próprio propósito" (*A teoria da alienação em Marx*, cit., p. 20). Neste texto, vamos utilizar a conceitualização de Mészáros, para melhor apresentar a coerência de sua formulação.

É por isso que a (auto)alienação do trabalho – visto que se trata de uma processualidade histórica e social, como indicamos – constitui aquilo que Mészáros chama de o "ponto de Arquimedes"[2] da formulação marxiana,

> tanto pelo fato de ser o trabalho alienado o principal alicerce de sustentação do sistema do capital como também porque toda possibilidade de emancipação humana deve necessariamente se dirigir, por meio da superação do estado de alienação historicamente posto, ao trabalho como atividade humana criadora – e, por isso, livre –, ou seja, deve dirigir-se às *mediações de primeira ordem*.[3]

Sob o comando do sistema do capital, as relações humano-societais foram mediadas por diversos elementos, tais como "'atividade' [*Tätigkeit*], 'divisão do trabalho' [*Teilung der Arbeit*], 'intercâmbio' [*Austausch*] e 'propriedade privada' [*Privateigentum*]", conceitos essenciais da problemática da alienação, que "se interpõem entre o homem e sua atividade e o impedem de se realizar em seu trabalho, no exercício de suas capacidades produtivas (criativas), e na apropriação humana dos produtos de sua atividade"[4].

Mészáros esclarece que a crítica de Marx é uma recusa a essas mediações e não à mediação em geral. Propriedade privada, intercâmbio, divisão do trabalho são mediações de *segunda ordem*, historicamente determinadas, específicas, a "mediação da mediação", isto é,

> uma mediação *historicamente específica* da automediação *ontologicamente fundamental* do homem com a natureza. Essa "mediação de segunda ordem" só pode nascer com base na ontologicamente necessária "mediação de primeira ordem" – como a *forma* específica, *alienada*, desta última. Mas a própria "mediação de primeira ordem" – a atividade produtiva como tal – é um fator ontologicamente absoluto da condição humana.[5]

Dada a insuperabilidade da atividade humana fundante – o trabalho –, mediadora entre ser social e natureza, para a produção de bens socialmente úteis, coube ao sistema de metabolismo social do capital instaurar (ou melhor, consolidar) um sistema de trabalho heterodeterminado, antípoda do trabalho autônomo, livre e social, convertendo a atividade laborativa em elemento de mediação de *segunda ordem*, agora metamorfoseado na figura do trabalho assalariado, fetichizado e alienado, pautado não pela prevalência do *trabalho concreto*, mas pela vigência

---

[2] Ibidem, p. 76.
[3] Caio Sgarbi Antunes, *Trabalho, alienação e emancipação: a educação em Mészáros* (Dissertação de Mestrado, Campinas, Faculdade de Educação, Unicamp, 2010). Ver nesse estudo uma rigorosa recuperação analítica da obra de Mészáros.
[4] István Mészáros, *A teoria da alienação em Marx*, cit., p. 78.
[5] Idem.

dominante do *trabalho abstrato*. Nas palavras de Mészáros, ainda em *A teoria da alienação em Marx*: "Assim, os meios se tornam os fins últimos, enquanto os fins humanos são transformados em simples meios subordinados aos fins reificados desse sistema institucionalizado de mediações de segunda ordem"[6]. E acrescenta: "Uma negação adequada da alienação é, portanto, inseparável da negação radical das mediações capitalistas de segunda ordem"[7].

Será em sua obra maior – *Para além do capital* – que o adensamento ontológico sob o qual se erige o trabalho alienado encontrará seu contorno ainda mais definido, uma vez que as mediações de *segunda ordem* sobredeterminarão as mediações de *primeira ordem*. Para Mészáros, as mediações de *primeira ordem* são vitais, uma vez que sua finalidade é a preservação das funções da reprodução individual e societal. Suas características definidoras são:

1) os seres humanos são parte da natureza, devendo realizar suas necessidades elementares através do constante intercâmbio com a própria natureza;
2) eles são constituídos de tal maneira que não podem sobreviver como indivíduos da espécie a que pertencem [...] num intercâmbio não mediado com a natureza [...], regulado pelo comportamento instintivo diretamente determinado pela natureza, por mais complexo que seja esse comportamento instintivo dos animais.[8]

Partindo dessas determinações ontológicas fundamentais, os indivíduos tornados sociais devem reproduzir sua existência através de *funções primárias de mediações*, estabelecidas entre si e no intercâmbio e interação com a natureza, dadas pela ontologia singularmente humana do trabalho, mediante o qual a autoprodução e a reprodução societal se desenvolvem.

Essas funções vitais de *mediação primária* ou de *primeira ordem* incluem, ainda segundo Mészáros:

1) a necessária e em certo grau espontânea regulação da atividade biológica reprodutiva em conjugação com os recursos existentes;
2) a regulação do processo de trabalho, através da qual o intercâmbio comunitário necessário com a natureza produza os bens requeridos, os instrumentos de trabalho, os empreendimentos produtivos e o conhecimento para a satisfação das necessidades humanas;

---

[6] Ibidem, p. 82.
[7] Idem.
[8] István Mészáros, *Para além do capital*, cit., p. 212, citado em Ricardo Antunes, *Os sentidos do trabalho* (12. ed., São Paulo, Boitempo, 2010), p. 21-2.

3) o estabelecimento de um sistema de trocas compatível com as necessidades requeridas, historicamente mutáveis e visando otimizar os recursos naturais e produtivos existentes;
4) a organização, coordenação e controle da multiplicidade de atividades, materiais e culturais, visando o atendimento de um sistema de reprodução social cada vez mais complexo;
5) a alocação racional dos recursos materiais e humanos disponíveis, lutando contra as formas de escassez, através da utilização otimizada dos meios de produção, em sintonia com os níveis de produtividade e os limites socioeconômicos existentes;
6) a constituição e organização de regulamentos societais designados para a totalidade dos seres sociais, em conjunção com as demais determinações e funções de mediação primárias.

De acordo com Mészáros, "nenhum desses imperativos de mediação primários necessita do estabelecimento de hierarquias estruturais de dominação e subordinação que configuram o sistema de metabolismo societal do capital e suas mediações de segunda ordem"[9].

O advento dessa *segunda ordem de mediações* corresponde a um período específico da história humana que acabou por afetar profundamente a funcionalidade das mediações de *primeira ordem* ao introduzir elementos fetichizadores e alienantes de controle social metabólico[10]. E essa completa subordinação das necessidades humanas aos imperativos da valorização do capital e à reprodução do valor de troca "tem sido o traço marcante do sistema do capital desde o seu início"[11].

Para converter a produção do capital em propósito da humanidade, era preciso separar valor de uso e valor de troca, subordinando o primeiro ao segundo. Essa característica constituiu-se em um dos principais segredos do êxito dinâmico do capital, uma vez que as limitações das necessidades não podiam se constituir em obstáculos para a expansão reprodutiva do capital[12]. Como acrescenta Mészáros, a organização societal e a divisão do trabalho eram substancialmente diferentes nas sociedades onde o "valor de uso e a necessidade exercem as funções reguladoras decisivas"[13]. Como o capital constrói uma estrutura de mando vertical,

---
[9] Idem.
[10] István Mészáros, *Para além do capital*, cit., p. 139-40, citado em Ricardo Antunes, *Os sentidos do trabalho*, cit., p. 22-3.
[11] Ibidem, p. 23.
[12] Idem.
[13] Idem.

instaurando uma divisão hierárquica do trabalho alienado voltado para, essencialmente, a valorização do valor, o trabalho deve manter-se realmente subsumido ao capital.

Florescem, então, as condições necessárias para a vigência do trabalho alienado através das *mediações de segunda ordem*, cujos elementos centrais são:

1) a *separação* e a *alienação* das *condições objetivas* do processo de trabalho do próprio trabalho;
2) a *imposição* de tais condições *objetivadas* e *alienadas* sobre os trabalhadores como um poder separado que exerce *comando sobre o trabalho*;
3) a *personificação do capital* como *"valor egoísta"* – com sua subjetividade usurpada e sua pseudopersonalidade – [...] [voltado para] a realização dos imperativos expansionistas do capital;
4) a equivalente *personificação do trabalho* (isto é, a personificação dos operários como "trabalho", destinado a entrar numa relação de dependência com [...] o tipo historicamente prevalecente de capital), confinando a identidade do sujeito deste "trabalho" às suas funções produtivas fragmentárias.[14]

Desse modo, com a superposição das mediações de *segunda ordem*, as *mediações de primeira ordem* são metamorfoseadas e subordinadas aos imperativos da reprodução do capital, sendo que suas funções genuinamente produtivas e de controle do processo de trabalho social separaram radicalmente aqueles que *produzem* daqueles que *controlam*. O trabalho alienado tornou-se, então, a forma de trabalho dominante e imprescindível para a valorização do capital.

As mediações de segunda ordem consolidaram o mais poderoso e abrangente sistema de metabolismo social, cujo núcleo central é formado pelo tripé *capital, trabalho* e *Estado*, sendo que essas três dimensões fundamentais do sistema são materialmente inter-relacionadas, tornando impossível superá-las sem a eliminação do conjunto dos elementos que compreende esse sistema.

A experiência soviética recente, no pós-1989, demonstrou como foi impossível destruir o Estado e o capital, preservando-se os elementos básicos constitutivos da divisão social hierárquica fundada no trabalho alienado. O desafio, formulado por István Mészáros, condição *sine qua non* para a efetiva superação da alienação do trabalho, implica demolir o tripé em sua totalidade, nele incluído o seu pilar fundamental, dado pelo sistema hierarquizado de trabalho, com sua alienante divisão social que subordina o trabalho ao capital.

---

[14] István Mészáros, *Para além do capital* cit., p. 720-721, citado em Ricardo Antunes, *Os sentidos do trabalho*, cit., 23-4.

Segundo Mészáros, portanto, será insuficiente e resultará em nova derrota se o processo de superação do capital eliminar um ou até mesmo dois de seus pilares de sustentação e não a totalidade deles, ou seja, os três pilares fundamentais. Se isso não for feito, o sistema de metabolismo social do capital fundado no trabalho alienado será reconstituído e/ou restaurado, pois que, em verdade, não terá sido efetivamente superado.

Assim, ao mostrar as profundas conexões existentes entre o sistema de metabolismo social do capital e as formas da alienação, István Mészáros nos oferece uma análise profunda tanto dos fundamentos da alienação quanto da forma poderosa de sua vigência, enquanto estivermos sob o domínio do capital. É esse o motivo do título deste artigo. A seguir, tentaremos auxiliar na compreensão das formas de ser da alienação e do estranhamento, com o desejo de que tal contribuição faça justiça ao decisivo constructo analítico de Mészáros.

## II.

Foi através da teoria da alienação que pudemos constatar que, no capitalismo, o trabalho acaba assumindo a forma de trabalho alienado (ou estranhado)[15]. Segundo a formulação de Marx e Mészáros, o trabalho assume essa condição na medida em que estampa e expressa a dimensão de negatividade presente no processo de produção do capital, onde o produto do trabalho não pertence ao seu criador, conformando, então, sua *primeira* manifestação (em Marx, são quatro os momentos constitutivos do processo de alienação e estranhamento).

O *segundo* momento relaciona-se ao fato de que o trabalho que não se reconhece em seu produto e que dele não se apropria é um trabalho que não se reconhece no próprio processo laborativo em que se realiza. Ele não se realiza, mas se estranha, se fetichiza no próprio processo de trabalho. Isso leva ao *terceiro* momento, no qual o ser social que trabalha não se reconhece como uma individualidade em seu próprio ato produtivo, o que acarreta a *quarta* dimensão da alienação/estranhamento do trabalho: quem não se reconhece como indivíduo não se vê como parte constitutiva do gênero humano.

---

[15] Tal como indicado anteriormente, serão deixadas de lado as similitudes e diferenciações existentes entre *Entäusserung* e *Entfremdung* em Marx, lembrando, entretanto, da importante distinção indicada por Mészáros. Serão retomadas aqui algumas considerações feitas no debate promovido pelos grupos de pesquisa Marxismo, História, Tempo Livre e Educação (MHTLE) e História, Sociedade e Educação no Brasil (HISTEDBR), na Faculdade de Educação da Unicamp, publicado na revista *Germinal: marxismo e educação em debate* (Londrina), v. 1, n. 1, 2009.

Tal é, de maneira sintética, a formulação presente em *Manuscritos econômico-filosóficos*[16], de 1844, primeira incursão marxiana na crítica da economia política – ainda preliminar, já que o texto era predominantemente "filosófico". Em *O capital*, quando se trata do fetichismo da mercadoria e sua concretude no mundo fabril, o problema da alienação/estranhamento ganha novos elementos.

Em sua obra de maturidade, ao discorrer sobre o tema, Marx mostrou que as relações sociais estabelecidas entre os produtores assumiram a forma de relação entre os produtos do trabalho, de modo que uma relação social entre os seres sociais conformava-se como *uma relação entre coisas*. Em suas palavras, "a igualdade dos trabalhos humanos [...], as relações entre os produtores, em que aquelas características sociais de seus trabalhos são ativadas, assumem a forma de uma relação social entre os produtos de trabalho"[17]. Consolidada a predominância do trabalho *abstrato* em relação ao trabalho *concreto*, criavam-se as condições para o afloramento e a generalização do caráter misterioso da mercadoria e o seu fetichismo, encobrindo as dimensões sociais do próprio trabalho e mostrando-as como inerentes aos produtos deste.

Ao mascarar as relações sociais existentes entre os *trabalhos individuais* e o *trabalho total*, o sistema de metabolismo social do capital apresenta-as "naturalmente" como sendo a expressão de relações entre *objetos coisificados*, o que leva Marx a afirmar que "não é nada mais que determinada relação social entre os próprios homens que para eles assume aqui a forma fantasmagórica de uma relação entre coisas"[18]. Com a generalização do valor de troca, o vínculo social entre os produtores assume a forma de uma relação social entre coisas – a capacidade pessoal transfigura-se em capacidade das coisas –, gerando o fenômeno social da reificação e coisificação (dimensões mais particularizadas e singularizadas em relação à alienação).

Se assim foi durante o século XIX, o século seguinte não só manteve as alienações/estranhamentos típicas da sua época, como podemos acrescentar que elas se intensificaram e complexificaram sobremaneira. No século do automóvel, que acabou de findar – ainda que tenham sido mantidos seus traços ontológicos fundamentais –, presenciamos o advento de novas formas de ser desse fenômeno. Em seus contornos gerais, como poderíamos sintetizá-las?

A leitura cuidadosa dos capítulos de *O Capital*, quando é abordada a transição da manufatura para a grande indústria, mostra que o taylorismo e o fordismo têm

---

[16] Karl Marx, São Paulo, Boitempo, 2004. Os aspectos que serão tratados a seguir, também de forma introdutória, foram desenvolvidos em detalhes nos seguintes livros de minha autoria: *Os sentidos do trabalho*, cit., e *Adeus ao trabalho?* (14. ed., São Paulo, Cortez, 2010).

[17] Karl Marx, *O capital* (Rio de Janeiro, Civilização Brasileira, 1971, v. 1), p. 71.

[18] Idem.

muito mais elementos de continuidade do que de descontinuidade em relação à grande indústria do século XIX. Desenvolveu-se o que Lukács denominou "desantropomorfização do trabalho", fenômeno presente desde o início da Revolução Industrial, nos séculos XVIII e XIX, e que se prolongou pelo século XX.

Cabe perguntar-nos: o que singulariza a alienação/estranhamento do trabalho na sociedade capitalista do século XX, moldada pela indústria tayloriano-fordista?

Em seu clássico *Tempos modernos*, Charles Chaplin ofereceu, no plano fílmico, sua expressão mais genial, mostrando várias faces e dimensões desse fenômeno. *A classe operária vai ao paraíso*, de Elio Petri, é também fotografia feliz do trabalho sob o comando intensivo tayloriano-fordista, no contexto do "outono quente" das lutas de classes na Itália dos anos 1969-1970.

No plano analítico, Lukács e Gramsci ofereceram análises muito ricas dessa processualidade. O primeiro, em *História e consciência de classe*\*, publicado em 1923, especialmente no capítulo "A coisificação e a consciência do proletariado", antecipou teses que estavam no então desconhecido texto de Marx, os *Manuscritos econômico-filosóficos*, livro que foi publicado quase um século depois de sua escrita, em 1932[19].

Lukács demonstrou que a fragmentação tayloriana do trabalho atingia a "alma do trabalhador", configurando o complexo da coisificação, da reificação do trabalho, em uma intrincada articulação entre o mundo da materialidade e o mundo da subjetividade. Gramsci, por sua vez, em *Americanismo e fordismo*\*\*, desenvolveu a ideia do *homem integral para o capital*, onde até a sexualidade dos trabalhadores era controlada na fábrica moderna, que daí se projetava para o conjunto ampliado da sociedade.

O marxista italiano apreendeu com uma astúcia excepcional os modos de ser do trabalho tayloriano-fordista e suas repercussões na subjetividade operária, enfatizando o traço da manualidade a que a fábrica procurava reduzir o trabalho operário. Gramsci destaca a conhecida referência de Taylor, que considerava os trabalhadores como uma espécie de "gorilas amestrados", procurando desconsiderar o intelecto do trabalho, sua dimensão cognitiva.

Assim, o trabalho tayloriano-fordista, o trabalho assalariado predominante na era da indústria do automóvel, era pautado por uma modalidade de alienação/estranhamento onde predominava seu caráter parcelar, fragmentado, típico da

---

\* São Paulo, Martins Fontes, 2003. (N. E.)

[19] Vale lembrar que os *Manuscritos* foram publicados com a participação de Lukács, que se encontrava exilado na União Soviética, no início dos anos 1930, e fora chamado por David Riazanov para participar do processo de organização das obras originais de Marx.

\*\* São Paulo, Hedra, 2008. (N. E.)

produção em série. Enquanto o trabalho de concepção e elaboração era responsabilidade da gerência científica, a execução, traço de manualidade, era de responsabilidade dos trabalhadores e trabalhadoras. Como enunciava Marx, ainda no século XIX (e se mantendo no taylorismo), a fábrica só pode funcionar com um exército de feitores controlando o trabalho, configurando um despotismo fabril sempre presente. E foi essa sociedade do trabalho abstrato e alienado que marcou o século XX.

Fundamentalmente, o trabalho tayloriano-fordista, embora fosse relativamente regulamentado e formalizado[20], tinha (e ainda tem) um caráter *maquinal, parcelar, fragmentado, fetichizado, coisificado e alienado*. Sua condição de alienidade, então, estava sedimentada no que Marx denominou a "espectral objetividade"[21] do mundo da mercadoria e de seu fetichismo. Ao mesmo tempo que era predominantemente regulamentado, exacerbava seu traço de reificação e coisidade.

A partir do fim do século XX, porém, em especial a partir dos anos 1970-1980, o mundo capitalista sofreu mutações em seu interior. Floresceu o mundo da "empresa flexível", como diz o ideário do capital, o mundo da empresa *liofilizada*, onde, embora não sejam alterados os elementos essenciais e fundantes do capital, são modificados, em muitos pontos, os mecanismos do padrão de acumulação e da geração do valor. E isso teve (e ainda tem) consequências na própria subjetividade dos trabalhadores, nas distintas manifestações do fenômeno da alienação e do estranhamento.

Como a alienação e o estranhamento não podem jamais ser reduzidos ao mundo da economia, é imperioso descortinar suas repercussões e significações no espaço da interioridade, da subjetividade do ser social que trabalha. Na era da *acumulação flexível* o trabalho se torna diferenciado e *aparentemente* menos relevante, no sentido marxiano do termo, onde a *aparência* é parte da *essência*, mas quando a *aparência* é concebida em si mesma, isolada, como sinônimo da *essência*, torna-se falsidade.

Quem conhece uma fábrica tal como ela costumava ser na era tayloriano-fordista e observa hoje uma fábrica moldada segundo o desenho da empresa *liofilizada* percebe uma diferença gritante em seu desenho espacial, sua organização

---

[20] O que, é preciso destacar, foi resultado das lutas sociais, que exigiram a contratualização do trabalho e dos direitos sociais do trabalhador, a redução e regulamentação da jornada, o descanso semanal, tudo aquilo que demandaram as lutas operárias dos séculos XIX e XX, de que são exemplos também, e de forma decisiva, o levante de 1848, a Comuna de Paris, em 1971, e as revoluções socialistas do século XX.

[21] G. Lukács, *Ontologia Dell'Essere Sociale* (Roma, Riuniti, 1981, v. 2), p. 643. [Ed. bras.: *Ontologia do ser social*, São Paulo, Ciências Humanas, 1979.]

sociotécnica e seu controle do trabalho. Não há mais as divisórias nem o restaurante do "peão" e o restaurante da gerência. O espaço de trabalho é *aparentemente* mais "participativo", *aparentemente* mais envolvente, *aparentemente* menos despótico. Em contrapartida, o trabalho é mais desregulamentado, mais informalizado, mais precarizado, mais intensificado, mais "polivalente", mais "multifuncional", seguindo critérios de "metas", "competências" etc. É feito em equipe, onde a competição é terrível entre os trabalhadores e trabalhadoras.

O toyotismo e as novas formas de *empresa flexível* só podem se desenvolver com base no "envolvimento", na expropriação do intelecto do trabalho, em uma maior interiorização, no aprofundamento dos mecanismos de estranhamento e reificação, *aparentemente* menos *despóticos* e mais *interiorizados*[22]. O trabalhador e a trabalhadora têm de "envolver-se" no projeto da empresa. São definidos como "colaboradores ou colaboradoras", "consultores", "parceiros" etc., conforme o ideário dominante nos manuais de administração e autoajuda. Vale reiterar: a alienação/estranhamento apresenta-se, então, *aparentemente* menos despótica, mas intensamente mais *interiorizada*, sublimada, resultado de uma "espectral objetividade" que assume formas cada vez mais pautadas por uma também "espectral subjetividade".

Vale indicar ainda que Lukács, em sua *Ontologia do ser social*, apresenta uma diferenciação seminal, pouco explorada, entre as *reificações inocentes* e as *reificações estranhadas ou alienantes* [*entfremdende Verdinglichung*]. As primeiras ocorrem quando "os indivíduos são tanto mais facilmente envolvidos pelos impulsos ao estranhamento [...] quanto mais as suas relações vitais são por eles percebidas em termos abstratos, reificados e não de modo espontaneamente processual"[23].

Sob a prevalência da "espectral objetividade" presente na sociedade do capital sob a impulsão do fetichismo da mercadoria,

> quanto mais a vida cotidiana dos homens [...] cria formas e situações de vida reificantes, com maior facilidade o homem cotidiano se adapta a elas, entendendo-as, sem nenhuma resistência intelectual e moral, como "dados de natureza", pelos quais, em média – por não serem inelutáveis em princípio –, pode haver uma menor resistência frente às autênticas reificações estranhadas.[24]

E Lukács, após discorrer acerca dos condicionantes materiais da reificação em sua "espectral objetividade", explora as possíveis diferenciações existentes no complexo da reificação, entre aquelas consideradas "inocentes" e aquelas *reificações*

---

[22] Sobre o tema, ver, de minha autoria, *Os sentidos do trabalho*, cit., e *Adeus ao trabalho?*, cit.
[23] G. Lukács, *Ontologia Dell'Essere Sociale*, cit., p. 643.
[24] Idem.

*estranhadas ou alienantes*[25]. Não é preciso ir longe para verificar a riqueza de tais pistas analíticas para uma melhor compreensão das formas de ser da alienação/estranhamento no sistema de metabolismo social do capital hoje.

Se na empresa tayloriano-fordista tradicional o despotismo é mais explícito e direto, na planta da *flexibilidade liofilizada* as empresas procuram, de todos os modos e usando todos os instrumentais degradantes de que dispõem, converter voluntariamente os trabalhadores e trabalhadoras em déspotas de si mesmos! Estamos longe, portanto, da apologética do capital, que afirma que o mundo produtivo contemporâneo teria eliminado as bases estruturais da alienação/estranhamento, o que nos obriga a melhor compreender essas modalidades mais interiorizadas e complexificadas da alienação e do estranhamento.

E aqui voltamos à obra de Mészáros. Ao explorar em alto nível de complexidade as conexões íntimas e profundas existentes entre o sistema de metabolismo social do capital e a alienação do trabalho, o filósofo apresenta, em toda a sua obra, contribuição insubstituível para que os pilares estruturantes do capital e do trabalho alienado sejam extirpados, de modo que uma nova forma de sociabilidade, autêntica, autônoma, autoconstituinte, seja a base de um novo sistema de metabolismo social *para além do capital*.

---

[25] Ibidem, p. 644.

# MARX, LUKÁCS
E OS INTELECTUAIS
REVOLUCIONÁRIOS

# INTELECTUAL MARXISTA,
# UM DIRIGENTE REVOLUCIONÁRIO
*Emir Sader*

György Lukács viveu, em sua trajetória como intelectual, os dilemas de buscar dar continuidade às primeiras gerações de marxistas, que eram, ao mesmo tempo, intelectuais e dirigentes revolucionários. Foram os casos clássicos de Karl Marx, Friedrich Engels, Vladimir Lenin, Leon Trotski, Rosa Luxemburgo, Antonio Gramsci. Líder do Partido Comunista (PC) da Hungria nos anos 1920, Lukács foi ministro da Cultura de um governo de coalizão, até que, depois de vários reveses nos debates internos do partido, resignou-se à sua condição de intelectual marxista em participação direta na atividade partidária.

Em um balanço escrito para uma nova edição de *História e consciência de classe*[*], Lukács justificava sua retirada da vida política – embora não das fileiras do partido – alegando que tinha o sentimento de que sempre tivera razão, mas sempre perdera as lutas políticas dentro do PC. E chegava à conclusão de que sua índole não era adaptada a elas.

Embora não se constitua em algum dos casos típicos analisados por Perry Anderson em seu clássico livro *Considerações sobre o marxismo ocidental*[**] – nem foi expulso ou viveu uma situação insuportável dentro do partido, nem foi vítima da repressão fascista –, Lukács representa um dos grandes dilemas dos intelectuais marxistas diante da chamada "stalinização dos partidos comunistas", que estreitou as margens do debate interno a ponto de inviabilizá-los.

Conforme os partidos comunistas deixavam de ser espaços abertos ao debate e à criação intelectual, bloqueando a articulação entre teoria e prática marxistas,

---

[*] São Paulo, Martins Fontes, 2003. (N. E.)
[**] São Paulo, Boitempo, 2004. (N. E.)

produzia-se uma das grandes cisões de que o movimento comunista, socialista e de esquerda em geral passou a sofrer desde então: teoria sem prática política e prática sem teoria política. O marxismo perdia fertilidade concreta e a prática deixava de ser iluminada pela teoria.

Como teoria que pretende não apenas interpretar a realidade, mas transformá-la, o marxismo busca articular deciframento da realidade e sua transformação revolucionária. A interpretação sem seu desdobramento na prática política desvirtua a essência do marxismo, ao mesmo tempo que a prática política sem sua interpretação radical fere outro de seus postulados, formulado por Lenin: "Sem teoria revolucionária, não há prática revolucionária".

Esse abismo foi determinante nos destinos posteriores tanto da teoria marxista como da prática dos partidos de esquerda. A primeira tendeu para a autonomização em relação à prática, refugiando-se – como aponta Perry Anderson – em disciplinas menos vinculadas à ação política, como a estética e a metodologia, enquanto a segunda foi mais facilmente prisioneira do pragmatismo político, com perda das visões programáticas e estratégicas.

As gerações de Marx, Engels, Lenin, Trotski, Rosa Luxemburgo e Gramsci foram sucedidas por grandes teóricos, como Lukács, Jean-Paul Sartre, Theodor Adorno, Walter Benjamin, Ernst Bloch – e depois deles por uma nova leva de intelectuais revolucionários, da qual István Mészáros é exemplo –, entre tantos outros, brilhantes pensadores que nunca capitularam, mantendo-se firmes nas concepções anticapitalistas, apesar de tudo o que vitimava o marxismo e a esquerda em geral – da social-democracia ao stalinismo.

No entanto, o campo da esquerda, das forças anticapitalistas e socialistas passou a sofrer dessa cisão entre teoria e prática. As elaborações teóricas sofreram não apenas a desvinculação com a prática política, mas também a fragmentação das construções teóricas, refugiadas em algumas disciplinas específicas. Deixaram de lado temas como a economia, a política e a estratégia, que articulam o conjunto das reflexões marxistas, para desembocar em propostas sintéticas de interpretação do mundo. Perderam fertilidade política, renunciaram à dimensão inerente ao marxismo de teoria articulada com a transformação revolucionária do mundo.

Por outro lado, a prática política, articulada em torno de partidos que deixaram de ser espaços de reflexão teórica, tendeu ao pragmatismo, ao parlamentarismo, ao economicismo – a todas as formas de adequação às práticas institucionais existentes, distanciando-se de formulações de ruptura estratégica e de programas anticapitalistas. Não por acaso forças do campo da esquerda foram se distanciando do marxismo: a social-democracia afastou-se formalmente, enquanto os partidos comunistas ficaram com uma versão esquemática e dogmática das concepções de Marx.

"Sem teoria revolucionária, não há prática revolucionária", afirmava Lenin. A prática política dos partidos de esquerda tendeu a deixar-se guiar pela agenda do sistema dominante, enquanto os intelectuais tenderam ao ultraesquerdismo: entre uma teoria aparentemente perfeita e uma prática sempre heterodoxa, os intelectuais tendem a ficar com a teoria e a desprezar a prática política. Como resultado, ambos se esterilizam.

Na América Latina, deu-se um processo similar. Três grandes intelectuais e dirigentes revolucionários latino-americanos refletiram tal dinâmica no continente: Luis Emilio Recabarren no Chile, Julio Antonio Mella em Cuba e José Carlos Mariátegui no Peru. Os três combinaram grande criatividade teórica com grande capacidade de direção política. Todos participaram da fundação dos Partidos Comunistas – Recabarren do chileno e do argentino; Mella do cubano; Mariátegui do peruano. Foram vítimas da stalinização dos partidos em que militavam, terminando os três por morrer discriminados em suas organizações.

Depois deles, os partidos comunistas produziram grandes dirigentes políticos, mas já não houve dirigentes com notável capacidade de elaboração teórica. Também sobre a esquerda latino-americana se abatia a dissociação entre teoria e prática. A esquerda acumulou extraordinárias experiências políticas: as lutas dirigidas por Farabundo Martí e Sandino na América Central, a Frente Popular no Chile, a revolução nacionalista de 1952 na Bolívia, a Revolução Cubana, as guerrilhas em vários países, o governo de Allende no Chile, a Revolução Sandinista, entre muitos outros. Mas passou a sofrer uma espécie de orfandade da estratégia, da reflexão programática, dos balanços das experiências vividas.

Casos individuais destoaram dessa cisão. Um deles foi Ruy Mauro Marini, construtor de uma das mais importantes obras de interpretação – a teoria marxista da dependência, expressa em seu livro *Dialética da dependência*\* – e professor universitário durante toda a vida, no Brasil, Chile e México.

Mas, ao mesmo tempo, Marini foi um grande dirigente de organizações revolucionárias. Primeiro, no Brasil, integrou a Polop (Política Operária). Depois do golpe militar, foi condenado no primeiro processo realizado pela ditadura contra professores da Universidade de Brasília, junto com Darcy Ribeiro e outros professores da instituição. Marini passou à clandestinidade, sendo preso e brutalmente torturado. Escreveu os principais ensaios sobre as raízes e causas do golpe militar, textos que circularam amplamente e de formas variadas: um deles foi publicado pela revista *Teoria e Prática*, outros foram reproduzidos em larga escala, de maneira clandestina, pela militância de várias organizações da resistência.

---

\* Petrópolis/Buenos Aires, Vozes/Clacso, 2000. (N. E.)

Quando libertado, Marini partiu para o exílio no Chile, onde seguiu sua carreira de professor universitário, primeiro na Universidade de Concepción, depois na Universidade do Chile. Lá, porém, passou imediatamente a militar no MIR (Movimento de Esquerda Revolucionária), onde logo assumiu cargos de direção política. Sua contribuição foi decisiva para a construção do MIR como organização revolucionária, assim como sua obra pôde ser fertilizada pela prática política do movimento, antes e durante o governo Allende e na luta de resistência à ditadura de Pinochet.

Um caso contemporâneo que vale a pena destacar é o de Álvaro García Linera, vice-presidente da Bolívia e o mais importante intelectual latino-americano da atualidade. Linera era professor de matemática e militante de uma organização indígena clandestina, que preparava um processo de insurreição armada. Foi preso e brutalmente torturado. Sua resposta fica clara nos primeiros parágrafos da nova edição daquele que considera seu livro teórico mais importante: *Forma valor y forma comunidad*\*, cuja primeira edição foi publicada com seu nome político de então, "Qhananchiri".

> Era noite e parecia que tudo estava acabado. Em abril de 1992, a quatro dias de ter sido detido e desaparecido pelos agentes de inteligência do governo de Jaime Paz Zamora, parecia que toda nossa vida e nossos planos políticos desmoronavam. Com quatro familiares detidos, vários dirigentes da organização indígena Exército Guerrilheiro Tupac Katari (EGTK) vexados em habitações contíguas, com o encarceramento da direção política nacional da mais importante estrutura de quadros políticos indígenas das últimas décadas, com meus livros saqueados por "investigadores", com os sonhos truncados de ver uma grande sublevação indígena, destruído o trabalho político paciente de mais de dez anos: obrigado, a pontapés, a manter-me de pé e sem dormir durante todos esses dias, torturado e ameaçado de receber uma bala na cabeça diante da minha negativa de delatar meus companheiros, tomei uma decisão: ou me matavam naquele momento ou logo seriam eles os perdedores, já que utilizaria cada átomo da chama da vida salva para reconstruir e alcançar nossos sonhos coletivos de um poder indígena.
>
> Era uma sexta-feira de noite. Ouvia-se música de alguma discoteca ao longe e o fiscal Nemtala, militante da Ação Democrática Nacionalista (ADN), tomou a decisão de aproveitar o ruído exterior para passar dos golpes e da insônia ao uso de descargas elétricas. No pátio do quartel policial, os torturadores, que haviam sido expressamente enviados pelo governo, riam ao me ouvir gritar de dor pelos efeitos da eletricidade.

---

\* La Paz, Muella del Diablo/Clacso, Comuna, 2009. (N. E.)

Quando deixaram de molhar meu corpo para facilitar o efeito da descarga elétrica, eu pedi-lhes que me matassem. Não o fizeram, e desde aquele momento iniciou-se sua derrota.[1]

Quando foi possível introduzir algum livro na prisão de segurança máxima de Chonchocoro, Linera escolheu *O capital**, obra que já havia lido aos dezesseis anos. Segundo ele, "o estudo de *O capital* e das obras posteriores de Marx era o passo seguinte para continuar aprofundando a obsessão teórica política dos últimos quinze anos: as comunidades e a nação como alavancas da crítica revolucionária da sociedade capitalista".

Hoje, Linera republica seu livro estando na vice-presidência de um processo revolucionário, para o qual contribui, com suas elaborações teóricas – assim como de todo o grupo Comuna, a que pertencem, além dele, intelectuais e militantes como Luis Tapia, Raúl Prada e Oscar Vega – e sua capacidade de direção política, como um verdadeiro e contemporâneo exemplo de que um marxista é, ao mesmo tempo, um intelectual e um dirigente revolucionário.

O mundo acadêmico – onde grande parte da intelectualidade desenvolve suas práticas profissionais – não foi poupado pelas grandes transformações operadas na passagem do período histórico anterior para o atual. Uma parte dos intelectuais, diante da transformação do mundo multipolar em unipolar, assumiu diferentes formas de adaptação à hegemonia capitalista e às variantes da doutrina liberal. Uma parte significativa segue processos de produção de conhecimento pertinente, porém prisioneiro da divisão técnica do trabalho acadêmico e da especialização correspondente. Outro contingente, por sua vez, deixa-se aprisionar pelos mecanismos doutrinários, que desembocam em posições ultraesquerdistas, desvinculadas da realidade concreta.

Os novos processos políticos latino-americanos representam estímulos para decifrar seu significado e contribuir com seu aprofundamento. Questões centrais têm surgido com novas roupagens ou mesmo novas questões, desafiando a intelectualidade latino-americana. Esses processos avançaram com graus diversos de teorização, porém seguramente as dificuldades que enfrentam dependem também de profundo debate e elaboração teórica e política, para que possam efetivamente consolidar os avanços realizados e encaminhar-se para a construção de sociedades que permitam a superação da exploração, da opressão, da discriminação e da alienação.

---

[1] Álvaro García Linera, *Forma valor y forma comunidad*, cit.
* Rio de Janeiro, Civilização Brasileira, 2008. (N. E.)

Lançamento de *O desafio e o fardo do tempo histórico* (2008), cujos direitos para todo o mundo foram cedidos à Boitempo.

# ISTVÁN MÉSZÁROS, UM CLÁSSICO DO SÉCULO XXI
*Maria Orlanda Pinassi*

> *Um clássico é um livro que vem antes de outros;*
> *mas quem leu antes os outros e depois lê aquele*
> *reconhece logo o seu lugar na genealogia.*
> Ítalo Calvino, *Por que ler os clássicos*

Não há similar histórico para tantos e tão graves problemas clamando por soluções urgentes. Ironicamente, não há precedente mais favorável ao ideário que postula a perpetuação do sistema vigente do capital. Percorrendo a dinâmica dessa poderosa ideologia através do próprio desenvolvimento capitalista, constatamos que, desde as suas origens no liberalismo clássico até hoje, suas formas de expressão mudaram consideravelmente. Da raiz revolucionária brotou a otimista substância apologética mais condizente à consolidação e à reprodução das necessidades materiais do sistema em sua *fase de ascendência histórica*. Mais recentemente, a apologia do capital, como moto-perpétuo da história, ganhou novos adeptos que se entregam resignadamente aos imperativos incontroláveis do capital em sua *fase de descendência histórica*. Todos, afinados, declaram que *não há alternativa* para o sistema. Não surpreende que, à mesma medida que a crise se agrava, sobram ideólogos que se dispõem a criar, ou simplesmente adotar, as fabulosas teses do "fim": "fim da luta de classes", "fim do trabalho", "fim das ideologias", "fim da história". Mais recentemente, alguém decidiu decretar o fim da "era econômica"[1].

Poderíamos dizer com isso que a decadência ideológica, iniciada na agudização das contradições do sistema, e que se manifestou já nas lutas de 1848, reconcilia-se, enfim, com a sua decadência histórica ou a impossibilidade de recompor sequer minimamente algum equilíbrio à total instabilidade, movida por contradições

---

[1] Ver a respeito entrevista concedida por Tony Judt, historiador inglês radicado nos Estados Unidos e autor do comentado livro *Pós-guerra: uma história da Europa desde 1945* (Rio de Janeiro, Objetiva, 2008), ao caderno *Mais!*, *Folha de S.Paulo*, 13/9/2009, p. 5-6.

permanentemente criadas, sempre insolúveis e agravadas do sistema que vive seu momento mais dramático: *a crise estrutural do sistema de metabolismo social do capital.*

Quem diz isso é o filósofo húngaro István Mészáros na mais poderosa peça de sua obra, o livro *Para além do capital: rumo a uma teoria da transição*[*], composto durante 25 anos de reflexão sobre o mundo contemporâneo. A originalidade de sua leitura sobre a atual fase de reprodução social imposta pelo capital advém de uma investigação histórica rigorosa e de uma implacável crítica das principais ideias que sediaram fatos e perspectivas teóricas. Para isso, Marx e Engels, Rosa Luxemburgo, Gramsci e Lukács foram e continuam sendo os mediadores mais importantes de suas análises no sentido de uma perspectiva radicalmente emancipatória.

Mészáros obstina-se a atualizar o nexo categorial marxiano, o que lhe permite compor a mais aguda e radical crítica do capital desde Marx, constituindo um conjunto de teses polêmicas algumas, instigantes todas elas. A premissa fundante de suas próprias formulações vem, assim, de Marx, que considerou o capital uma categoria *antediluviana*. Mészáros assume essa dimensão trans-histórica do capital, que se confirma na extrema capacidade de assegurar o prolongamento da sua *natureza mais profunda* – a subsunção do trabalho – sobre as mais variadas formas particulares da história.

Os fatos do século XX, analisados em *Para além do capital* com base em rigoroso detalhamento de informações, ilustram aquela tese de que, se o capital preexistiu ao capitalismo – na forma de capital mercantil, por exemplo – e se realiza sob a sua forma histórica mais perfeita até os dias de hoje, pode muito bem subsistir a ele, como demonstrou a experiência soviética, que, mesmo baseando-se na *expropriação dos expropriadores* e na eliminação *jurídico-política* da propriedade, manteve intactas algumas formas constitutivas do controle do capital, exercido ali pelo Estado e não pelo capitalista privado. A mais importante delas teria sido a manutenção da subsunção real do trabalho ao capital.

O modo de controle do capital não tem, porém, fundamento abstrato nem se pode instituir como simples relação de titularidade legal. Como uma relação social, ele é exercido por meio da sua incompatibilidade ontológica com qualquer ordem de conciliação entre capital e trabalho. Para exercê-lo, as várias facetas assumidas pelo capital em suas necessidades contingentes impõem a constituição igualmente necessária das personificações que lhe dão materialidade:

---

[*] São Paulo, Boitempo, 2002. (N. E.)

Os capitalistas particulares e os trabalhadores individuais nele funcionam apenas como *personificações* do capital e do trabalho e têm de sofrer as consequências da dominação e subordinação implícitas na relação entre as personificações particulares e o que está sendo personificado. A lei do valor, por exemplo, que regula a produção do valor excedente, "parece infligida pelos capitalistas uns sobre os outros e sobre os trabalhadores – e, por isso, aparece de fato apenas como uma lei do capital atuando contra o capital e contra o trabalho".[2]

Ocorre, então, uma contradição ontológica entre o caráter histórico-social do capital e a inteira humanidade, alienada e submetida aos seus *ditames cegos.* Ou seja,

> Seres humanos são, ao mesmo tempo, absolutamente necessários e totalmente supérfluos para o capital. Se não fosse pelo fato de que o capital necessita do trabalho vivo para sua autorreprodução ampliada, o pesadelo do holocausto da bomba de nêutrons certamente se tornaria realidade. Mas, já que tal "solução final" é negada ao capital, somos confrontados com as consequências desumanizadoras das suas contradições e com a crise crescente do sistema de dominação.[3]

A constituição de um modo metabólico-social incontrolável explica o fracasso das inúmeras tentativas de controle exercidas tanto pelo pós-capitalismo quanto pelas políticas da social-democracia. Ao adotarem medidas de contenção, as quais Mészáros denomina de *linha de menor resistência,* impuseram entraves à lógica expansionista do capital, sendo, por isso, varridas da história sem chance de volta.

Sob tal contexto, para Mészáros, nunca foi tão necessária, por mais desfavoráveis que sejam as condições de sua realização em curto prazo, a construção de uma ofensiva socialista. Para isso, é preciso, antes de tudo, dar um salto em relação a toda postura defensiva que caracterizou a luta sindical e a luta política como finalidades em si mesmas. Segundo o filósofo, tais instrumentos de ação permanecem necessários à negação do sistema, acima de tudo, como *mediações* para a afirmação de um modo de controle a partir de uma ordem metabólico-social não antagônica e genuinamente planejável.

A tarefa é árdua. Por isso mesmo, não se espere da obra de Mészáros respostas prontas nem receitas de orientação revolucionária, mas uma convocação urgente para a responsabilidade que os homens têm de assumir, na condição efetiva de sujeitos sociais, o comando da sua própria história.

---

[2] István Mészáros, *Para além do capital* (ed. rev., São São Paulo, Boitempo, 2011), p. 203. O trecho citado entre aspas é de Karl Marx, *Economic Manuscripts of 1861-64*, Marx/Engels Collected Works (MECW), v. 34 (Moscou, Progress Publishers, 1994), p. 460.
[3] István Mészáros, *Para além do capital*, cit., p. 802.

## A síntese *in statu nascendi*

Pois é o humanismo corajosamente radical e libertário de Mészáros que define o caráter *clássico* de sua obra. Sua grandeza reside no fato de ser precisamente assim em pleno século XXI, uma época marcada por tantas e tão profundas misérias, todas potencialmente destrutivas e desumanizadoras. Tal firmeza de caráter resulta, enfim, de um longo comprometimento que nosso autor escolheu estabelecer, por toda a vida, com a luta pela emancipação e por um desenvolvimento harmônico e integral para a humanidade.

É possível localizar um dos momentos iniciais desse processo na publicação, em 1971, na Inglaterra, de *A teoria da alienação em Marx*[4]. Na ocasião, o livro teve acolhimento excepcional e, em dezoito meses, chegou à terceira edição. O próprio Mészáros atribuiu tal acentuado interesse pela obra a uma série de acontecimentos que "ressaltou de modo dramático a intensificação da crise estrutural global do capital"; consequentemente, a "crítica da alienação parece ter adquirido uma nova urgência histórica"[5].

Desde então, muita água moveu o *moinho satânico*, e o vazio de antíteses capazes de pôr freio em seu pretendido moto-contínuo vem agravando aquele já problemático cenário do início dos anos 1970. O quadro atual, portanto, potencializa a urgência histórica de um enfrentamento decisivo e real contra o poder da alienação, além de renovar a necessidade da crítica constituída na obra de juventude de Marx.

Logo na introdução do livro citado, Mészáros afirma que aquela não é uma crítica meramente conceitual nem subjetiva de um problema tão real e gigantesco como a alienação. Sua abordagem é distinta. Vejamos.

Marx delineia, nos *Manuscritos econômico-filosóficos*[*], as principais características de uma nova "ciência humana" revolucionária – por ele contraposta, de um lado, à universalidade abstrata da filosofia e, de outro, à fragmentação reificada e à parcialidade das "ciências naturais" – do ponto de vista de uma grande ideia sintetizadora: "a alienação do trabalho" como raiz de todo um "complexo de alienações".

Nessas linhas, Mészáros indica a perspectiva ontológica de sua longa viagem pelo universo marxiano e, por meio dela, afirma o sentido concreto e histórico da

---

[4] À época da primeira edição brasileira do livro, em 1981, István Mészáros era conhecido por um público ainda reduzido no país. Em geral, esse público era composto por estudiosos da obra de Gÿorgy Lukács, filósofo com o qual Mészáros, desde 1949, ainda na Universidade de Budapeste, estabeleceu estreita relação como aluno, secretário e amigo.
[5] István Mészáros, "Prefácio de 1971", em *A teoria da alienação em Marx* (São Paulo, Boitempo, 2006), p. 15.
[*] São Paulo, Boitempo, 2004. (N. E.)

totalidade – unidade dialética – composta pelo conjunto das peças escritas por Marx, desde a juventude até a maturidade.

O viés de análise é forte evidência de seu pertencimento a uma linhagem do marxismo – compreensivelmente marginal e numericamente reduzida – empenhada em desfazer a falsidade dilemática que, desde a Segunda Internacional, deprecia e, em não poucos casos, renega as "vacilações idealistas" do jovem Marx, opondo-as à "superioridade do materialismo dialético". Por isso mesmo, ou seja, por sua absoluta discordância com essa brutal mistificação apologética – oficializada sob Stalin –, Mészáros não perde ocasião para combater as misérias do marxismo instrumental. É ele quem afirma:

> As numerosas versões da abordagem tipo "jovem Marx contra velho Marx" (ou o inverso) têm algo em comum. Trata-se de um esforço para opor a economia política à filosofia, ou a filosofia à economia política, e usar a autoridade de Marx em apoio dessa pseudoalternativa. Falando em termos gerais, aqueles que desejam evadir os problemas filosóficos vitais – e de modo algum especulativos – da liberdade e do indivíduo se colocam ao lado do Marx "científico", ou "economista político maduro", enquanto os que desejariam que o poder prático do marxismo (que é inseparável de sua desmistificação da economia capitalista) nunca tivesse existido exaltam o "jovem filosófico Marx". [...] Seria um desperdício do tempo do leitor analisar essas interpretações, se elas não fossem significativas *ideologicamente*.[6]

Significativamente, o interesse de Mészáros pelos estudos de formação de Marx recaía sobre o importante ponto de inflexão representado pelos *Manuscritos*: a *autoalienação a partir da centralidade do trabalho*. Dessa forma, enfrentar o conceito de alienação, tal como aparece ali, significou a oportunidade de compreender as raízes ontológicas de um dos mais graves problemas contemporâneos e, simultaneamente, desvendar o processo de constituição de uma síntese *in statu nascendi* [em estado de formação] – como ele gosta de se referir à obra –, a primeira de muitas que formarão um sistema abrangente e coerente de ideias multidimensionais e radicais.

Ainda que não seja a intenção deste breve artigo adentrar o universo conceitual desenvolvido nesse denso estudo de Mészáros, sob o risco de um empobrecimento absolutamente indesejado, seria interessante mencionar ao menos dois aspectos particularmente ricos e essenciais ao processo de apreensão daquela síntese, ambos advindos da dimensão concreta e histórica por meio da qual Marx construiu a sua crítica do idealismo hegeliano e, de quebra, do materialismo de Feuerbach.

---

[6] István Mészáros, *A teoria da alienação em Marx*, cit., p. 208.

O primeiro deles se refere ao redimensionamento de toda a complexidade que envolve o conceito de *Aufhebung*, que, em língua alemã, pode significar "transcendência, supressão, preservação, superação (ou substituição) pela elevação a um nível superior". Segundo Mészáros, o conceito marxiano do termo é a chave para compreender a teoria da alienação, e "não o seu inverso", como erroneamente se supõe. Do mesmo modo, daí se origina uma das mais geniais análises dos *Manuscritos*, graças à formulação dos conceitos de *mediação de primeira ordem* – ou "atividade produtiva como tal, fator ontológico absoluto da condição humana" – e *mediação de segunda ordem* – ou "'mediação da mediação' alienada decorrente da propriedade privada, da troca, da divisão do trabalho"[7]. Baseado nesses pontos de partida, Mészáros pode recompor com muita originalidade a realidade da relação de superação entre Marx e Hegel.

O aprofundamento dos estudos marxianos, ampliados pelo mergulho nos *Grundrisse*\* e em *O capital*\*\*, à luz dos fatos mais relevantes e desconcertantes do século XX, comprovou a atualidade dos nexos categoriais constituídos por Marx, despertando e intensificando em Mészáros a necessidade de uma nova síntese sobre o funcionamento cada vez mais crítico do sistema do capital[8]. Para ele, a própria obra de Marx clamava por isso, porque nela

> [...] todo microcosmo é macrocosmo, daí a extraordinária abertura de sua obra. O fato de ser uma obra inacabada não importa, tanto melhor, pois os caminhos abertos são tantos, mas com as direções claramente indicadas. Sempre as dimensões da universalidade entram em qualquer coisa que escreve.[9]

---

[7] Ibidem, p. 11.
\* São Paulo, Botempo, no prelo. (N. E.)
\*\* Rio de Janeiro, Civilização Brasileira, 2008. (N. E.)
[8] Desde 1951, foram várias as discussões que Mészáros estabeleceu com Lukács a respeito. Porém, "ele dizia que eu era muito impaciente, que naquele momento histórico não era possível fazer uma obra de síntese. Em certo sentido, é essa a tragédia de Lukács, na medida em que ele é o pensador mais global, mais sintetizante do século. [...] Agora, isso se transformou em uma espécie de autolimitação, ou, se vocês quiserem, uma racionalização das circunstâncias, estabelecendo que as condições não haviam amadurecido e a única coisa possível eram trabalhos monográficos, voltados a aspectos mais restritos. Desse modo, para ele, a síntese deixara de ser uma necessidade fundamental. Ele começara com uma promessa de síntese monumental, que é a análise sobre a reificação, a consciência do proletariado, e desemboca em estudos mais restritos, monográficos. Apesar disso, a síntese permanece, mas como capítulo, como parte de uma obra monográfica, mediadora. Cito, por exemplo, elementos dessa síntese no *Jovem Hegel*, e depois, naturalmente, nas duas últimas obras: *Estética* e *Ontologia*. Mas nessa síntese certas dimensões da totalidade são cortadas. A ausência da *política* como mediação essencial à *Ontologia*, por exemplo, constituiu um sério problema na obra". Entrevista intitulada "Tempos de Lukács e nossos tempos: socialismo e liberdade", concedida por Mészáros a membros da revista *Ensaio*, São Paulo, n. 13, 1984, p. 9-29.
[9] Ibidem, p. 21.

Não por acaso, o enfrentamento imanente e transcendente dos *Manuscritos*, materializado no mais que oportuno estudo *A teoria da alienação em Marx*, constitui a sua própria síntese *in statu nascendi*. E a prova de que esse trabalho foi o pilar básico de um projeto de muito longo prazo pode ser conferida no prefácio à terceira edição em língua inglesa, no qual ele afirma:

> Quanto a este volume, amigos e críticos observaram que algumas das principais questões do desenvolvimento socioeconômico da atualidade – examinadas especialmente nos últimos capítulos – exigiriam uma análise um pouco mais sistemática. Embora eu acredite que o quadro de *A teoria da alienação em Marx* não permita muito mais do que um tratamento bastante sumário dessas questões pontuais, minha concordância com o conteúdo das críticas não poderia ser mais completa. De fato eu venho trabalhando há vários anos numa investigação detalhada desses tópicos – um estudo que espero concluir e publicar dentro de pouco tempo.[10]

Com esses pressupostos, István Mészáros vem se dedicando à composição da mais poderosa crítica marxiana contemporânea até aqui desferida contra a ordem sociometabólica do capital. O resultado maior e mais completo desse enorme esforço de síntese pode ser conferido, como dissemos ainda no início deste artigo, em *Para além do capital*, e, considerando que a intenção de realizá-lo tem início ainda na segunda metade dos anos 1960, seus livros mais conhecidos entre nós constituem produtos de sua reflexão mais ampla e profunda sobre os gravíssimos problemas contemporâneos.[11]

Assim, se nos anos 1970 e início dos anos 1980 o interesse por *A teoria da alienação em Marx* emanava principalmente do sentido original, imanente e desmistificador das análises perpetradas por um jovem filósofo (Mészáros) à obra do igualmente jovem Marx, poucos podem ter percebido à época que aquela era a gênese de uma síntese ainda mais ampla. Hoje, portanto, esse interesse se amplia significativamente, na medida em que contamos com o benefício de constatar o desenvolvimento de muitos conceitos e ideias ali em germe.

Por essas e muitas outras razões, das páginas de sua obra se origina uma totalidade difícil, mas solidamente construída. Nenhuma de suas partes pode ser

---

[10] István Mészáros, *A teoria da alienação em Marx*, cit., p. 15.
[11] Todos os livros relacionados foram publicados primeiramente na Inglaterra: *A teoria da alienação em Marx* é de 1970 (no Brasil, de 1981, pela Zahar, e de 2006, pela Boitempo); *A necessidade do controle social* é de 1971 (no Brasil, de 1987, pela Ensaio, série Pequeno Formato); "Consciência de classe necessária e consciência de classe contingente" é de 1981, como ensaio do livro *Aspectos de história e consciência de classe* (no Brasil, de 1993, como ensaio do livro *Filosofia, ideologia e ciência social*, também pela Ensaio); *A obra de Sartre: busca de liberdade* é de 1979 (no Brasil, de 1991, pela Ensaio); por fim, *O poder da ideologia* é de 1989 (no Brasil, e 1996, pela Ensaio, e de 2004, pela Boitempo).

considerada monográfica ou atípica no conjunto da obra, nem Mészáros pretendeu imprimir-lhes qualquer "espécie de novidade" em relação a Marx. Sua relação com este, e com Engels, Lenin, Rosa, Lukács, Gramsci, Bolívar, Mariátegui, Che e tantos outros que o antecederam se inscreve em uma perspectiva de superação e de reconhecimento por poder subir nos ombros deles e, com isso, ter a oportunidade histórica de enxergar de modo mais complexo, concreto e rico de mediações o horizonte a ser construído.

Marxista afinado com seu tempo histórico, Mészáros recolhe a inestimável contribuição dos clássicos do marxismo, atualizando-os, porém, conforme as formas contemporâneas de manifestação e realização material e ideológica do sistema do capital. Exatamente por isso, ou seja, pela capacidade de atualizar a teoria segundo os imperativos da história, Mészáros apresenta-se como um genuíno clássico para o marxismo do século XXI, fornecendo-nos elementos decisivos para a crítica e – quiçá – transformação revolucionária do mundo do capital, no momento mesmo em que este assume suas dimensões mais destrutivas e desumanas.

# O INTELECTUAL COMO MILITANTE REVOLUCIONÁRIO
*Ricardo Musse*

## I.

György Lukács formou-se no âmago da cultura burguesa em estreita convivência com os principais intelectuais húngaros e alemães. Após o fim da Primeira Guerra, relativamente consagrado e reconhecido por seus pares – Thomas Mann, Georg Simmel e Max Weber, entre outros[1] –, surpreendeu a todos aderindo ao marxismo e à ação política revolucionária. No prefácio de *História e consciência de classe*, justifica sua "conversão" assinalando que somente o marxismo havia proporcionado uma explicação consistente dos acontecimentos recentes, em especial da tríade "guerra, crise e revolução"[2].

As obras de juventude de Lukács, em sua maioria fragmentos, discrepam bastante entre si, o que, nos relatos unificantes dos comentadores da sua obra, se tornou um cenário embaralhado por incoerências e contradições. Parece mais factível, no entanto, conceber seu itinerário – cujos pontos terminais vão da inicial sociologia histórica na vertente simmeliana à conversão ao marxismo e ao movimento comunista internacional – como resultado do empenho em dominar os gêneros predominantes no universo acadêmico, concomitante, ao esforço em incorporar ao seu repertório autores e tendências culturais, um aprendizado obrigatório para quem buscava inserção e reconhecimento no campo intelectual alemão.

---

[1] As referências elogiosas de Thomas Mann a Lukács encontram-se no ensaio "Considerações de um apolítico" e as de Max Weber em *A ciência como vocação* (São Paulo, Cultrix, 1972).

[2] G. Lukács, *História e consciência de classe: estudos sobre a dialética marxista* (São Paulo, Martins Fontes, 2003), p. 54.

Em outro registro, destacando a descontinuidade e o impulso repentino dessas rupturas, cabe observar que suas atitudes e interesses percorrem um trajeto que parece mimetizar o trânsito entre as "esferas" descrito na filosofia de Kierkegaard[3]. Impactado pela barbárie da Primeira Guerra, Lukács "salta" do universo estético para o ético e em seguida para a ação revolucionária.

Para reforçar a capacidade marxista em atingir sua meta maior, "o conhecimento do presente", *História e consciência de classe* propõe-se a recuperar a capacidade autorreflexiva que essa linhagem havia perdido nos anos de predomínio político e intelectual da Segunda Internacional. Um de seus pontos de partida consiste em uma rebelião contra a codificação da dialética apresentada pelo último Engels, avaliada como premissa principal dos equívocos políticos desenvolvidos pela geração subsequente. Não se trata apenas do fato de Engels, seguindo o panlogicismo de Hegel, estender a atuação da dialética ao reino da natureza, adotando as ciências naturais como regra e modelo. A principal crítica de Lukács refere-se à desatenção ante o vínculo entre método e transformação do mundo, que tende a ignorar o papel da dialética como "álgebra da revolução".

As circunstâncias históricas, a sucessão de insurreições operárias que só foram derrotadas definitivamente no outono de 1923, alguns meses depois da publicação do livro, levaram Lukács a vivenciar a mesma situação de irrupção que possibilitou ao jovem Marx expor sua teoria como "expressão pensada do processo revolucionário". O ponto fulcral da conexão que vincula de forma coerente o conhecimento do presente com a história do marxismo (e com uma nova interpretação da doutrina de Marx), no entanto, pode ser mais bem visualizado a partir da primazia que *História e consciência de classe* concedeu ao conceito de totalidade.

## II.

Lukács considera o ponto de vista da totalidade como uma determinação essencial do método dialético. Somente a adoção dessa perspectiva permitiria ultrapassar a aderência à significação imediata dos objetos que resulta do desenvolvimento da sociedade capitalista. Essa visão é apresentada como critério distintivo do próprio marxismo: "não é o predomínio de motivos econômicos na explicação da história que distingue de maneira decisiva o marxismo da ciência burguesa, mas o ponto de vista da totalidade"[4].

---

[3] Confira Sören Kierkegaard, *Ponto de vista explicativo de minha obra como escritor* (Lisboa, Edições 70, 1986). Sobre a teoria das "esferas", ver também Theodor Adorno, *Kierkegaard: construção do estético* (São Paulo, Unesp, 2010), p. 193-231.
[4] G. Lukács, *História e consciência de classe*, cit., p. 105.

A exigência de uma permanente referência ao todo instaura uma diferença decisiva em relação ao conjunto das ciências burguesas. Permite distinguir o marxismo do ponto de vista burguês não somente pelo método, mas também pelo próprio modo como se agrupa e organiza o conhecimento. A doutrina de Marx diferencia-se radicalmente da divisão do trabalho científico, contrapondo-se à separação do conhecimento em esferas isoladas: "Para o marxismo, em última análise, não há, portanto, uma ciência jurídica, uma economia política, história etc. autônomas, mas somente uma ciência histórico-dialética, única e unitária, do desenvolvimento da sociedade como totalidade"[5].

Totalidade em *História e consciência de classe* indica, porém, mais que uma preocupação com as mediações, com a consideração dos fenômenos sociais como momentos do todo ou mesmo com a superação da dispersão do conhecimento em esferas autônomas pela unificação do saber em uma "ciência histórico-dialética, única e unitária". O decisivo no conceito de totalidade consiste na transição do ponto de vista do indivíduo para a perspectiva das classes sociais. O proletariado assume, assim, uma função crucial no âmbito do conhecimento, concomitante à sua elevação à condição de sujeito e objeto do processo histórico.

Desse modo, concebe-se a totalidade como um fator de determinação tanto do objeto – a totalidade histórica – como do sujeito do conhecimento. Na medida em que este somente pode ser uma classe, o ponto de vista da totalidade torna-se privilégio exclusivo do proletariado. Nas palavras de Lukács, "a realidade só pode ser compreendida e penetrada como totalidade, e somente um sujeito que é ele mesmo uma totalidade é capaz dessa penetração"[6].

## III.

O proletariado, em *História e consciência de classe*, alicerça, portanto, não somente a compreensão correta do método, mas a própria armação do sistema de conhecimento. Concebido como sujeito e objeto do processo histórico, seu ponto de vista, ou melhor, sua consciência de classe torna-se o ponto de conexão e convergência das duas dimensões do marxismo: a prática e a teórica.

Lukács adverte que esse conceito de proletariado jamais pode ser confundido com o mero agrupamento de proletários ou mesmo com a consciência imediata da classe operária. O ponto de vista do proletariado só se efetiva enquanto tal durante o processo revolucionário. Sua consciência de classe – a compreensão do próprio processo histórico – tende à sua essência, ao aspecto ativo, prático, apenas

---

[5] Ibidem, p. 107.
[6] Ibidem, p. 124.

durante as crises agudas da economia capitalista. Afora esses momentos, mantém-se apenas como potencial teórico, em consonância com a crise sempre latente do capitalismo[7].

Somente na insurgência revolucionária o proletariado torna-se uma classe "destinada à compreensão correta da sociedade". Por conseguinte, sua capacidade de alcançar a perspectiva da totalidade assenta-se inteiramente sobre a possibilidade de efetivar-se por meio da práxis: "O proletariado se realiza somente ao negar a si mesmo, ao criar a sociedade sem classes, levando até o fim a luta de classe"[8].

Embora a consciência de classe seja concebida como eminentemente prática, Lukács procurou ancorar nela também a veracidade da teoria. Para tanto, seguindo a lição de Hegel, ressalta que a consciência correta, ou, em seus termos, adequada, impõe uma modificação a si própria e aos seus objetos, o que lhe permitiria projetar "uma passagem sem transição do conhecimento à ação".

A decantação antecipada da dialética insere-se nesse esforço de unificar teoria e prática. Reverberando o dístico de Lenin – "não há prática revolucionária sem teoria revolucionária" –, *História e consciência de classe* reitera sempre que a prática destituída de alguma modalidade de esclarecimento teórico tende a permanecer ineficaz. Assim, caberia primeiro certificar se ela aponta efetivamente para a transformação da realidade, não se restringindo à mera "aparência de vias de ação, de transformação do mundo". Só assim a práxis do proletariado pode transformar-se em "guia da ciência revolucionária".

Essa crítica das premissas das vertentes reformistas completa-se com a advertência de que não é suficiente reconhecer a necessidade da teoria ou mesmo exigir que ela se apodere das massas. É preciso, sobretudo, compreendê-la como dialética revolucionária: "Trata-se, antes, de investigar, tanto na teoria como na maneira como ela penetra nas massas, esses momentos e essas determinações que fazem da teoria, do método dialético, o veículo da revolução"[9].

No entanto, mesmo que se conceda que "a unidade de teoria e práxis é apenas a outra face da situação social e histórica do proletariado"[10], Lukács não deixa de

---

[7] Ver ibidem, p. 126-7. Desnecessário lembrar que, até mesmo na escolha dos termos, Lukács retoma o livro de Rosa Luxemburgo, *Greve de massas, partido e sindicatos* (São Paulo, Kairós, 1979).
[8] G. Lukács, *História e consciência de classe*, cit., p. 191. Maurice Merleau-Ponty foi talvez o primeiro a notar que "é aqui que, para Lukács, aparece o essencial e o que há de mais inovador no marxismo. [...] No proletariado, a consciência de classe não é estado de alma ou conhecimento e, no entanto, não é uma concepção do teórico, porque é uma práxis" (*As aventuras da dialética*, São Paulo, Martins Fontes, 2006, p. 55).
[9] G. Lukács, *História e consciência de classe*, cit., p. 65.
[10] Ibidem, p. 97.

ensaiar uma manobra arriscada, na medida em que procura transferir para o seu aparato teórico a veracidade e a efetividade inerentes à ação revolucionária. A bifurcação presente em seu conceito de "proletariado", segundo a qual este se apresenta ora como "sujeito revolucionário", ora como matriz de um ponto de vista determinante de um conjunto de regras metodológicas – ao mesmo tempo veículo de uma prática transformadora e de uma apreensão correta da realidade –, serve como estratagema para uma tentativa de reciclagem materialista de uma série de conceitos de origem idealista.

Em certa medida, não parece demasiado inferir que a determinação do proletariado como um "sujeito verdadeiramente produtivo", em oposição aos sujeitos meramente contemplativos das filosofias de Kant e Fichte (e também do modo burguês de apreensão da realidade), recompõe, em outro registro, as características da concepção hegeliana de sujeito. Afinal, Lukács não prescinde sequer da definição, própria da *Fenomenologia do espírito**, de um sujeito-objeto idêntico (resultado do desdobramento lógico-filosófico de um processo histórico e social ali narrado)[11].

Entretanto, apesar de concebido como ao mesmo tempo sujeito da ação histórica e fonte de conhecimento da totalidade social – em uma fórmula que segue de perto o receituário hegeliano –, o conceito de "proletariado" em *História e consciência de classe* não se assenta inteiramente sobre o pressuposto (muito combatido pela posteridade) de uma compatibilidade entre a doutrina de Marx e a filosofia do idealismo alemão. Lukács não deixa também de ancorar sua concepção de proletariado – logo, de consciência – na teoria, eminentemente marxista, da reificação.

## IV.

Para explicar a "missão" do proletariado na história, Lukács elaborou uma intrincada teoria sobre sua "consciência de classe", cujo fundamento assenta-se sobre o conceito de "fetichismo da mercadoria". Rebatizado como "reificação", esse fenômeno, ignorado por décadas no âmbito da tradição marxista – e preservado com sinal trocado na sociologia alemã –, foi revitalizado em *História e consciência de classe*. Adquiriu aí uma proeminência tal que não apenas ensejou uma nova interpretação de *O capital*, que o toma como feixe estruturante e princípio explicativo

---

* 4. ed., Bragança Paulista/Petrópolis, Ed. Universitária São Francisco/Vozes, 2007. (N. E.)
[11] Ver, por exemplo, G. Lukács, *História e consciência de classe*, cit., p. 308. István Mészáros mostra como Lukács – para transpor os limites de um conceito concebido do ponto de vista do capital – transforma o sujeito "supraindividual" de Hegel em um sujeito "transindividual" com pleno controle de seu destino, o proletariado (confira *Para além do capital: rumo a uma teoria da transição*, ed. rev., São Paulo, Boitempo, 2011, p. 426-44).

da obra de Marx, mas também consolidou a avaliação do teor da reificação como ponto fulcral das análises e diagnósticos do presente histórico.

Nessa leitura sob vários aspectos inédita de *O capital*[12], Lukács erige a mercadoria à condição de "categoria universal do ser social total". A "relação mercantil", ou melhor, seu resultado inevitável, o "fenômeno da reificação", torna-se assim o nexo decisivo do mundo capitalista, o "protótipo de todas as formas de objetividade e de todas as suas formas correspondentes de subjetividade na sociedade burguesa"[13].

No decorrer do artigo "A reificação e a consciência do proletariado", Lukács não se atém apenas ao impacto do fetichismo da mercadoria na esfera econômica. A investigação do predomínio de relações coisificadas no direito e no Estado – mas também na ciência, na arte e na filosofia – procura comprovar que a mesma reificação à qual o trabalhador está submetido no interior da fábrica encontra-se disseminada por todas as classes e esferas da vida social[14].

Sem poder contar com reflexões na linhagem do marxismo acerca dos impactos da reificação no âmbito da subjetividade, Lukács se viu forçado a recorrer ao arsenal teórico desenvolvido pela sociologia alemã. Institui assim um diálogo crítico com tópicos centrais das obras de Ferdinand Tönnies, Georg Simmel e Max Weber, resultantes de uma incorporação bastante peculiar do conceito de "fetichismo da mercadoria".

Na ótica de Lukács, a organização do processo de trabalho no capitalismo gera uma fragmentação no sujeito que destroça a subjetividade do trabalhador:

> Se perseguirmos o caminho desenvolvido pelo processo de trabalho desde o artesanato, passando pela cooperação e pela manufatura, até a indústria mecânica, descobriremos uma racionalização continuamente crescente, uma eliminação cada vez maior das propriedades qualitativas humanas e individuais do trabalhador. [...] Com a moderna análise "psicológica" do processo de trabalho (sistema de Taylor), essa mecanização racional penetra até a "alma" do trabalhador.[15]

---

[12] Cabe observar que em 1923 ainda não tinham sido publicados muitos dos livros póstumos de Marx, como é o caso de *Manuscritos econômico-filosóficos* (São Paulo, Boitempo, 2004) e de *A ideologia alemã* (São Paulo, Boitempo, 2007).

[13] G. Lukács, *História e consciência de classe*, cit., p. 193.

[14] Lukács complementa e atualiza assim uma pauta que permaneceu implícita em *O capital* (Rio de Janeiro, Civilização Brasileira, 2008). Nesse livro, Marx não chegou a desenvolver os resultados e consequências da expansão da relação mercantil para as demais esferas da sociedade burguesa, tópico que delineou no *Manifesto Comunista* (São Paulo, Boitempo, 1998). Confira Ricardo Musse, "Introdução", em Karl Marx e Friedrich Engels, *Manifesto do Partido Comunista* (São Paulo, Hedra, 2010).

[15] G. Lukács, *História e consciência de classe*, cit., p. 201-2.

O predomínio da forma-mercadoria exige e estimula uma situação necessária tanto para a produção de bens em larga escala como para a intensificação da troca mercantil – a desvinculação dos laços que prendiam os trabalhadores à vida comunitária.

Lukács emprega, portanto, o conceito de reificação como chave explicativa da distinção entre a experiência social no capitalismo e a vivência própria das formas históricas do passado. Em *História e consciência de classe*, a "racionalização" – categoria weberiana – aparece como um subproduto, uma especificação dos efeitos da reificação. Ao subsumir a noção de Weber à teoria de Marx, Lukács descreve a possibilidade de previsão e cálculo progressivamente mais exatos como resultante de um processo histórico, decorrência inevitável da divisão capitalista do trabalho com seu retalhamento da produção em operações parciais abstratas e especializadas.

A racionalização da vida caracteriza-se, na transcrição efetuada por Lukács, pela adequação da ação ao devir das leis objetivas da sociedade, fundamento último da própria possibilidade de cálculo e previsão "racionais". A submissão de todos os indivíduos da sociedade capitalista ao destino comum de "espectadores impotentes", à atitude contemplativa diante dos fatos sociais, é compreendida, no entanto, como uma consequência do fetichismo da mercadoria.

Na interpretação de Lukács – nesse ponto fundamental, oposta à posição defendida por Weber –, o processo de racionalização não é inexorável. Ele argumenta, primeiro, que sua influência restringe-se aos sistemas parciais, uma vez que a conexão entre esses subsistemas reproduz uma série de contradições, cujo aspecto mais visível foi sintetizado por Marx na expressão "anarquia da produção". Em suas palavras, "toda a estrutura da produção capitalista repousa sobre essa interação entre uma necessidade submetida a leis estritas em todos os fenômenos isolados e uma irracionalidade relativa do processo como um todo"[16].

O decisivo, no entanto, consiste na consideração do processo de reificação – concebido como forma constitutiva, como regra universal da objetividade à qual o movimento de racionalização social subordina-se – como um todo não monolítico, cujas brechas possibilitam sua superação e, por conseguinte, facultam a passagem ao socialismo. Na teoria de Lukács, a lógica da produção capitalista estabelece limites objetivos apenas para a consciência de classe da burguesia. A função prática da consciência impede que essa classe – pela própria "possibilidade histórica" – logre compreender que sua conformação constitui uma etapa determinada e transitória da sociedade humana.

---

[16] Ibidem, p. 225.

A organização do proletariado como classe descortina modalidades de ação que suplantam a "atitude contemplativa", generalizada na sociedade pela reificação. Somente quando cotejado em escala individual, como aferição de consciências psicológicas, o operário compartilha a condição de "espectador impotente" com a burguesia. Todavia, uma vez organizado como classe, a "possibilidade objetiva de sua consciência" apresenta-se como a própria negação das formas de vida reificadas[17].

O estremecimento na supremacia da reificação manifesta-se por meio da conjugação simultânea de dois vetores: o agravamento da crise – em suas diferentes dimensões, econômica, política, moral, cultural etc. – e a emergência da ação revolucionária do proletariado. Lukács, no entanto, concentra sua investigação na extensão da reificação para a esfera da subjetividade não só para examinar seus efeitos no conjunto da vida social – especificando suas consequências no Estado, no direito, na ciência, na filosofia, na arte etc. –, mas também como uma rota para elucidar a gênese do reformismo e a subsequente divisão do movimento operário.

*História e consciência de classe* atribui a incapacidade de transformar a sociedade demonstrada pela prática política da Segunda Internacional (e, em particular, pela social-democracia alemã) ao fato de sua práxis predominante encontrar-se presa nas malhas da reificação. Por conseguinte, não é por mera incompatibilidade política que Lukács associa o marxismo da social-democracia à ciência burguesa.

Completa-se assim a equação armada por Lukács. Em sua teoria, o proletariado detém a disposição de apreender a totalidade histórica do capitalismo não por conta de uma mera analogia com o sujeito-objeto idêntico da *Fenomenologia do espírito*, mas porque se trata da única classe da sociedade apta a "compreender as formas reificadas como processos entre homens". Esse movimento de "desalienação", cabe repetir, depende, sobretudo, da capacidade das massas proletárias em encetar a ação revolucionária:

> Justamente porque é impossível para o proletariado libertar-se como classe sem suprimir a sociedade de classes em geral, sua consciência, que é a última consciência de classe na história da humanidade, deve coincidir, de um lado, com o desvendamento da essência da sociedade e, de outro, tornar-se uma unidade cada vez mais íntima da teoria e da práxis.[18]

---

[17] Segundo Lukács, o antídoto deriva do fato de o operário vender sua força de trabalho como uma mercadoria. Na reiteração diária desse procedimento, acaba por reconhecer a essência do processo fundamental da sociedade burguesa: a transformação de seres humanos em coisas.

[18] Ibidem, p. 174.

## V.

Muitos dentre os teóricos da Segunda Internacional procuraram ressaltar a heterogeneidade da classe operária. Atraíram a atenção para as diferenças entre trabalhadores qualificados e não qualificados, empregados e desempregados, a parcela sindicalizada e o lumpemproletariado, a força de trabalho masculina e a feminina etc. Realçaram também desigualdades oriundas de diversidades concernentes à origem social e geográfica, língua e nacionalidade, cultura e religião. Essas considerações, em parte resultado de suas experiências como dirigentes sindicais e partidários, contribuíram para abalar a premissa marxista de "unidade da classe operária".

Lukács se contrapôs firmemente à tese de uma fragmentação irreversível do proletariado, retomando e reforçando a teoria propugnada por Rosa Luxemburgo e Lenin. Empenhado em esquivar-se do pântano das inferências empíricas, busca também recapitular as determinações desse conceito no *Manifesto Comunista*. Nele, Marx, a par de arrolar os fatores que dificultavam a organização da classe operária, apresenta o proletariado como o conjunto daqueles que "só vivem enquanto têm trabalho e só têm trabalho enquanto o seu trabalho aumenta o capital"[19].

*História e consciência de classe* alça tal denominador comum à condição de princípio explicativo e chancela da unidade da classe operária. Mas não deixa de salientar que a coesão do proletariado não é um dado imediato nem tampouco um ponto de partida em sua luta. O processo de autoeducação do proletariado para e pela via da ação revolucionária passa a ter como um de seus alvos precisamente a "unidade da classe operária".

Além disso, a contraprova da efetividade desse conceito, sólida o suficiente para dirimir as controvérsias, havia sido exposta recentemente pela vaga revolucionária na Rússia e na Europa. Lukács atribui a discrepância de resultados da insurreição em diversos países – descartando a tese da ausência de uniformidade no interior da classe operária – ao mencionado processo de autoeducação do proletariado, trazendo assim ao primeiro plano a questão de sua consciência e organização como classe[20].

Instado a se posicionar no debate acerca da melhor forma de ação do proletariado – se a via legal ou a ilegalidade –, Lukács contesta a polaridade que preside a discussão, alertando para os perigos inerentes à transformação de cada uma delas em princípio doutrinário. Enquanto a "visão do mundo legalista" engendra

---

[19] Karl Marx, *Manifesto Comunista*, cit., p. 46.
[20] Mészáros nos lembra que *História e consciência de classe* "reconheceu o caráter trágico das recentes derrotas históricas", sem abandonar a "esperança histórica sob condições em que tudo parecia apontar na direção oposta" (*Para além do capital*, cit., p. 74).

uma orientação direcionada para a inserção institucional, o "romantismo da ilegalidade" tende ao golpismo, subestimando o poder real do Estado e da sociedade capitalista. No limite, ele dissolve, enquanto falsa questão, a dicotomia: "A questão da legalidade ou da ilegalidade para o Partido Comunista se reduz à tática momentânea, à qual dificilmente poder-se-iam ser indicadas diretrizes gerais, uma vez que essa deve ser decidida inteiramente com base em uma *conveniência imediata*"[21].

A autodeterminação do proletariado assenta-se, portanto, sobre sua capacidade de adaptar-se às exigências do momento. Em certa medida, Lukács concebe a ação política como um movimento indeterminado[22]. Essa liberdade tática, no entanto, exige um conhecimento aprofundado do "poder organizado, do direito e do Estado", remetendo, "em última análise, ao problema das ideologias"[23].

Ressalta assim a importância da "batalha das ideias" – o combate "ideológico", como se dizia na época –, elevando-a ao mesmo plano da luta econômica e do enfrentamento político, tópicos favorecidos e em certa medida considerados, até então, na linhagem do marxismo, como exclusivos. Combate imprescindível, sobretudo quando o alvo é a "revolução social", que, diferentemente da "revolução política", não se propõe apenas a substituir a antiga ordem jurídica, sancionando a situação econômica e social vigente. A revolução social altera significativamente todo o ambiente social, afigurando-se para o "homem médio" como uma ameaça catastrófica àquilo que compreende por vida.

Em última análise, a necessidade da "luta ideológica" decorre da autonomia relativa da esfera do pensamento, das opiniões e das representações ante o domínio do econômico[24]. Crítico do economicismo, Lukács concebe o próprio movimento de autoeducação do proletariado, enquanto ensaio para a ação revolucionária, como uma liberação das determinações materiais. Em suas palavras: "Por mais rigorosas e brutalmente materiais que sejam as medidas de coerção tomadas pela sociedade em casos particulares, *isso não impede que o poder da sociedade seja essencialmente espiritual*, do qual apenas o conhecimento pode nos libertar"[25].

A bússola do proletariado nesse combate é o marxismo. Lukács o compreende, no registro delimitado pelo *Manifesto Comunista*, como uma "teoria da revolução".

---

[21] G. Lukács, *História e consciência de classe*, cit., p. 477.
[22] Merleau-Ponty destaca esse ponto no primeiro capítulo de *As aventuras da dialética*, cit.
[23] G. Lukács, *História e consciência de classe*, cit., p. 466.
[24] *História e consciência de classe* se contrapõe, por conseguinte, à interpretação predominante no seio do marxismo desde o *Anti-Dühring*, onde Engels situa a força, isto é, o direito e o Estado, como uma função econômica e social. Segundo Lukács, "a emancipação intelectual e emocional frente à ordem existente não se reduz de forma paralela, simultânea e mecanicamente em relação ao desenvolvimento econômico, mas precede-o, por um lado, e é precedida por ele, por outro".
[25] Ibidem, p. 474-5.

Isso não significa, no entanto, que ele consista apenas em uma reflexão *a posteriori* que transcreva na clave conceitual a ação revolucionária. Ainda que assim concebido esteja umbilicalmente vinculado às vicissitudes do proletariado, o marxismo, enquanto conhecimento voltado para a emancipação, se configura, na versão de Lukács, como uma "teoria da história" – sobretudo em sua aptidão para "reconhecer claramente e exprimir a direção, a tendência e o sentido do processo social, em nome do qual dirige sua ação para o presente"[26].

Não se trata, no entanto, de um saber estático, à disposição do proletariado. O marxismo apresenta-se como um dos palcos principais da luta "ideológica", não só pelo incessante combate que lhe é dirigido pelas mais diferentes correntes do pensamento burguês, mas também ao se tornar objeto de disputa no interior do movimento proletário.

*História e consciência de classe* delimita um espaço considerável para a ação intelectual. No entanto, uma vez que o confronto "ideológico" não se decide em gabinetes, mas pela efetividade da ação do proletariado em suas lutas, desenvolve assim o esboço de uma caracterização da figura do intelectual revolucionário, da qual Lukács foi um dos maiores representantes no século XX.

## VI.

Ex-aluno e colaborador de Lukács, István Mészáros seguiu a trilha aberta por seu mestre, com imprescindíveis correções de rota introduzidas por meio de uma meditação crítica sobre o legado de *História e consciência de classe*, as deformações do programa de Marx por conta do êxito da revolução no "elo mais fraco da corrente", a "volta ao lar" da *intelligentsia* burguesa e as dificuldades de transmitir a bandeira socialista para um amplo movimento de massas.

Os esforços de Mészáros buscam retomar o projeto de Marx de uma revolução econômica e social, contrapondo-se à prevalência das diferentes formas de revolução política que presidiram as fracassadas tentativas de transição ao comunismo durante o século XX. Sua obra estabeleceu talvez o diagnóstico mais profícuo do "socialismo realmente existente", que ele vivenciou na Hungria após a Segunda Guerra Mundial até seu exílio em 1956, complementado pela investigação de seu impacto na teoria e de suas consequências na ação das mais diversas correntes marxistas. Mas, sobretudo, atualizou o "imperativo socialista" por meio de uma reflexão que disseca em detalhes as bases sociometabólicas do capital – referência incontornável, doravante, para qualquer discussão acerca das possibilidades e programas de superação do capitalismo.

---

[26] Ibidem, p. 474.

Indo além dos ganhos trazidos por sua empreitada teórica, concentrados no seu monumental *Para além do capital*, sua trajetória política – moldada por uma incansável defesa do socialismo – credencia-o, em uma era de predomínio da contrarrevolução, como um destacado exemplo e modelo de "intelectual revolucionário".

# PARA ALÉM DO CAPITAL

# A DIALÉTICA DO METABOLISMO SOCIAL E ECOLÓGICO: MARX, MÉSZÁROS E OS LIMITES ABSOLUTOS DO CAPITAL[*]

*Brett Clark e John Bellamy Foster*

Um dos aspectos mais notáveis nos estudos marxistas em décadas recentes tem sido a retomada e o desenvolvimento do argumento de Marx sobre o metabolismo social e ecológico, que foi crucial em sua crítica da economia política. Marx definiu o processo do trabalho em si em termos metabólicos. Conforme escreveu em *O capital*: "Trabalho é, antes de tudo, um processo entre o homem e a natureza, um processo em que o homem, por meio de suas próprias ações, media, regula e controla seu metabolismo com a natureza"[1]. Tal concepção possui duas facetas. Ela capta tanto o caráter social do trabalho, associado à sua reprodução metabólica, quanto seu caráter ecológico, demandando uma relação dialética contínua com a natureza.

As atuais tentativas pioneiras de construir a noção de metabolismo social e ecológico de Marx desenvolveram-se principalmente em duas linhas: (1) a análise do capital como um sistema historicamente específico de reprodução sociometabólica desenvolvida por István Mészáros, o jovem colega de Lukács; e (2) o trabalho dos presentes autores e outros que partiram da noção de Marx de uma "falha metabólica" na relação entre a natureza e a sociedade.

Essas duas vertentes podem ser vistas como tendo uma relação dialética complexa. Portanto, embora o trabalho de Mészáros tenha se preocupado principalmente com questões da reprodução *socio*metabólica, ainda assim gerou algumas das análises mais dialeticamente penetrantes e prescientes sobre o problema ecológico. Da mesma forma, trabalhos recentes sobre metabolismo *ecológico*, com

---

[*] Tradução de Mariana Tavares. (N. E.)
[1] Karl Marx, *Capital* (Nova York, Vintage, 1976, v. 1), p. 283. [Ed. bras.: *O capital*, Rio de Janeiro, Civilização Brasileira, 2008.]

base em Marx, convergiram com a dialética da reprodução sociometabólica, como apontado por Mészáros em *Para além do capital*\*, em que delimita as condições de uma futura sociedade sustentável. Mészáros, em particular, enfatiza que as mudanças qualitativas na ordem social demandadas pela *ecologia* são elementos indispensáveis de um conjunto mais amplo de desafios do mesmo gênero – tal como a necessidade de controle social e a igualdade substantiva –, que definem a luta por um *socialismo* para o século XXI.

## Marx e o metabolismo

O conceito de metabolismo foi cunhado na química e na biologia, no início do século XIX, para o estudo dos processos químicos dos organismos, suas operações biológicas e interações com o meio ambiente. Esse conceito incorpora o complexo processo bioquímico de troca metabólica, por meio do qual um organismo (ou uma determinada célula) extrai materiais e energia de seu meio ambiente e os converte, por meio de diversas reações metabólicas, nos ingredientes de seu crescimento. O conceito de metabolismo permitiu aos cientistas documentar os processos regulatórios e relacionais específicos que direcionam o intercâmbio no interior e entre sistemas – tal como organismos digerindo matéria orgânica. Marx incorporou esse conceito, mas em um contexto muito mais amplo, em todos os seus grandes trabalhos político-econômicos da década de 1850 em diante, o que lhe permitiu iniciar uma análise metabólica da relação dialética entre a sociedade e a natureza. Ele concebeu o metabolismo como tendo "um significado ecológico específico e um significado social mais amplo", apontando a natureza "socioecológica" do conceito de metabolismo[2]. Por necessidade, há uma "interação metabólica" entre os humanos e a terra, já que esta última sustenta a vida. Trabalho é "uma necessidade natural eterna que media o metabolismo entre homem e natureza, e, portanto, a vida humana em si". Por meio do processo de trabalho, os humanos transformam o mundo e a si mesmos, criando história em relação à "condição naturalmente imposta à existência humana"[3].

---

\* Ed. rev., São Paulo, Boitempo, 2011. (N. E.)

[2] Alfred Schmidt argumentou que Marx foi influenciado pela concepção de metabolismo de Jakob Moleschott. Ainda que seja verdade que Marx soubesse do uso do conceito por Moleschott e tenha frequentado suas palestras, o termo "metabolismo" já estava estabelecido na literatura antes que Moleschott o empregasse. Por anos, Marx estudou com atenção o trabalho em agricultura de Liebig e utilizou o conceito em *O capital* de maneira similar. Ver John Bellamy Foster, *Marx's Ecology* (Nova York, Monthly Review Press, 2000), p. 161-2 [ed. bras.: *A ecologia de Marx*, Rio de Janeiro, Civilização Brasileira, 2005]; idem, "Marx's Theory of Metabolic Rift: Classical Foundations for Environmental Sociology", *American Journal of Sociology*, v. 105, n. 2, 1999, p. 381; e Alfred Schmidt, *The Concept of Nature in Marx* (Londres, New Left Books, 1971).

[3] Karl Marx, *Texts on Method* (Oxford, Basil Blackwell, 1975), p. 209 e idem, *Capital*, cit., v. 1, p. 133, 283, 290 e 637-8.

A análise metabólica de Marx reconheceu que os ecossistemas incorporam processos regulatórios específicos que envolvem relações de intercâmbio complexas e históricas, as quais ajudam em sua regeneração e manutenção. Por causa da interpenetração entre sociedade e natureza, os humanos têm o potencial de alterar as "condições naturalmente impostas" de maneiras que ultrapassam limites naturais e minam a reprodução dos sistemas naturais. O conceito de metabolismo permitiu a Marx avaliar as reais interações metabólicas entre natureza e sociedade através do trabalho humano. Ao mesmo tempo, foi capaz de estudar o conjunto de necessidades e exigências em permanente evolução que surgiu com o advento e desenvolvimento do sistema capitalista, o qual transformou o intercâmbio social com a natureza, direcionando-o para a busca constante do lucro.

A permanente reprodução do capital em uma escala cada vez maior intensificou as exigências metabólicas sobre a natureza, introduzindo novas relações sociais e formas de troca socioecológica que seguiram os ditames da acumulação. É aqui que a análise de Marx lança luz sobre as complexas formas em desenvolvimento de estranhamento e degradação do trabalho/natureza na sociedade capitalista. Isso decorre, diz ele, da alienação da força de trabalho humana (ela mesma um agente natural) e, assim, de todo o metabolismo homem-natureza.

## A falha metabólica

Marx combinou a análise do metabolismo com a crítica da economia política, revelando como a agricultura industrializada capitalista criou uma falha metabólica, a qual era reflexo das práticas insustentáveis do sistema como um todo. Valendo-se do trabalho do grande químico Justus von Liebig, Marx observou que o ciclo de nutrientes do solo necessitava da constante reciclagem de nitrogênio, fósforo e potássio, uma vez que as plantas os absorvem conforme crescem. Os resíduos gerados por plantas e humanos nas primeiras sociedades agrícolas não capitalistas costumavam retornar ao solo na forma de fertilizante, ajudando a repor os nutrientes perdidos. Porém, o movimento de cercamento e a privatização da terra que acompanharam o advento do capitalismo criaram uma divisão entre cidade e campo, desalojando grande parte da população rural e expandindo a urbana. Práticas agrícolas intensivas foram utilizadas para aumentar o rendimento. Alimentos e fibras – junto com nutrientes do solo – foram transportados para mercados urbanos a centenas ou mesmo milhares de quilômetros de distância. Os nutrientes essenciais do solo foram acumulados como lixo, poluindo cidades e rios. Essas práticas minaram as condições naturais necessárias para a reprodução do solo. Marx apontou que a agricultura capitalista "perturba a interação metabólica entre o homem e a terra, isto é, impede o retorno ao solo dos componentes consumidos pelo homem sob a forma de alimentos e vestuário; consequentemente, dificulta a operação da eterna condição natural de fertilidade permanente do solo"[4]. Em outras palavras, trata-se de um sistema de roubo, levando a riqueza natural à exaustão em nome do lucro privado.

A agricultura mecanizada de larga escala e o comércio de longa distância intensificaram a falha metabólica no ciclo de nutrientes do solo. Marx apontou que o capital gera "a apropriação universal da natureza" ao tentar subjugar as leis e sistemas naturais aos caprichos da acumulação. "Ele é destrutivo para com tudo isso [a natureza] e constantemente a revoluciona, pondo abaixo todas as barreiras que bloqueiam o desenvolvimento das forças de produção, a expansão das necessidades, o desenvolvimento da produção por toda parte e a exploração e troca das forças naturais e mentais." Práticas agrícolas industriais intensivas são empregadas para manter e aumentar a produção, assim como para superar as limitações impostas pelo ciclo de nutrientes. Marx advertiu que a incorporação da indústria na agricultura forneceu a esta última "os meios de exaurir o solo" e acelerar a taxa de degradação ambiental[5].

O apetite insaciável de acumulação e expansão do capital é reforçado pela dominação do valor de troca sobre o valor de uso, pela concorrência e pela concentração e centralização do capital. O impulso à acumulação incessante amplia o metabolismo social da sociedade, aumentando a exploração e exigências à natureza. Novas tecnologias são usadas, antes de tudo, para expandir a produção e diminuir os custos da força de trabalho. O metabolismo social do capitalismo é cada vez mais separado do metabolismo natural, produzindo diversas falhas metabólicas e formas de degradação ecológica nos ciclos e processos naturais, o que leva a uma violação das leis naturalmente impostas de regulação da produção social que mantêm as condições da natureza.

Parte do trabalho de revelar a destrutiva incontrolabilidade do capital está em deixar claras as relações sociais do sistema, enfatizando a possibilidade e necessidade da transformação social no modo de produção. Marx argumentou que o socialismo oferece a oportunidade de buscar o genuíno desenvolvimento humano. Ao mesmo tempo, enfatizou que a transformação das relações sociais deve envolver também um processo de restauração metabólica. "Ao destruir as circunstâncias adjacentes desse metabolismo, originadas de forma natural e espontânea, [a pro-

---

[4] Idem, *Capital*, cit., v. 1, p. 637.
[5] Idem, *Grundrisse* (Nova York, Penguin, 1993), p. 409-10 [ed. bras.: São Paulo, Boitempo, no prelo]; idem, *Capital* (Nova York, Penguin, 1991, v. 3), p. 950; idem, *Capital*, cit., v. 1, p. 638.

dução capitalista] compele sua restauração sistemática como uma lei de reprodução social reguladora e em uma forma adequada para o desenvolvimento pleno da raça humana". Dessa forma, a restauração metabólica exige a transcendência da alienação que caracteriza o sistema capitalista – não meras reformas no interior do sistema. Marx argumentou que uma sociedade de "produtores associados" era necessária para "governar o metabolismo humano com a natureza de uma forma racional, trazendo-o para seu próprio controle coletivo, ao invés de ser por ele dominado como um poder cego; cumpri-lo com o menor dispêndio de energia e nas condições mais dignas e apropriadas para sua natureza humana"[6]. Aqui, um futuro ecológico sustentável está vinculado a uma transição para uma nova ordem social, trazendo à civilização humana seu desafio maior e mais urgente.

**A necessidade de controle social**

A centralidade da relação humano-social com a natureza e o fato de ela ser mediada por uma forma de trabalho alienada que gera a poluição característica da vida socioambiental da humanidade sob o capital são ilustrados em *A teoria da alienação em Marx* (1970), de Mészáros, vencedor do Deutscher Memorial Prize. Em sua palestra na premiação, publicada pela primeira vez em 1971, Mészáros apresentou seu entendimento da "crise estrutural do capital" que estava emergindo, bem como uma forte crítica ecológica, que antecipou (mas em bases muito mais radicais) o argumento presente em *Limites do crescimento*, desvendado pelo Clube de Roma, em 1972[7]. Os desafios ecológicos e sociais com os quais nos confrontamos são geralmente minimizados, na medida em que a lógica do capital segue inquestionável e várias reformas para sustentá-lo (como melhorias na eficiência energética por meio de incentivos de mercado) são propostas sob o pressuposto de que o sistema pode ser domado para atender às necessidades humanas e preocupações ambientais. Tais posições falharam em lidar com o fato inexorável de que as determinações estruturais do capital devem inevitavelmente seguir oprimindo, ameaçando minar as condições de vida, a não ser que uma mudança sistemática seja perseguida para erradicar por completo a relação do capital. É aqui que Mészáros apresenta uma crítica contundente ao capital e suas tendências persistentemente destrutivas – sempre focando na necessidade de uma nova ordem social.

---

[6] Karl Marx, *Capital*, cit., v. 1, p. 637-8; idem, *Capital*, cit., v. 3, p. 959.
[7] István Mészáros, *A teoria da alienação em Marx* (São Paulo, Boitempo, 2006) e Donella Meadows, Dennis L. Meadows, Jørgen Randers e William W. Behrens III, *Limites do crescimento* (São Paulo, Perspectiva, 1978). Para a crítica de Mészáros deste último, ver István Mészáros, *The Challenge and Burden of Historical Time* (Nova York, Monthly Review Press, 2008), p. 275-8 [ed. bras.: *O desafio e o fardo do tempo histórico*, São Paulo, Boitempo, 2007, p. 248].

Como Marx, Mészáros emprega a noção de metabolismo em sua análise da sociedade humana, apresentando o capital como um sistema historicamente específico de "reprodução sociometabólica". Ele enfatiza a importância de reconhecer como a lógica do capital é totalizadora, de tal forma que as preocupações ambientais não são uma questão isolada. Em vez disso, estão intimamente ligadas às relações socioecológicas da ordem sociometabólica do capital, o que exige enfrentar a questão do controle social. Esse ponto torna-se mais importante apenas quando tentamos abordar os problemas ecológicos globais, como a mudança climática.

O sistema do capital, aponta Mészáros, não é um "'mecanismo' racionalmente controlável". Pelo contrário, é "um *modo de controle sociometabólico, em última instância, incontrolável*". O capital impôs uma forma particular de "intercâmbio produtivo" entre os humanos e a natureza, dado que sua própria lógica de operação é uma "estrutura '*totalizadora*'" de controle à qual tudo o mais, inclusive seres humanos, deve se ajustar, e assim provar sua "viabilidade produtiva", ou perecer, caso não consiga se adaptar."[8]. Dessa forma, a lógica do capital se sobrepõe a tudo, seja ao sistema de saúde, à educação, à produção ou ao meio ambiente. O valor de troca torna-se a medida universal, uma vez que os capitalistas tentam maximizar o lucro. A "determinação mais íntima [do] sistema do capital é *orientada para a expansão* e *movida pela acumulação*"[9]. Não é capaz de "autossuficiência". Deve ser constantemente renovado, impulsionando adiante e revolucionando suas relações de produção, apropriando-se livremente da natureza e subsumindo o mundo ao processo de acumulação.

Dada a contabilidade distorcida do capital enquanto um sistema, que vê o valor de troca, mas não o valor de uso, uma "*equação de valor universal*" domina, "obliterando a incomensurabilidade substantiva em todo lugar". A riqueza pública (a soma de valores de uso, que inclui a riqueza natural) é explorada e reduzida em nome das crescentes riquezas privadas. O capital é baseado no crescimento e expansão constantes, por isso é "fundamentalmente irrefreável" e não pode "reconhecer limites", sejam eles sociais ou naturais. Seu sucesso é determinado somente pela medida em que consegue acumular capital. Como Marx nos *Grundrisse*, Mészáros argumenta que o capital reconhece barreiras que podem ser vencidas, mas não limites no sentido de marcos absolutos. Por isso, incorpora em sua lógica interna uma tendência a ultrapassar todos os marcos objetivos[10].

---

[8] István Mészáros, *Para além do capital*, (ed. rev., São Paulo, Boitempo, 2011), p. 96.
[9] Ibidem, p. 138.
[10] Sobre a dialética de barreiras/limites, que Marx herdou de Hegel e aplicou ao capital, e que Mészáros desenvolveu ainda mais, ver John Bellamy Foster, "Marx's *Grundrisse* and the Ecological Contradictions of Capitalism", em Marcello Musto (org.), *Karl Marx's Grundrisse* (Nova York, Routledge, 2008), p. 93-106.

Ao invés da igualdade substantiva necessária para a universalidade no mundo social, o capitalismo produziu desigualdade, desemprego, exploração, miséria humana, guerra e degradação ambiental. A suposta democracia oferecida ao mundo vem ao custo de privar de seus direitos a maioria da população mundial por meio de ambientes de trabalho alienantes, da sempre presente ameaça de violência pela participação na oposição política e da debilitação da produção da subsistência e das condições de vida.

Mészáros destaca como o esforço para expandir a reprodução do sistema capitalista pode ser assegurado apenas por meio de "várias modalidades de destruição". No processo de realização atual, "*consumo e destruição são equivalentes funcionais*", na medida em que forças destrutivas e do desperdício, como o complexo militar-industrial, irrompem na dianteira do sistema para sustentá-lo. A guerra mundial, mesmo à custa da destruição mútua, permanece um meio de assegurar a posição dominante em um sistema de competição internacional[11]. Além disso, o sistema movido pelo lucro é incapaz de regular de maneira eficaz o metabolismo social entre sociedade humana e natureza, já que a produção capitalista perpetua a destruição ecológica em uma escala que levaria anos para ser recuperada – mesmo se o sistema fosse imediatamente transformado.

Em *A necessidade do controle social*[*], Mészáros aponta que a humanidade deve superar a fragmentação da sociedade e encontrar sua unidade, se deseja sobreviver. No livro, salienta a relação entre a degradação ecológica e a lógica ampla e socialmente incontrolável de desperdício e destruição sob a égide do capital:

> Outra contradição básica do sistema capitalista de controle é que este não pode separar "avanço" de *destruição*, nem "progresso" de *desperdício* – ainda que as resultantes sejam catastróficas. Quanto mais o sistema destrava os poderes da produtividade, mais ele libera os poderes de destruição; e quanto mais dilata o volume da produção tanto mais tem de sepultar tudo sob montanhas de lixo asfixiante. O conceito de *economia* é radicalmente incompatível com a "economia" da produção do capital, que necessariamente causa um duplo malefício, primeiro por usar com desperdício voraz os *limitados recursos* do nosso planeta, o que é posteriormente agravado *pela poluição e pelo envenenamento do meio ambiente humano*, decorrentes da produção em massa de lixo e efluentes. Ironicamente, porém, mais uma vez, o sistema entra em colapso no momento de seu supremo poder; pois sua máxima ampliação inevitavelmente gera a necessidade vital de limites e *controle consciente*, com os quais a produção do capital é estruturalmente incompatível. Por isso o estabelecimento do novo modo de controle social é inseparável da realização dos princípios de uma *economia socialista*, centrada

---

[11] István Mészáros, *O desafio e o fardo do tempo histórico*, cit., p. 89.
[*] São Paulo, Ensaio, 1987. (N. E.)

numa *significativa economia da atividade produtiva*, pedra angular de uma rica realização humana numa sociedade emancipada das instituições de controle alienadas e reificadas.[12]

"A questão", esclarece Mészáros, "não é *se* nós produzimos ou *não* sob *algum* controle, mas sob qual *tipo* de controle; já que nosso estado atual de coisas tem sido produzido sob o 'controle com punho de ferro' do capital, que é conjeturado por nossos políticos para permanecer a força reguladora fundamental de nossa vida também no futuro". A política deve ser emancipada do poder do capital privado, para que o povo conquiste o *controle social* de sua vida produtiva – que inclui o sociometabolismo com a natureza – e do desenvolvimento humano. Mészáros enfatiza que o controle social é um componente necessário para perseguir "uma reestruturação radical do *modo* de intercâmbio humano predominante. Da mesma forma, o controle social é a condição prévia necessária para qualquer relação sustentável com as forças da natureza"[13].

## Os limites ecológicos absolutos do capital

A necessidade de controle social é ainda mais importante quando consideramos o que Mészáros chama de limites absolutos do capital, especialmente em relação à crise ecológica emergente. "Todo sistema de reprodução sociometabólica tem seus limites intrínsecos ou absolutos que não podem ser superados sem transformar o modo de controle predominante em outro qualitativamente diferente"[14]. Ele adverte que, embora os limites absolutos do capital possam ser ativados, não significa que o capital chegue ao fim e deixe de tentar transcender as barreiras que enfrenta. Ao contrário, é perfeitamente capaz de superar tais marcos.

No entanto, a falha em agir diante de uma crise ambiental que ameaça todo o planeta na forma como o conhecemos não deveria soar como surpresa, dada a união entre política e economia. Ironicamente, a incontrolabilidade destrutiva do capital é o que "contribui para adiar o 'dia do acerto de contas' para o próprio capital – ou pelo tempo que o processo de expansão abrangente pode ser sustentado". Como aponta Mészáros, "nem a degradação da natureza nem a dor da devastação social carrega qualquer significado para seu sistema de controle sociometabólico quando comparada com o imperativo absoluto de autorreprodução em uma escala sempre em extensão"[15]. Toda a estrutura do capital existe em uma

---

[12] Idem, *Para além do capital*, cit., p. 1.010.
[13] Ibidem, p. 989 e 988.
[14] Ibidem, p. 142.
[15] Ibidem, p. 47 e 173.

crise fundamental com a natureza que não pode ser resolvida no sistema. Mészáros desenvolve esse ponto, declarando:

> Pois era apenas uma questão de tempo antes que o capital – em seu percurso irrepreensível para ir além dos limites encontrados – tivesse de exceder-se ao contradizer sua lógica interna, por isso colidindo com os limites estruturais intransponíveis de seu próprio modo de controle sociometabólico. [...] Pois hoje é impossível pensar em qualquer coisa relativa às condições elementares da reprodução sociometabólica que não seja letalmente ameaçada pela maneira pela qual o capital se relaciona com elas – a única maneira em que pode fazê-lo. Isso é verdade não só das necessidades energéticas da humanidade ou da administração dos recursos minerais e potenciais químicos do planeta, mas de todas as facetas da agricultura mundial, inclusive a devastação causada pelo desmatamento em larga escala e mesmo a forma mais irresponsável de lidar com o elemento sem o qual nenhum ser humano pode sobreviver: a própria água. [...] Na ausência de soluções milagrosas, a atitude arbitrariamente autoafirmativa do capital para as determinações objetivas da causalidade e o tempo no fim inevitavelmente trazem uma colheita amarga, à custa da humanidade [e da própria natureza].[16]

Ultrapassar os limites ecológicos absolutos – ao ponto em que o mundo inteiro está sendo degradado – traz graves implicações para o futuro da humanidade. Quando a ordem sociometabólica do capital enfrenta limites, "seus componentes destrutivos vêm à tona com uma vingança, ativando o espectro de total incontrolabilidade em uma forma que prenuncia autodestruição tanto para este sistema de reprodução social único quanto para a humanidade em geral"[17]. Ele tenta forçar ainda mais adiante, minando as condições vitais de existência – desde que haja meios para prolongar a acumulação do capital. O debate sobre o clima permanece preso na agonia do capital, na medida em que corporações clamam em apresentar-se como a solução para a degradação ambiental – uma solução que tem como princípio operativo a defesa da ordem sociometabólica existente, que deve permanecer inalterada em todos os seus aspectos essenciais[18].

Mészáros salienta que a derrubada das instituições capitalistas é apenas o primeiro passo para uma sociedade revolucionária. A lógica do "capital deve ser erradicada em todos os lugares" por causa do quão "profundamente enraizada" está "em cada uma das áreas da nossa vida social", incluindo o "processo sociometabólico". "Um processo laborioso de transformação social profunda" deve ser realizado para reorganizar as relações de trabalho e concepções de produção, que ao mesmo

---

[16] Ibidem, p. 174.
[17] Ibidem, p. 44.
[18] Richard York, Brett Clark e John Bellamy Foster, "Capitalism in Wonderland", *Monthly Review*, v. 61, n. 1, maio 2009, p. 4-5.

tempo conserte a falha entre a natureza e a sociedade. Apenas a totalidade do trabalho em oposição ao capital proverá os meios de controle do metabolismo social da vida. Em resumo, "a verdade incômoda do assunto é que, se não há futuro para um movimento de massas radical em nosso tempo, não haverá futuro para a humanidade", porque "o *extermínio da humanidade* é o concomitante final do curso de desenvolvimento destrutivo do capital"[19].

**Triângulos elementares: um sistema sustentável de reprodução sociometabólica**

O caminho para uma sociedade sustentável, portanto, necessita do controle social sobre a ordem de reprodução sociometabólica, que engloba todas as esferas da vida produtiva, incluindo o que é produzido e como é produzido, bem como as relações sociais com a natureza. Marx argumentou que uma sociedade de produtores associados deve viver no âmbito do "metabolismo prescrito pelas leis naturais da própria vida", a fim de assegurar as condições vitais de existência para as gerações presente e futuras. Ao mesmo tempo, essa abordagem permitiria que os ecossistemas continuassem a funcionar e a prover os diversos serviços ecológicos que enriquecem o mundo e dão suporte a outras formas de vida[20].

Nesse aspecto, há uma síntese necessária entre Marx e Mészáros, na formulação de uma concepção de transição para um sistema sustentável de reprodução metabólica social. Tanto a igualdade substantiva quanto a sustentabilidade ecológica são os pilares de uma sociedade livre dos ditames e da lógica do capital. Essas considerações ajudam a superar as divisões inerentes ao desenvolvimento do capital enquanto um sistema. A igualdade substantiva ajuda a superar o isolamento social e a alienação que caracterizaram as relações capitalistas. A sustentabilidade ecológica implica superar a alienação em relação à natureza. Os problemas ambientais contemporâneos mais urgentes estão intimamente ligados à operação do capital. Portanto, a ação social demanda incorporar uma crítica ao próprio capital, a fim de erradicar um sistema baseado na expansão constante e descontrolada, independentemente das consequências socioecológicas.

Influenciado pela concepção de Marx de uma sociedade de produtores associados e pela teoria da transição de Mészáros, Hugo Chávez propôs um novo socialismo para o século XXI, enraizado no "triângulo elementar do socialismo". Esse

---

[19] István Mészáros, *O desafio e o fardo do tempo histórico*, cit., p. 149 e 252; idem, *Socialism or Barbarism* (Nova York, Monthly Review, 2001), p. 97-107. [Ed. bras.: *O século XXI: socialismo ou barbárie?*, São Paulo, Boitempo, 2003.]
[20] Idem, *Para além do capital*, cit.; Gretchen C. Daly (ed.), *Nature's Services* (Washington, Island, 1997); Karl Marx, *Capital*, cit., v. 3, p. 283, 949 e 959.

roteiro para uma nova sociedade consiste de: (1) propriedade social; (2) produção social organizada pelos trabalhadores; e (3) satisfação das necessidades comunais. O controle social serve como as raízes que dão base a essa transformação para uma ordem metabólica socialista. Michael Lebowitz explica que, se o socialismo falhar em incorporar esses três aspectos simultaneamente, não ganhará força e deixará de ser sustentável[21].

Está claro que esse *triângulo elementar do socialismo* está dialeticamente interconectado com o que pode ser chamado de *triângulo elementar da ecologia*, conforme prescrito pelas leis naturais da vida: (1) uso social, não propriedade, da natureza; (2) regulação racional pelos produtores associados do metabolismo entre humanos e natureza; e (3) satisfação das necessidades comunais – não apenas da geração presente, mas também das futuras. Marx insistiu que o desenvolvimento humano deve estar enraizado em relações humanas sustentáveis no que diz respeito ao mundo material, demandando vigilância constante e um povo cientificamente informado[22]. Como resultado, os dois triângulos devem tornar-se um, permitindo a "uma sociedade inteira [...] legá-la [a terra] em um estado melhorado para as gerações seguintes"[23].

Ao ganhar controle social sobre a ordem sociometabólica, enfatiza Mészáros, é preciso erradicar por completo a relação do capital, construindo uma base inteiramente nova para a sociedade e suas relações sociais. Hoje, essa reorientação radical em direção à igualdade substantiva é particularmente evidente nas lutas associadas às Revoluções Bolivarianas na Venezuela e a outras partes da América Latina. Para Mészáros, a criação de uma relação mais ecológica para a humanidade não é um problema isolado, mas uma parte indispensável, até mesmo definidora – embora, ainda, uma parte –, da luta para criar uma ordem social qualitativamente nova dedicada à realização das necessidades humanas genuínas. Conforme escreve em *O desafio e o fardo do tempo histórico*,

> a ecologia [...] é um aspecto importante, mas subordinado, da necessária *redefinição qualitativa* do uso de bens e serviços produzidos, sem o qual a defesa da ecologia permanentemente sustentável da humanidade – novamente, uma necessidade absoluta – pode ser nada mais que uma piedosa esperança.[24]

---

[21] Michael Lebowitz, "The Path to Human Development", *Monthly Review*, v. 60, n. 9, fev. 2009.
[22] Ver John Bellamy Foster, *The Ecological Revolution* (Nova York, Monthly Review Press, 2009), p. 32-5.
[23] Paul Burkett, "Marx's Vision of Sustainable Human Development", *Monthly Review*, v. 57, n. 5, 2005, p. 34-62 e Karl Marx, *Capital*, cit., v. 3, p. 911.
[24] István Mészáros, *O desafio e o fardo do tempo histórico*, cit., p. 292.

Nessa visão dialética e universal, exemplificada por Mészáros, o problema da construção de um sistema de metabolismo social e ecológico viável – em contraste com o argumento de *Limites do crescimento*, que finge que o problema é o caráter abstrato do "crescimento", não o próprio sistema do capital – torna-se um aspecto central de um processo revolucionário de amplo alcance. Esse processo exige, para a sua realização, controle *social* – tirando o poder determinante da agência do *capital* e colocando-o de volta no seio da população soberana. Trata-se de "colocar em uso humanamente recomendável e recompensador o *potencial* alcançado de produtividade, em um mundo atual de desperdício criminoso de recursos materiais e humanos"[25]. Uma sociedade sustentável é realizada apenas por meio do desenvolvimento de uma sociedade qualitativamente diferente, regida pela igualdade substantiva, que permite a expansão universal da noção de ecologia, para além da concepção usual alienada e reducionista. A falha no metabolismo ecológico requer que a falha no metabolismo social seja superada.

---

[25] Ibidem, p. 278.

# MÉSZÁROS E AS CONDIÇÕES ESTRATÉGICAS DE UMA TEORIA SOCIALISTA DA TRANSIÇÃO

Rodrigo de Souza Dantas

I.

Ainda que os capitalistas sejam afastados em alguns países, enquanto suas posições se mantêm inalteradas em outros, o problema não está na possibilidade de os capitalistas que continuam no controle do processo metabólico em outros lugares se unirem contra a revolução e sitiá-la. É muito pior que isso. A questão fundamental é, e permanece sendo, a *dinâmica interna* do processo de reprodução social do capital e o seu *comando sobre o trabalho*. Ao remover os capitalistas da estrutura de tomada de decisões de um país – isoladamente ou em muitos deles – o *comando sobre o trabalho* não é, *ipso facto*, restituído ao trabalho. O proprietário capitalista dos meios de produção funciona como a *personificação do capital*; sem o capital o capitalista não é nada: uma relação cuja recíproca obviamente não é verdadeira. Em outras palavras, seria absurdo sugerir que sem os proprietários capitalistas privados dos meios de produção o capital não é nada. Isto porque as personificações possíveis do capital não estão, de modo algum, confinadas à variedade capitalista privada; nem sequer na estrutura de um sistema "capitalista avançado".[1]

Para István Mészáros, o que define o sistema do capital em todas as suas formas históricas não é a propriedade privada dos meios de produção nem o controle do Estado pelos capitalistas; não é a existência de uma economia de mercado nem a motivação do lucro como força reguladora da produção; não é a extração economicamente compulsória da mais-valia nem sua apropriação privada. Esses atributos definem características estruturais do capitalismo, mas o que Mészáros pensou

---
[1] István Mészáros, *Para além do capital* (ed. rev. São Paulo, Boitempo, 2011), p. 718-9.

como o sistema global do capital não está restrito à sua "variedade capitalista privada". Ele abrange suas variedades "pós-capitalistas", baseadas na estatização dos meios de produção, no controle estatal do processo global de produção e reprodução social e na extração politicamente motivada ou imposta da mais-valia, assim como todas as formas da sociabilidade caracterizadas pela

> mais elevada extração praticável do trabalho excedente por um poder de controle separado, em um processo de trabalho conduzido com base na subordinação estrutural hierárquica do trabalho aos imperativos materiais da produção orientada para a acumulação – "valor sustentando-se a si mesmo" (Marx) – e para a contínua reprodução ampliada da riqueza acumulada.[2]

Independentemente do fato de que as formas particulares que assumem a personificação do capital, o controle do processo de trabalho, o papel do Estado e os modos de extração de trabalho excedente possam variar de maneira considerável, o que define todas as formas historicamente possíveis do sistema do capital é a mais completa subordinação da totalidade histórica do processo de produção e reprodução social da vida e de seu intercâmbio com a natureza aos imperativos inerentemente autoexpansivos do processo global de autovalorização do valor como capital. Do ponto de vista da autovalorização do valor, tanto a natureza como o processo de trabalho existem, antes de tudo, como simples suportes materiais do processo global de produção do capital, subsumidos nas condições concretas de sua existência pelas necessidades objetivas da produção orientada para a reprodução sempre ampliada do valor.

A necessidade de uma ruptura global com o capital nasceu da sociedade capitalista como expressão da contradição antagônica que separa os indivíduos do controle socialmente automediado das condições de produção de sua própria existência comum. As revoluções socialistas que sacudiram aquele que foi até aqui o século mais revolucionário da história humana representaram a materialização concreta da necessidade histórica de resolver essa contradição pela única forma prática em que ela pode ser resolvida: pela atividade histórica dos "produtores livremente associados" (Marx). A consciência histórica dessa necessidade, tal como formulada por Marx, pode ser assim sintetizada: sob o processo global de autovalorização do valor, as relações sociais de produção, propriedade e poder se baseiam em uma contradição antagônica que só poderá vir a ser superada se os que produzem socialmente a riqueza do mundo objetivamente instituído pela mediação de sua práxis criadora chegarem a controlar e determinar, a partir de si mesmos, o

---

[2] Ibidem, p. 781.

processo global de produção e reprodução social da vida como sua propriedade comum e resultado concreto de sua atividade autodeterminada e socialmente automediada, coordenada e planejada de forma racional pelos próprios sujeitos sociais em vista de seus fins humanamente comuns e universais.

Todavia, as revoluções socialistas que eclodiram no século XX e tiveram de se desenvolver sob condições e circunstâncias as mais adversas, porque não foram capazes de suprimir a relação antagônica entre o processo de trabalho e as condições objetivadas e alienadas de seu comando, não puderam romper com as determinações estruturais do sociometabolismo do capital[3]. Se o controle estatal dos meios de produção na URSS foi capaz de impulsionar, sob a mistificação ideologizada do imperativo material da "acumulação socialista", o mais acelerado processo de industrialização, expansão e desenvolvimento das forças produtivas na história, a necessária transferência progressiva do poder sobre as estruturas produtivas, reprodutivas e decisórias da vida social para o controle socialmente automediado dos "produtores livremente associados" não ocorreu nem na União Soviética nem em nenhuma das sociedades pós-revolucionárias.

As sociedades que emergiram das revoluções operárias e camponesas que tomaram o poder do Estado e expropriaram a propriedade privada dos meios de produção para colocá-los sob controle estatal em países que concentravam um terço da população mundial, sob a pressão do mundo capitalista hostil, não foram capazes de fazer, para todos os efeitos, com que o controle despótico sobre o trabalho deixasse de existir como poder separado, objetivado e alienado em relação aos próprios trabalhadores. Sob condições internas e externas em que o desenvolvimento acelerado das forças produtivas se lhes impôs como questão de sobrevivência, elas não puderam criar as condições objetivas e subjetivas indispensáveis à ruptura revolucionária com o sistema global do capital e ao desenvolvimento irreversível da transição histórica a uma sociedade socialista.

---

[3] Em sua caracterização do processo autoexpansivo do capital como processo em que se produz e se reproduz continuamente a objetivação alienada do trabalho social, Marx define assim as condições estruturais sob as quais o capital dá origem ao capitalista como sua personificação concreta e, de resto, a todos os "seus possíveis equivalentes sob diferentes condições sócio-históricas": "A reprodução e a *valorização*, isto é, a *expansão* dessas *condições objetivas*, são simultaneamente sua reprodução e sua nova produção como a riqueza de um sujeito estranho, indiferente à capacidade de trabalho e que a enfrenta independentemente. O reproduzido e o novamente produzido são não apenas o *ser* dessas condições objetivas do trabalho vivo, mas *seu ser como alheio* ao trabalhador, tal como confronta sua capacidade de trabalho vivo. As *condições objetivas* do trabalho ganham uma existência *subjetiva* contrária à capacidade do trabalho vivo – o capital dá origem ao capitalista". Karl Marx, Economic Works: 1861-64, Marx/Engels Collected Works (MECW), v. 34 (Moscou, International Publishers, 1994), p. 123. Itálicos de Marx.

Para Mészáros, as condições estruturais determinantes para que o capital mantivesse seu domínio sobre as estruturas produtivas e reprodutivas do ser social nas sociedades pós-revolucionárias foram propiciadas: pela divisão social hierárquica do trabalho herdada; pela estrutura objetiva do aparato produtivo disponível; pela forma historicamente limitada e atrasada do conhecimento tecnocientífico e das forças produtivas; e pelos imperativos materiais imediatos que, a partir dessa herança, sob condições internas e externas as mais desfavoráveis, circunscreveram as possibilidades de seu desenvolvimento histórico.

Em um contexto cujo ponto de partida foi a guerra e a completa devastação de suas forças produtivas, em que a revolução socialista mundial foi decisivamente bloqueada no curso de seu desenvolvimento por sua derrota nos países imperialistas e acabou sitiada na União Soviética, todas as determinações organizacionais herdadas dificilmente poderiam abrir espaço a uma reestruturação radical e irreversível de toda a ordem sociometabólica. Quaisquer que fossem os desenvolvimentos pós-revolucionários empreendidos sob os limites de um grande atraso socioeconômico, cultural e tecnocientífico, da devastação provocada pelas guerras, do isolamento imposto pelo mundo capitalista hostil e do posterior confinamento da revolução, no pós-guerra, a um punhado de países coloniais, de uma forma ou de outra, a necessária transferência progressiva do poder aos "produtores livremente associados" não poderia ter se desenvolvido adequadamente em um ambiente em que as condições objetivas e subjetivas imprescindíveis ao desenvolvimento histórico da revolução socialista mundial tinham sido decisivamente bloqueadas pelo imperialismo por meio de uma sucessão de guerras, golpes de Estado e as mais sanguinárias ditaduras.

Nesse quadro, os vínculos e conexões da URSS e das demais sociedades pós-revolucionárias com o sistema imperialista global do capital monopolista, ao assumirem a forma antagônica de uma coexistência "pacífica" marcada pela competição e pela oposição potencialmente mortal, levaram a URSS e o conjunto dessas sociedades a ter de se confrontar, em todos os planos – econômico, militar, científico, tecnológico etc. –, com países imperialistas cujo desenvolvimento das forças produtivas era consideravelmente mais elevado. Estavam dadas as condições para que a dialética das determinações estruturais internas e externas subjacentes às sociedades pós-revolucionárias criasse um quadro em que a constelação de condições objetivas e subjetivas inerentes a todas as formas historicamente concebíveis do sistema do capital não pôde deixar de prevalecer. Bloqueou-se assim o processo de seu desenvolvimento nos marcos regressivos de uma sociedade estatizada sob o controle autocrático e repressivo de uma burocracia privilegiada que, como havia previsto Trotski, haveria de conduzir esses países, mais cedo ou mais tarde, à restauração do capitalismo.

Ao fim, a prova da história demonstrou cabalmente em que medida submeter a propriedade dos meios sociais de produção e as posses materiais dos capitalistas ao controle estatal não significa, de modo algum, proceder ao que Mészáros pensou como a "total erradicação do capital como comando sobre o trabalho". Para isso, seria necessário superar, de forma irreversível, a objetivação alienada do trabalho sob todos os seus aspectos, sobretudo no que diz respeito à necessária dissolução do Estado como estrutura de comando separada e acima dos indivíduos.

Para impedir que o domínio objetivado e alienado do trabalho morto sobre o trabalho vivo possa se autoperpetuar como domínio do capital sobre o trabalho, e das personificações historicamente concebíveis do capital sobre os próprios trabalhadores, é imprescindível restituir ao controle socialmente automediado dos "produtores livremente associados" o poder sobre as condições concretas de produção e reprodução social de sua existência comum. Não estamos aqui diante do que ainda pode ser considerado como um objetivo político estratégico passível de ser dissociado dos meios e processos concretamente empregados para sua realização.

A lição histórica que podemos aprender de forma retrospectiva é muito clara: no desenvolvimento politicamente estratégico e imprescindível do poder socialmente automediado dos "produtores livremente associados" como processo histórico irreversível – o único capaz de suprimir pela raiz as condições objetivas e subjetivas da sociabilidade antagônica e alienada do capital – reside o conteúdo universal do que Marx pensou como o sujeito histórico, o princípio motor, o instrumento político, o fim estratégico e o resultado concreto do processo histórico de transição do sistema global do capital a uma sociedade comunista.

## II.

Lenin, Trotski e os principais dirigentes bolcheviques da Revolução Russa nunca deixaram de ressaltar que o destino da revolução soviética estava estrategicamente ligado ao destino da revolução socialista mundial, e que o destino da revolução mundial não poderia deixar de estar estrategicamente ligado ao seu destino nos principais países imperialistas da Europa. Antes deles, Marx já havia assinalado que a revolução socialista só poderia se desenvolver em escala mundial – e, para isso, seria imprescindível que ela pudesse de fato irradiar-se pelo mundo a partir dos países com o mais elevado desenvolvimento das forças produtivas no interior do sistema global do capital.

De fato, o destino da revolução socialista mundial no século XX foi decidido pelo destino da revolução nos principais países do mundo capitalista. Inversamente, podemos também dizer que as condições de existência do mundo capitalista e a própria permanência histórica do sistema do capital, em meio aos dramáticos embates entre revolução e contrarrevolução que marcaram o século XX, foram decisivamente viabilizadas pelo processo histórico que produziu as condições objetivas e subjetivas da integração subordinada do proletariado europeu e norte-americano e de suas organizações sociais, sindicais e políticas à sociedade e ao Estado burgueses. Trata-se, portanto, de compreender como o sistema do capital engendrou, em seu processo de expansão imperialista, as condições objetivas e subjetivas da

> fatal involução da social-democracia ocidental — a partir de sua articulação original como força comprometida com a emancipação do trabalho, passando por força intermediária de organização que ainda professa a instituição do socialismo, no tempo devido, por meio de reformas graduais, para finalmente se tornar um partido liberal burguês e o patrocinador da eterna dominação do capital e de sua "economia de mercado" que não poderia ser jamais transcendida.[4]

A partir de seu domínio da hierarquia do sistema global do capital, os países imperialistas lograram assegurar a elevação dos padrões de vida de suas classes trabalhadoras, criando as condições materiais a partir das quais a ação parlamentar reformista da social-democracia e dos sindicatos a ela associados consolidou-se historicamente como estratégia defensiva que assimilou a subordinação estruturalmente antagônica do trabalho ao capital, em troca do que mais tarde viria a ser denominado Estado de bem-estar social.

Esse processo de adaptação subordinada da social-democracia ao regime político burguês e ao capitalismo imperialista, que já havia se manifestado decisivamente em sua adesão à Primeira Guerra Mundial, em sua recepção hostil à Revolução Russa, em seu papel crucial no esmagamento da Revolução Alemã e em sua rejeição a ingressar na Terceira Internacional e assumir a direção da revolução europeia, explica por que, nas situações revolucionárias que se abriram na Europa (1917-1923, 1944-1948 e 1968-1979), o papel da social-democracia reformista — aliado ao papel do nacionalismo, do fascismo e da guerra contrarrevolucionária, no primeiro caso, e ao papel exercido pelos partidos comunistas ligados à URSS, nos dois últimos — foi decisivo para dividir a classe trabalhadora e assegurar a estabilização do imperialismo como condição necessária ao desenvolvimento de sua bem-sucedida expansão econômica, política, militar e cultural em escala planetária.

As consequências concretas desse processo, longe de se restringir à Europa, revelaram-se decisivas para o destino da revolução socialista mundial no século XX.

---

[4] István Mészáros, *Para além do capital*, cit., p. 777.

Os ganhos que a ação reformista da social-democracia foi capaz de obter para a classe trabalhadora dos países imperialistas, sustentados materialmente pela expansão imperialista do capital, mais do que a renúncia à estratégia socialista e à própria independência e consciência de classe dos trabalhadores, consolidaram, na prática, a quebra da solidariedade internacional da classe trabalhadora em um cenário em que crises e situações revolucionárias começavam a se desenvolver de forma cada vez mais aguda na periferia colonial do mundo capitalista.

Em um quadro como esse, a sucessão de revoluções que sacudiram o mundo no pós-guerra, nascidas das lutas anti-imperialistas pela independência nacional dos países da Ásia, África e América Latina, quando não terminaram inviabilizadas por guerras e ditaduras contrarrevolucionárias fomentadas pelo imperialismo, ou quando não puderam ultrapassar os marcos do nacionalismo burguês e de um programa desenvolvimentista empreendido a partir da ação estatal, ficaram confinadas a um punhado de países coloniais cuja posição subordinada na divisão internacional do trabalho e acentuada debilidade de suas forças produtivas colocavam como tarefa central dessas revoluções a reconstrução de tais países na perspectiva de sua independência em relação ao imperialismo, de seu alinhamento com a burocracia soviética e da criação das condições objetivas de seu desenvolvimento nacional a partir da estatização dos meios de produção e do planejamento burocrático-estatal.

## III.

À luz dos desenvolvimentos históricos do século XX, a teoria de inspiração marxista que definiu o Estado como uma mera superestrutura política condicionada pela infraestrutura econômica das relações de produção mostrou-se um equívoco fatal em uma época em que a existência do Estado como "estrutura de comando político do capital" (Mészáros) e o papel por ele exercido na luta de classes e em todo o processo global de desenvolvimento histórico dos países imperialistas, dos países coloniais e das sociedades pós-revolucionárias no século XX revelaram-se absolutamente decisivos para preservar as condições de existência do sistema global do capital – e continuam a ser imprescindíveis em uma época em que a crise estrutural do sistema global do capital, pontuada por crises de superprodução cada vez mais agudas e frequentes, torna o capitalismo cada vez mais dependente do Estado.

Uma vez que o Estado mostrou ser uma determinação estrutural do sistema do capital, uma alternativa socialista jamais poderá se desenvolver sem que, após a necessária tomada do poder de Estado e a expropriação dos expropriadores, possam se desenvolver as condições objetivas e subjetivas pelas quais o conjunto dialeticamente combinado de todas as funções produtivas, reprodutivas e decisórias do capital e do próprio Estado possa ser progressivamente absorvido pelos próprios "produtores livremente associados", e não heteronomamente determinado por qualquer autoridade política imposta e acima deles.

Na obra de Mészáros, o imperativo estratégico da progressiva dissolução do capital e do Estado pela atividade histórica dos "produtores livremente associados", tal como elaborado por Marx para depois ser abandonado tanto pelo stalinismo como pela social-democracia ocidental, mais do que ser uma chave de leitura crucial para o balanço histórico das condições sob as quais a revolução socialista mundial não pôde triunfar no século XX, readquire toda a sua centralidade para a elaboração de uma teoria socialista da transição em uma época em que a necessidade histórica da rearticulação de uma estratégia socialista global se torna cada vez mais premente diante da desorientação e desarticulação estratégicas das lutas que resistem, de forma defensiva, pontual e fragmentária, às determinações regressivas da crise estrutural do capital.

# ISTVÁN MÉSZÁROS: UM MARXISMO PARA AS REVOLUÇÕES DO SÉCULO XXI
*Valério Arcary*

> *Duas luvas da mão esquerda não perfazem um par de luvas.*
> *Duas meias verdades não perfazem uma verdade.*
> Eduard Douwes Dekker, ou Multatuli, *Ideias*

> *Se o vaso não está limpo,*
> *tudo o que nele derramares se azeda.*
> Horácio, *Epístolas 1.2*

István Mészáros é uma das vozes mais lúcidas na denúncia do neoliberalismo. O seu marxismo se destacou porque o filósofo pensou além, com altivez e grandeza, e, por isso, permaneceu, década após década, um irreconciliável anticapitalista. A crítica que Mészáros construiu ao neoliberalismo hegemônico não o aproximou daqueles que censuravam os mantras liberais a partir de uma perspectiva nostálgica do pós-guerra (1945-1979), no qual as políticas estatistas keynesianas foram dominantes – o marxismo de Mészáros é antiestatista. Tampouco se reconciliou com projetos restauracionistas controlados, como na China – o marxismo de Mészáros é internacionalista.

O argumento de que não existiria alternativa político-histórica superior ao neoliberalismo, assumido como programa político pelos partidos conservadores em escala mundial e, depois, também pela social-democracia europeia, sobretudo na restauração capitalista na ex-URSS e no Leste Europeu, não resistiu à prova da história. Mas foi, evidentemente, muito influente nas últimas três décadas. Apesar do conteúdo histórico-social regressivo das reformas implantadas, encontrou resistência frágil nos meios acadêmicos. Tal se verificou porque a luta de classes é também uma luta ideológica. Uma luta em que se pode estar, dependendo das circunstâncias político-históricas, na ofensiva ou na defensiva. O marxismo de Mészáros inspirou aqueles que não renunciaram a essa luta em um momento de terrível defensiva.

É verdadeiro que a experiência soviética demonstrou que a transição ao socialismo seria muito mais complexa do que o marxismo do século XIX imaginara. Mas essa é somente uma meia verdade. É fato que os regimes de partido único que se autoproclamavam socialistas foram ditaduras que cometeram crimes aberrantes. Mas essa é somente outra meia verdade. Porque é verdade também que a propriedade estatizada e o planejamento econômico promoveram façanhas colossais na URSS, na China e em Cuba. E não é menos correto que seria inimaginável a regulação econômica do capitalismo norte-americano, europeu e japonês sem a vitória das revoluções sociais do século XX. O marxismo de Mészáros alimenta com paixão e compaixão uma avaliação das vicissitudes do combate histórico pelo socialismo do século XX. É o marxismo de quem ainda aposta na capacidade dos trabalhadores de serem o sujeito de sua própria emancipação.

Face ao colapso da ex-URSS e à crise da esquerda, as obras de Mészáros insistiram em uma crítica radical do capitalismo e na defesa da atualidade do socialismo, e escaparam às duas tentações mais simplificadoras: o retorno às fórmulas keynesianas estatistas ou a defesa de alguma versão de socialismo de mercado. As obras de Mészáros se inscrevem na linhagem do marxismo revolucionário que considera que o sistema capitalista entrou, irreversivelmente, em decadência histórica. Afirmam a necessidade do socialismo como socialização da produção social. Para ir além do capital, argumentou Mészáros, seria necessário ir além dos programas nacionalistas de estatização da propriedade privada de alguns setores econômicos estratégicos que inspiraram a maior parte da esquerda socialista no século XX. Embora progressivos, esses programas seriam insuficientes para romper com o capital, um sistema mundial. Mészáros nos diz:

> Vivemos na era de uma crise histórica sem precedentes. Sua severidade pode ser medida pelo fato de que não estamos frente a uma crise cíclica do capitalismo mais ou menos extensa, como as vividas no passado, mas a uma crise estrutural – profunda – do próprio sistema do capital. Como tal, essa crise afeta, pela primeira vez em toda a história, o conjunto da humanidade, exigindo para esta sobreviver algumas mudanças fundamentais na maneira pela qual o metabolismo social é controlado [...] O capital, no século XX, foi forçado a responder às crises cada vez mais extensas (que trouxeram consigo duas guerras mundiais, antes impensáveis) aceitando a "hibridização" sob a forma de uma sempre crescente intromissão do Estado no processo socioeconômico de reprodução como um modo de superar suas dificuldades, ignorando os perigos que a adoção desse remédio traz, em longo prazo, para a viabilidade do sistema.[1]

---

[1] István Mészáros, "A crise estrutural do capital", em *Outubro* (São Paulo, Xamã), n. 4, mar. 2000, p. 11. Esse artigo corresponde à introdução escrita por Mészáros para a edição em farsi, publicada por exilados iranianos, do seu livro *Para além do capital* (ed. rev., São Paulo, Boitempo, 2011). A versão em inglês foi publicada na revista *Monthly Review*, fev. 1998, sob o título *The Uncontrollability of Globalizing Capital*.

Ao longo dos últimos 150 anos, a interpretação marxista afirmou que o antagonismo principal do capitalismo seria a oposição entre o capital e o trabalho. Os marxistas nunca sustentaram, evidentemente, que essa contradição, expressa no protagonismo proletário na luta de classes, fosse o único conflito da época histórica. Argumentaram, todavia, que seria o mais decisivo para o destino da vida civilizada. Reconheceram a legitimidade das lutas das nações oprimidas contra Estados opressores. Abraçaram a luta pelas liberdades contra os regimes tirânicos. Assumiram a justiça das reivindicações feministas contra uma ordem social patriarcal. Admitiram a gravidade crescente da crise ambiental. Acusaram o racismo e fizeram sua a luta contra a homofobia. Denunciaram que a preservação tardia do capitalismo ameaçaria a sobrevivência mesma da civilização. Cunharam a palavra de ordem, ao mesmo tempo um chamado à luta e um prognóstico: socialismo ou barbárie. Mészáros é um herdeiro desse marxismo.

Mas, acima de tudo, os marxistas hierarquizaram a luta do proletariado contra a propriedade privada como a sua principal causa, porque identificaram os trabalhadores como o sujeito social capaz de derrotar o sistema. O que os diferenciou de outros lutadores sociais não foi nem o seu obreirismo nem a sua resistência à luta por reformas. Foi a resistência dos reformistas, fossem sindicalistas, nacionalistas, democratas, feministas, ecologistas ou antirracistas, de unir as suas justas reivindicações ao combate decisivo de nossa época histórica, a luta política para derrotar o capitalismo. Essa luta é política porque exige instinto de poder. Todos os movimentos sociais que se recusaram à luta política perderam, mais cedo ou mais tarde, o instinto de poder. Esse impulso é, ao mesmo tempo, intuição e perspectiva estratégica, consciência de classe e programa. Esse discernimento demonstrou-se indispensável para a construção de um bloco das classes exploradas e oprimidas. Renunciar à política é demitir-se da luta pelo poder. Aqueles que o fizeram abraçaram objetivamente uma prática de reformas do capitalismo.

Mészáros é herdeiro de um marxismo que alerta que a época das reformas ficou para trás. O capitalismo contemporâneo é um sistema incapaz de autorregulação. O que não é o mesmo que dizer que as reformas são impossíveis. Significa reconhecer com serenidade que as poucas reformas do sistema com conteúdo histórico-social progressivo estão permanentemente ameaçadas pela eclosão da próxima crise do ciclo que caracteriza o metabolismo do capital.

Esta análise mais ortodoxa estava fundamentada na apreciação da dificuldade do capitalismo regular-se a si próprio, a não ser por períodos historicamente efêmeros e diante de circunstâncias excepcionais: quando desafiado pelo perigo de contágio de situações revolucionárias, como depois da vitória de revoluções sociais, ou quando colocado diante de catástrofe mundial diante de crises econômicas explosivas, como depois de 1929. Tanto as crises como as revoluções, embora tenham se manifestado de forma desigual no tempo e no espaço, revelaram a existência de limites históricos para o capitalismo. O sistema não tem capacidade de renovação ou regeneração indefinida. Não obstante, esses limites históricos não são, também, rígidos.

Mas esse marxismo que mantinha a avaliação da atualidade da luta revolucionária anticapitalista foi politicamente marginal e intelectualmente minoritário. Mészáros foi um dos herdeiros dessa tradição nos meios acadêmicos e merece reconhecimento. Não foram muitos aqueles que tiveram a clareza e a firmeza de marchar contra a corrente.

Quis a ironia da história que a explosão da crise econômica depois do colapso do banco de investimentos Lehman Brothers, em setembro de 2008, tenha exigido do governo Bush em fim de mandato – em concertação com o Partido Democrata e o então candidato à presidência Barack Obama – a iniciativa de salvar o sistema financeiro norte-americano, inundando o mercado mundial com trilhões de dólares que elevaram a dívida pública do Estado do imperialismo dominante a pincaros incomparáveis a qualquer outro período da história do capitalismo. O papel do Estado revelou-se igualmente decisivo na Europa ocidental quando um governo após o outro, de Brown a Sarkozy, de Sócrates a Zapatero, viram-se forçados a fazer o contrário do que tinham defendido até então. Conservadores e social-democratas tinham passado os 25 anos anteriores à crise precipitada em 2008, desde a posse de González na Espanha e o giro de Mitterrand na França, repetindo versões muito semelhantes do discurso privatista e antissocial que ganhou supremacia ideológica com Reagan e Thatcher.

Três anos depois do início da crise internacional de 2008, a retórica neoliberal – na versão menos desonesta, "ruim com nosso remédio, pior sem ele" – ainda está longe, é evidente, de ter sido banida da vida política. Não atravessou, porém, incólume os últimos trinta meses. Foi necessária à escala mundial uma operação de resgate estatal que não tem precedentes. As crises das dívidas públicas na Grécia, Irlanda e, em maior ou menor medida, em Portugal, Espanha e Itália vêm exigindo dos seus governos medidas antioperárias – anulação dos 14º e 13º salários, redução salarial, elevação de impostos indiretos, reformas previdenciárias com elevação da idade mínima etc. – que evidenciaram a disposição das burguesias europeias de realizar uma verdadeira guerra social para recuperar as condições de competitividade de suas economias no mercado mundial.

**É possível um capitalismo regulado nos alvores do século XXI?**

Inseridos, como estamos, no curso de acontecimentos de primeira grandeza, o esforço de compreender a dinâmica do capitalismo não é simples nem poderia ser conclusivo. A história tem boas razões para manter reservas sobre a urgência do tempo presente. Mas tem também o desafio de estudar os acontecimentos das últimas duas décadas em perspectiva, ou seja, analisando seus significados e proporções em marcos mais gerais. A questão de fundo é identificar a dinâmica do capitalismo contemporâneo.

Poderia acontecer novamente um crescimento sustentado, como nas três décadas do pós-guerra? Seria possível um capitalismo regulado, ou seja, com negociação de reformas distributivas da renda, que garantisse uma extensão e não uma redução de direitos? Os nostálgicos do keynesianismo se apressam em assegurar que sim.

Uma crise com formas explosivas como a de 1929 está, muito provavelmente, descartada. O mais próximo a uma crise explosiva internacional, depois de 1929, foi a crise desencadeada em 2008. Considerando-se as formas mais controladas das crises econômicas – em função da blindagem dos Bancos Centrais, apoiados pelo Banco de Compensações Internacionais da Basileia, demonstrando uma audácia inusitada no socorro de emergência em escala mundial –, uma depressão como 1929 não parece o cenário mais provável. Contudo, o custo destrutivo para a superação da crise não poderá ser contornado sem um aumento da superexploração à escala global, inclusive nos EUA e na União Europeia, e exigirá uma longa recessão.

Seria razoável concluir que as últimas décadas sugerem que a época histórica de declínio do capital teria sido superada? Ou caminhamos na direção de uma crise capitalista mundial de longa duração, com ciclos de recuperação mais curtos e vertigens destrutivas mais severas, com alternância de pressões inflacionárias e ajustes recessivos? Mészáros avança uma análise nessa direção:

> A absoluta necessidade de atingir de maneira eficaz os requisitos da irreprimível expansão [...] trouxe consigo também uma intransponível limitação histórica. Não apenas para a específica forma sócio-histórica do capitalismo burguês, mas, como um todo, para a viabilidade do sistema do capital em geral. Pois esse sistema de controle do metabolismo social teve de poder impor sobre a sociedade sua lógica expansionista cruel e fundamentalmente irracional, independentemente do caráter devastador de suas consequências [...] O século XX presenciou muitas tentativas malsucedidas que almejavam a superação das limitações sistêmicas do capital, do keynesianismo ao Estado intervencionista de tipo soviético, juntamente com os conflitos militares e políticos que eles provocaram. Tudo o que aquelas tentativas conseguiram foi somente a "hibridização" do sistema do capital, comparado à sua forma econômica clássica (com implicações extremamente problemáticas para o futuro), mas não são soluções estruturais viáveis.[2]

---

[2] Ibidem, p. 9.

O que merece ser destacado nessa surpreendente linha de análise? Face ao colapso da ex-URSS, Mészáros relocaliza o eixo da análise na crítica da ordem do capital. Recusa as coqueluches intelectuais reformistas predominantes na esquerda latino-americana. Não se deixa iludir pelo significado das políticas públicas de emergência contra a pobreza, que, mesmo quando justas, como os planos de renda mínima focalizados, são mais do que insuficientes. Porque uma política de emergência, nos limites do capitalismo, não substitui a necessidade da ruptura com o capital. Não se deixa seduzir pela defesa de um capitalismo de Estado saudoso do cardenismo mexicano dos anos 1930, do nasserismo egípcio dos anos 1950 ou da Frente de Libertação Nacional (FLN) argelina dos anos 1970. Não alimenta esperanças na restauração capitalista "à la chinesa". Afasta-se das versões sociais-liberais de políticas compensatórias. Mészáros nos convida a refletir sobre o novo lugar do Estado para "salvar o capitalismo dos capitalistas".

**Planejamento ou mercado**

Comecemos pelo princípio: a regulação econômica pura, nos últimos dois séculos, nunca existiu. Ela sempre resulta, em economias complexas, ou seja, industriais, de diferentes graus de combinação de métodos de alocação de recursos: ou por alguma forma de planejamento pelo Estado ou pelo mercado, por meio da oferta e procura. O predomínio de uma dessas formas não exclui o emprego da outra. Nem socialismo é igual a estatismo, nem capitalismo é sinônimo de economia de mercado. Já existiu uma experiência de transição ao socialismo que admitiu a existência controlada de mercado, como na fase russa da Nova Política Econômica (NEP), no início dos anos 1920, assim como o capitalismo já assumiu formas estatistas até severas, tanto sob o nazifascismo de Hitler ou Mussolini quanto sob a social-democracia na Escandinávia. Por outro lado, as grandes corporações, em sua luta feroz por mercados, não podem dispensar formas bastante sofisticadas de planejamento, mesmo na época dos monopólios.

O novo na segunda metade do século XX foi que o Estado, nas economias capitalistas mais avançadas, foi obrigado, por razões fundamentalmente políticas, ou seja, exógenas às necessidades do ciclo, ou extraeconômicas, a exercer um papel redimensionado de controle macroeconômico, no sentido de atenuar os efeitos das crises cíclicas. Razões políticas nos remetem à avaliação das relações de forças entre as classes e entre os Estados. Quando a estratégia keynesiana se tornou dominante, passou a ser o programa comum dos partidos do regime, estivessem eles na situação ou na oposição. Esse novo papel do Estado como instrumento de uma negociação econômica para manter a paz social interna – por exemplo, na Inglaterra sob o Partido Trabalhista, na França sob De Gaulle, na Alemanha sob Adenauer – exigiu um aumento da elasticidade política dos regimes democrático-liberais no pós-guerra.

O chamado Estado de bem-estar social surgiu na Escandinávia pelas mãos da social-democracia, mas foi implantado, na Alemanha, com Adenauer, enquanto o Partido Social-Democrata Alemão (SPD) estava na oposição, e na França, com De Gaulle, enquanto o Partido Comunista Francês (PCF) estava na oposição. Não puderam evitar a depressão lenta, mas prolongada, a partir dos anos 1970. Desde então, mesmo se com diferenças retóricas, o programa neoliberal passou a ser a plataforma dominante e o plano de governo dos mesmos partidos eleitorais que antes compartilhavam a defesa das políticas anticíclicas keynesianas.

É para esse fenômeno que Mészáros nos chama a atenção quando procura explicar porque, em todos os países centrais, não importando a alternância de partidos – trabalhistas ou conservadores na Inglaterra, social-democratas ou pós-gaullistas na França etc. –, a política é sempre a mesma. Os partidos do regime democrático são, cada vez mais, diferentes frações públicas de um só partido, em grande medida, uma internacionalização do modelo norte-americano, que opõe democratas a republicanos. Em outras palavras, o Estado como forma objetivada da política a serviço do capital não é somente uma superestrutura determinada pelas flutuações da economia ou pelas oscilações das relações de forças entre as classes e das lutas políticas entre partidos, mas deve ser compreendido como um instrumento integrado de economia e política em um grau superior ao que existiu antes das guerras mundiais da primeira metade do século XX. Um aparelho estrutural do processo de sobreacumulação de capital e, nesse novo lugar, uma das chaves de explicação do relativo sucesso do imperialismo durante a fase dos trinta anos de crescimento do pós-guerra.

As condições que permitiram esse relativo sucesso – sucesso porque houve crescimento prolongado; relativo porque não impediu, por exemplo, a vaga revolucionária de 1968 – deixaram de existir no último quarto de século. Esgotaram-se as possibilidades de um capitalismo estatista, apoiado no consumo improdutivo da corrida armamentista, na extensão do crédito, na elevação das dívidas públicas, na regulação anticíclica através dos investimentos estatais. Quando se observa o peso dos crescentes déficits norte-americanos e a fragilização do dólar, por exemplo, conclui-se sem dificuldades que há limites crescentes para o endividamento dos Estados. A emergência de moratórias em série na Europa depois da crise grega é mais uma confirmação da análise de Mészáros.

São essas mudanças históricas profundas, que poderíamos talvez definir como uma fase de *crise crônica*, que explicam a agonia das políticas keynesianas, assim como a nostalgia que elas deixaram. Em *Para além do capital*, Mészáros explora as possibilidades dessa conceituação do Estado e a necessidade de uma política de esquerda que vá além dos limites do capitalismo, portanto, um programa socialista para além da lei do valor. Ou seja, um projeto para a transição pós-capitalista que defenda que a socialização não pode se confundir nem se resumir à estatização.

Boa parte da reflexão inspirada no marxismo já dedicou atenção a esse tema. Mas o fez admitindo as premissas liberais da escassez crônica e a defesa da democracia liberal contra os despotismos stalinistas. Tais teorias estabeleciam uma falsa relação de causalidade entre as estatizações e a burocratização do Estado. Mas não foi a expropriação do capital que levou à burocratização das experiências de transição, mas sim a derrota da revolução mundial, o isolamento nacional e o atraso econômico-cultural das sociedades em que a revolução triunfou. Essas circunstâncias trágicas foram um acidente da história, não uma determinação histórica.

Entretanto, se aceitas as premissas liberais que contagiaram o pensamento da esquerda, decorreria como consequência programática a oposição às estatizações do passado: a defesa da necessidade de privatização das estatais, pelo menos das não estratégicas. A adesão à viabilidade do terceiro setor, público não estatal, é o seu corolário mais moderado. O mais radical concluirá que o Estado deve transferir para as famílias a responsabilidade da educação, da saúde e da previdência, reservando-se o papel de políticas sociais de renda mínima reduzidas à atenção dos setores sociais mais vulneráveis, os excluídos. Esse tipo de antiestatismo de "esquerda" tem sido uma das vias de acesso de ex-marxistas para as ideias da terceira via, pela defesa da desobrigação do Estado de serviços públicos que seriam mais bem fornecidos por organizações não governamentais (ONGs) etc. Daí até uma passagem direta para o campo do neoliberalismo há um pequeno passo: deixa de ser difícil reconhecer alguma forma de propriedade privada como estímulo da iniciativa econômica, do impulso de crescimento, ou a preservação do mercado como mecanismo de alocação de recursos, de busca de maior produtividade e de garantia de algum alinhamento relativo de preços.

O horror, compreensível, às aberrações burocráticas na ex-URSS dá fôlego a essas elaborações. No entanto, Mészáros segue outro caminho. Nisso reside a sua originalidade e o seu mérito. Reconhece o fracasso da estatização e do planejamento burocrático, mas não retira a conclusão da inevitabilidade do recurso às engrenagens cegas do mercado. Defende a necessidade e a possibilidade de ir além da propriedade privada e do mercado, portanto, além da lei do valor, o que nos convida à discussão da hierarquia das necessidades de consumo e da possibilidade de alocação de recursos em função das necessidades mais intensamente sentidas, ou das possibilidades de um planejamento democrático apoiado na livre participação popular. Ou seja, em última análise, a discussão sobre escassez e abundância relativas, para além dos limites impostos pela premissa liberal de que a humanidade estaria condenada a ser escrava de necessidades ilimitadas. Um mundo de necessidades de consumo ilimitadas e cambiantes seria um mundo em que a permanência do racionamento, pela forma monetária da distribuição intermediada pela moeda, isto é, dos salários, seria inevitável.

É possível, no entanto, ir além desses dogmas, como nos recorda Mészáros. Ir além do valor significaria ir além da produção e distribuição reguladas pelo mercado, logo, pela ganância do capital. O Estado foi pensado na tradição da Segunda Internacional, influenciada por Kautsky e herdada pelo stalinismo, como a instância da superestrutura, separado da infraestrutura pela mediação das classes sociais. O Estado seria um elemento exterior ao processo da reprodução ampliada, *mais como um fator exógeno do que endógeno*. Mészáros inverte a perspectiva e sugere que a experiência do século XX – em suas palavras, o período mais destrutivo da história do capitalismo – teria demonstrado que o lugar do Estado seria absolutamente vital para a preservação do sistema, inclusive do ponto de vista econômico, garantindo a continuidade da acumulação de capital.

Essa nova centralidade do Estado seria uma refração de uma etapa histórica em que os conflitos de classe já não se expressam predominantemente na forma de um conflito entre reação e reforma (como teria sido, pelo menos, até as últimas décadas do século XIX), *mas nos novos termos, mais agudos, de um confronto entre contrarrevolução e revolução*. O lugar do Estado passou, portanto, a ser mais complexo. Precisou intervir na regulação mercantil livre e agir de forma preventiva em relação aos efeitos destruidores e terrivelmente desestabilizadores das crises de superprodução: "vinte e nove nunca mais" passou a ser uma palavra de ordem programática do capital.

Durante os trinta anos do pós-guerra, o Estado foi onipresente, seja pelo seu papel empreendedor, com o aumento impressionante dos gastos públicos (construção civil, despesas com funcionalismo vinculadas aos novos serviços na educação, saúde e transportes), seja pelo impulso ao crédito (a antecipação para o presente do consumo futuro, alargando as dimensões do mercado).

Por outro lado, durante a etapa mundial aberta entre 1945-1989, o fenômeno da revolução social e política adquiriu novas características: o eixo das lutas de classes mais radicalizadas deslocou-se do centro para a periferia do sistema, do Norte para o Sul, do Ocidente para o Oriente, e foi quase sempre indivisível da guerra. O papel do Estado se agigantou como regulador de uma economia que teve, durante décadas, como primeiro e mais dinâmico ramo produtivo o setor de armamentos, em geral, um setor estatal.

A estagnação prolongada dos últimos trinta anos ainda não foi superada, apesar de todos os instrumentos a que recorreu o neoliberalismo. O pequeno *boom* da economia norte-americana nos anos 1990, com Clinton, ou a recuperação sob Bush, entre 2003 e 2008, foram erráticos e culminaram em bolhas especulativas devastadoras, comparados com as décadas entre 1945-1955 ou 1955-1973. A queda da taxa média de lucro, que se manifestou na crise dos anos 1970 em atrofia de investimentos – estagnação e inflação conjugadas –, colocou por terra o velho Estado interventor keynesiano.

Contudo, um dos paradoxos do último período é que, em certo sentido, foi preciso mais Estado para que houvesse menos Estado. Ao mesmo tempo que se retirava de algumas áreas produtivas que, no passado, exigiam investimentos volumosos e retorno lento, ou seja, pouco cobiçadas pela iniciativa privada, como o saneamento básico, a telefonia ou a produção e distribuição de eletricidade – hoje, por uma série de razões, irresistivelmente atraentes para as megacorporações –, o Estado vinha aumentando tanto a sua arrecadação fiscal quanto os seus níveis de endividamento, transferindo, todos os anos, trilhões de dólares para o capital financeiro em escala mundial. Hoje, o faz, no entanto, em proporções muito diferentes. O lugar atual do endividamento público na América Latina, por exemplo, em relação aos Produtos Internos Brutos (PIBs) nacionais, em comparação à carga fiscal – em média, oscilando entre 50% e 60% dos PIBs –, é muito maior do que há 25 anos. O mesmo fenômeno é ainda mais significativo nas economias capitalistas centrais.

A tendência ao bonapartismo vem também se acentuando, sobretudo, mas não apenas, nos países dependentes. Expliquemo-nos: tem sido necessário mais Estado repressivo, na forma de reforço do aparelho de informação e repressão, para que haja menos Estado regulador, na forma de políticas públicas que estimulem o pleno emprego e a busca da correspondente paz social. Assim como fracassou, no pós-guerra, a estratégia reformista de transição pacífica ao socialismo nos países centrais, deixando como herança um Estado de "bem-estar social" em crise, fracassará a estratégia reformista contemporânea de um capitalismo de "bem-estar social", apoiado na assistência social focada e políticas de renda mínima. Esta é uma das conclusões de Sérgio Lessa, em comentário a Mészáros:

> É essa concepção de fundo que possibilita a Mészáros concluir que a estratégia reformista que predominou no movimento operário neste século resultou não no fortalecimento da luta dos trabalhadores contra o capital, mas, pelo contrário, na assimilação pelo Estado desses mesmos partidos e sindicatos. Estes também terminaram por assumir como suas as necessidades do capital. O "projeto dos (sociais-democratas) de institucionalizar o socialismo por meios parlamentares estava condenado ao fracasso desde o

começo. Pois eles visam o impossível. Eles prometiam transformar, de forma gradual, em algo radicalmente diferente – isto é, uma ordem socialista –, um sistema de controle sociorreprodutivo sobre o qual eles não tinham nem poderiam ter qualquer controle significativo no e através do Parlamento. Por ser o capital, por suas próprias determinações ontológicas, incontrolável," investir energias de um movimento social em tentar reformar um sistema substancialmente incontrolável é um trabalho de Sísifo, já que a viabilidade da reforma, mesmo a mais limitada, é inconcebível.[3]

Muitos observadores já compararam a euforia com a globalização econômica turbinada pelo crescimento das economias asiáticas, em especial da China, com a embriaguez que precedeu, nos anos 1920 do século passado, o curto-circuito de 1929. De qualquer forma, restam poucas dúvidas de que a restauração capitalista na ex-URSS e no Leste Europeu só pode ser apreendida no seu significado historicamente mais profundo, se considerarmos a preservação do controle do capital sobre o mercado mundial. Nunca como hoje foi tão poderoso o controle dos países imperialistas sobre o mundo, mas também nunca como hoje foi tão incerto e perigoso o futuro da civilização: tudo que existe carrega consigo os germes da sua destruição. *O período histórico de apogeu do capitalismo parece coincidir hegelianamente com a etapa de sua decadência.* A irrupção das revoluções contemporâneas é uma demonstração inequívoca de que vivemos uma época do declínio do capital. Elas já começaram a mostrar sua face há dez anos na América Latina, e no início de 2011 no mundo árabe. Revoluções populares não são nunca prematuras. A revolução contemporânea desperta como revolução democrática, mas, quando os trabalhadores descobrem a força de impacto de sua mobilização, ameaçam radicalizar-se rapidamente como revolução anticapitalista. A incerteza sobre a dinâmica futura das revoluções é grande? Sim. A dúvida sobre a capacidade do proletariado de se afirmar de forma independente contra o capital cresceu? Sim. Mas o socialismo permanece como a única aposta de defesa da vida civilizada? Sim, também. O marxismo de Mészáros fica como uma inspiração para as revoluções do século XXI.

---

[3] Sérgio Lessa, "István Mészáros", em *Crítica Marxista*, São Paulo, Xamã, n. 6, 1998, p. 143.

Material de divulgação do livro *Estrutura social e formas de consciência* e do III Seminário Margem Esquerda, 2009

# EDUCAÇÃO E SOCIALISMO

# CONSIDERAÇÕES SOBRE EDUCAÇÃO A PARTIR DAS CONCEPÇÕES DE ISTVÁN MÉSZÁROS
*Afrânio Mendes Catani*

> *Uma caneta,*
> *assim como uma bala de prata,*
> *também consegue verter sangue.*
> Graham Greene, *Os farsantes* (1966), sobre
> a ditadura de François Duvalier no Haiti

O colóquio "István Mészáros e os desafios do tempo histórico", promovido pela revista *Margem Esquerda* em homenagem ao pensamento do filósofo húngaro radicado na Inglaterra, suscitou uma série de indagações complexas e relevantes. Entre elas, uma, levantada ao fim da sessão "Educação e socialismo", poderia, de maneira sintética, assim ser formulada: como promover transformações estruturais na educação que se pratica nos países capitalistas, se não houver o rompimento com a lógica do capital?

Ainda que seja tarefa impossível fornecer uma resposta adequada e definitiva para tema tão complexo, é possível, nas trilhas abertas pela discussão dos postulados desenvolvidos pelo autor de *A educação para além do capital*[*], contribuir de maneira crítica para tentar minar os fundamentos ocultos da dominação, vigentes nas sociedades de classes, por meio do debate do assunto com diversos segmentos sociais, em diferentes fóruns. É esse o ponto de vista de Mészáros, enquanto intelectual que leva às últimas consequências seu trabalho teórico, situado na vertente crítica do campo acadêmico ao qual se filia.

Nos domínios das faculdades de educação, quando se fala sobre políticas educacionais, existe ainda uma forte tendência de se tomar como ponto de partida os documentos oficiais e a legislação, pautar-se por eles e, no limite, em grande parte dos casos, ser absorvido por uma discussão jurídica inconclusiva. Não se trata, claro, de ignorar a importância da legislação; entretanto, não é supérfluo lembrar uma pequena passagem de Trotski sobre o marxismo, em uma concepção aberta e não dogmática, semelhante àquela que de Mészáros se vale: para ele, "o marxis-

---
[*] São Paulo, Boitempo, 2005. (N. E.)

mo é, acima de tudo, um método de análise – não de análise de textos e sim das relações sociais"[1]. E são essas relações sociais o objeto deste artigo.

Para tal, nos servirão de base alguns trabalhos do escritor português Miguel Torga (1907-1995), pseudônimo de Adolfo Correia da Rocha. Médico otorrinolaringologista, autor de vasta obra em gêneros diversos – poesias, romances, contos, diários, ensaios, discursos, peças teatrais –, com mais de cinquenta volumes publicados e editados em muitos países, Torga é detentor de vários prêmios literários e sempre assumiu a sorte do povo humilde de Portugal, chegando a confessar a vergonha que sentia de escrever sobre gente que, sabia, não o poderia ler. Sobre sua terra, declarou: "as coisas de Trás-os-Montes [onde nasceu, em São Martinho de Anta] tocam-me muito no cerne para eu poder esquecer a solidariedade que devo a quem sofre e a quem sua. E isto repete-se, com maior ou menor força, no resto de Portugal"[2].

Foi justamente Torga quem, em 14 de dezembro de 1974 – 230 e tantos dias após a Revolução dos Cravos –, enviou o seguinte telegrama ao secretário-geral do Partido Socialista Português:

> Peço-lhe que transmita aos participantes do Congresso as minhas calorosas saudações, com votos de que o povo português possa encontrar na realidade de um socialismo de feição própria a sua plenitude humana e a sua dignidade cívica, não projetadas numa lonjura messiânica, mas inseridas num concreto futuro próximo.[3]

Ao referir-se ao título de seu livro, que reúne escritos políticos e discursos proferidos entre 1945 e 1976, o autor comenta:

> Fogo preso é [...] a expressiva designação de um gênero de pirotecnia em que toda a inventiva se processa ao rés-do-chão. Ao invés da girândola, do morteiro ou do simples foguete de três respostas, que são delírios soltos, aqui a fantasia arde, roda, faísca, estoura, mas não voa. Amarrado, o engenho do artifício não tem licença para subir ao céu de nenhuma ilusão e desprender-se de lá, no fim da vertigem, numa lágrima de colorida melancolia.[4]

Esse "fogo preso" de Torga fala da criação de um "socialismo de feição popular", com "dimensão humana" e "dignidade cívica", que deve se concretizar em um espaço de tempo não tão distante – daí a "lonjura messiânica" –, mais "concreto", com certa proximidade; esse "fogo preso", que não tem grande voo e até traz cer-

---

[1] Leon Trotski, *1905: suivi de Bilan* et perspectives (Paris, Minuit, 1969), p. 421.
[2] Miguel Torga, *Portugal* (Rio de Janeiro, Nova Fronteira, 1996), p. 135. A edição original é de 1950.
[3] Idem, *Fogo preso* (2. ed., Coimbra, edição do autor, 1989), p. 93. A edição original é de 1976.
[4] Ibidem, p. 7.

ta "lágrima colorida de melancolia", guarda fortes relações de homologia com os "contrafogos" de Pierre Bourdieu, que utiliza a metáfora das chamas para direcionar sua ação enquanto sociólogo público[5]: "*contrafogo, s.m.* Fogo ateado ao encontro de um incêndio florestal para impedir-lhe a propagação", conforme se lê na contracapa de seu pequeno livro[6]. O próprio Bourdieu, em *La misère du monde* [*A miséria do mundo*], obra coordenada por ele e publicada no início da década de 1990, trabalhou com uma grande equipe de colaboradores a questão da miséria e do sofrimento social nas sociedades contemporâneas, desencadeados pela ofensiva do capitalismo neoliberal. O sociólogo francês entende que "levar à consciência os mecanismos que tornam a vida dolorosa, inviável até, não é neutralizá-los; explicar as contradições não é resolvê-las". Por mais cético que se possa ser acerca da eficácia social do discurso sociológico, não se pode deixar de permitir aos que sofrem "que descubram a possibilidade de atribuir seu sofrimento a causas sociais e assim se [...] [sintam] desculpados; e fazendo conhecer amplamente a origem social, coletivamente oculta, da infelicidade sob todas as formas, inclusive as mais íntimas e as mais secretas"[7]. Tal constatação, para ele, não tem nada de desesperador:

> O que o mundo social fez, o mundo social pode, armado desse saber, desfazer. Em todo caso, é certo que nada é menos inocente que o *laissez-faire*; se é verdade que a maioria dos mecanismos econômicos e sociais que estão no princípio dos sofrimentos mais cruéis, sobretudo os que regulam o mercado de trabalho e o mercado escolar, não é fácil de ser estancada ou modificada, segue-se que toda política que não tira plenamente partido das possibilidades, por reduzidas que sejam, que são oferecidas à ação, e que a ciência pode ajudar a descobrir, pode ser considerada culpada da não assistência à pessoa em perigo.[8]

No já citado *Contrafogos*, afirma-se que os perigos contra os quais foram acesos os fogos de encontro "não são pontuais nem ocasionais", podendo os textos curtos que integram o pequeno livro fornecer "armas úteis a todos aqueles que tentam resistir ao flagelo neoliberal"[9].

Prefaciando *A educação para além do capital*, Emir Sader lembra que, na sociedade mercantil, a educação – que poderia se constituir em alavanca essencial

---

[5] Ver, a respeito da sociologia pública, Ruy Braga e Michael Burawoy, *Por uma sociologia pública* (São Paulo, Alameda, 2009).
[6] Pierre Bourdieu, *Contrafogos: táticas para enfrentar a invasão neoliberal* (Rio de Janeiro, Zahar, 1998).
[7] Idem (org.), *La misère du monde* (Paris, Seuil, 1993), p. 944. [Ed. bras.: *A miséria do mundo*, Petrópolis, Vozes, 1997.]
[8] Idem.
[9] Idem, *Contrafogos*, cit., p. 7. Ver também, do mesmo autor, o polêmico *Contrafogos 2: por um movimento social europeu* (Rio de Janeiro, Zahar, 2001).

para a mudança – converteu-se em instrumento capaz de fornecer conhecimento e pessoal necessários à máquina produtiva, além de transmitir um quadro de valores consoante aos interesses dominantes. Ou seja,

> tornou-se uma peça do processo de acumulação de capital e de estabelecimento de um consenso que torna possível a reprodução do injusto sistema de classes. Em lugar de instrumento da emancipação humana, agora é mecanismo de penetração e de reprodução desse sistema.[10]

Tal sistema se apoia na separação entre capital e trabalho, constituindo-se a educação em mercadoria preciosa, capaz de "ordenar o mundo" a partir do ponto de vista dos poderosos. Em grande medida, a escola tem pouco sentido para vários segmentos de classe, pois os conteúdos e práticas nela trabalhados dizem respeito à realidade vivenciada por frações de classes média e alta. Ainda no prefácio, Sader lembra-se do depoimento de Gabriel García Márquez, que "diz que aos sete anos teve de parar sua educação para ir à escola. Saiu da vida para entrar na escola – parodiando a citação de José Martí, utilizada neste livro [de Mészáros]"[11].

Em passagens de seu *Diário*, Miguel Torga se expressa de maneira que guarda semelhança com a concepção que "naturaliza" a exclusão da escola dos não "eleitos". Em uma página escrita em 15 de julho de 1946, lê-se:

> A escola onde fiz os meus primeiros exames, e um rancho de crianças à porta, à espera de fazer os seus. Pacoviozitos, como eu fui, que desceram da serra e vieram pagar o seu ingênuo tributo à cultura. Alguns viram hoje estradas e automóveis pela primeira vez. Mas mesmo com a lã das ovelhas agarrada aos miolos, concebem um triângulo isósceles, aceitam a noção de um mundo redondo, dividem uma página de prosa em orações. Que é o poder das ideias! [...] E pus-me a pensar na barbaridade que vai ser abandonar aqueles espíritos à pedagogia das pedras. Dos meus companheiros de classe, alguns finos como corais, poucos assinam hoje o nome. A mão amoldou-se de tal maneira ao cabo da enxada, foi tanta a negrura e a fome que os rodeou, que esqueceram de todo que havia letras e pensamentos. Mogadouro, Montezinho, Nogueira, Bornes, Padrela... (Ainda me lembro)... Por que razão não hão-de continuar estes homenzinhos pelo mundo fora a sua maravilhosa descoberta? Nevada, Pireneus, Alpes, Urais, Tibete... Era só mais um esforçozinho de memória e de liberdade... Atravessava-se a fronteira do mapa, uma simples linha negra, afinal, e começava a aventura... E doeu-me só eu ter tido coragem de abrir os olhos contra quem mos queria mergulhados em terra de servidão.[12]

---

[10] Emir Sader, "Prefácio", em István Mészáros, *A educação para além do capital* (São Paulo, Boitempo, 2005), p. 15.
[11] Ibidem, p. 16.
[12] Miguel Torga, *Diário*, v. I-VIII: *1932-1959* e v. IX-XVI: *1960-1993* (2. ed., Lisboa, Dom Quixote, 1999), p. 358. A edição original, integral, é de 1995.

No livro *Portugal*, uma vez mais o Torga ensaísta exerce o ofício da crítica social:

> É certo que há escolas pelo país a cabo onde as leis inexoráveis do perecível e do imperecível são explicadas. De uma sei eu em que cada palmatória de cinco olhos faz decorar tudo quanto o mundo se descobriu até a raiz quadrada. Mas mesmo nos reinos maravilhosos acontece a desgraça de o povo saber de uma maneira e as escolas saberem doutra. Acabado o exame da quarta classe, cada qual trata de sepultar sob uma leiva, o mais depressa que pode, a ciência que aprendeu.[13]

Mészáros entende, em *A educação para além do capital*, que existe íntima ligação entre os processos educacionais e os processos sociais mais abrangentes. Para ele, com a educação funcionando predominantemente como sistema de internalização de valores, conhecimento e cultura, ordenando uma determinada concepção de mundo, não é possível encontrar soluções apenas formais; elas devem, sim, ser essenciais[14]. O pensador só vê sentido em uma mudança educacional radical, que viria a se constituir no rasgar da camisa de força da lógica presente no sistema capitalista. Assim, não se pode tolerar o discurso educacional reformista, que recusa a abordagem das contradições gerais do sistema, lidando somente com manifestações particulares e parciais, rejeitando mudanças estruturais – que, no limite, implicariam a criação de um sistema alternativo – e corrigindo, aqui e ali, "defeitos" específicos do capitalismo. Ao se romper, ao se rejeitar, por meio da educação e das instituições educacionais, por exemplo, as formas consideradas legítimas da posição que os agentes ocupam na hierarquia social, suas maneiras de agir e de "ler o mundo", Mészáros sustenta uma concepção de educação para além do capital, uma vez que a educação é "a própria vida"; ela não deve qualificar para o mercado, mas para a vida.

Mészáros vale-se de um estilo claro, direto, não se importando com longas transcrições de obras clássicas para construir o que chama de "contrainteriorização", "contraconsciência", de um processo de "transcendência positiva da autoalienação do trabalho". Ele parte de três epígrafes de autoria de Paracelso, José Martí e Marx. A primeira, do grande pensador do século XVI, é a seguinte: "A aprendizagem é a nossa própria vida, desde a juventude até a velhice, de fato quase até a morte; ninguém passa dez horas sem nada aprender". No que se refere a Martí, o trecho extraído encontra-se em "Libros", no volume 18 de suas *Obras completas*˙:

> *Se viene a la tierra como cera, – y el azar nos vacía en moldes prehechos. Las convenciones creadas deforman la existencia verdadera [...] Las redenciones han venido sien-*

---
[13] Idem, *Portugal*, cit., p. 39-40.
[14] István Mészáros, *A educação para além do capital*, cit., p. 35.

*do formales; – es necesario que sean esenciales [...] La libertad política no estará asegurada, mientras no se asegura la libertad espiritual. [...] La escuela y el hogar son las dos formidables cárceles del hombre.*\*\*

A terceira epígrafe é retirada das teses sobre Feuerbach\*\*\* e, para Mészáros, evidencia a linha divisória que separa os socialistas utópicos, como Robert Owen, "daqueles que no nosso tempo têm de superar os graves antagonismos estruturais de nossa sociedade", uma vez que tais antagonismos "bloqueiam o caminho para uma mudança absolutamente necessária", sem a qual não pode haver melhoria das condições de existência dessa sociedade[15]. Marx escreve que

> a teoria materialista de que os homens são produto das circunstâncias e da educação e de que, portanto, homens modificados são produto de circunstâncias diferentes e de educação modificada, esquece que as circunstâncias são modificadas precisamente pelos homens e que o próprio educador precisa ser educado. Leva, pois, forçosamente, à divisão da sociedade em duas partes, uma das quais se sobrepõe à sociedade [...] A coincidência da modificação das circunstâncias e da atividade humana só pode ser apreendida e racionalmente compreendida como prática transformadora.

A ideia central que pretendo destacar é que as três citações, ao longo de um período de quase cinco séculos, realçam a necessidade de se instituir a já citada mudança estrutural "que nos leve *para além do capital*, no sentido genuíno e educacionalmente viável do termo"[16]. A tarefa educacional, para Mészáros, é simultaneamente de transformação social ampla e emancipadora – dando-se por meio de um processo de reestruturação que vai até as raízes do sistema no qual os agentes sociais se encontram, envolvendo mudanças qualitativas das condições objetivas da reprodução da sociedade – e de progressiva transformação da consciência.

João dos Reis Silva Jr. escreveu que o novo contrato social em construção, especialmente através do Estado e da educação, acentuava uma ideologia do consenso que reforçaria ainda mais a enorme distância social entre o povo e as elites.

> Estaríamos agora em um novo quadro de reprodução social mais servil e intensamente mundializado, e as reformas do Estado e educacionais atualizariam os nossos traços

---

\* 28 v., Havana, Editorial Nacional de Cuba, 1963-1973. (N. E.)
\*\* "Vem-se à terra como cera – e o azar nos coloca em moldes pré-construídos. As convenções criadas deformam a real existência [...] As redenções têm sido formais; – é necessário que sejam essenciais [...] A liberdade política não estará assegurada, se não se assegurar a liberdade espiritual. [...] A escola e o lar são os mais formidáveis cárceres do homem." (N. E.)
\*\*\* "Ad Feuerbach", em *A ideologia alemã* (São Paulo, Boitempo, 2007), p. 533-4. (N. E.)
[15] István Mészáros, *A educação para além do capital*, cit., p. 24.
[16] Ibidem, p. 25. Grifos do original.

culturais. Por meio de nossas relações sociais estaríamos produzindo o *homem útil, só e mudo – o novo cidadão do século XXI*.[17]

Daí a urgência, ressalta Mészáros, de que apostemos em práticas educacionais emancipadoras e progressivas, "pois devemos recordar que 'os educadores também têm de ser educados'"[18].

Com *A educação para além do capital*, bem como com o capítulo "Alienação e a crise da educação", de seu livro *A teoria da alienação em Marx*\*, o filósofo húngaro faz lembrar das palavras finais contidas em *Por una historia conceptual de lo político*, de Pierre Rosanvaillon, quando o professor do Collège de France escreve ser "muito grande o risco de se ver desaparecer a diferença entre o trabalho paciente e o comentário apressado, em uma palavra, entre a ciência e a opinião"[19]. Em sua compreensão, a história moderna e contemporânea do político – e, acrescento, a maioria dos domínios das ciências humanas:

> não saberia desentender-se do mundo e encerrar-se em um recinto preservado pelo inacessível aos movimentos da vida. Ao contrário, sua ambição é descer à arena cívica e trazer para ela um suplemento de inteligibilidade, um aumento de lucidez. Deve propor uma leitura crítica e serena do mundo nos locais em que dominam com tanta frequência o clamor das paixões e a comodidade das ideologias. Para tanto, o trabalho científico mais rigoroso e as aquisições mais pertinentes da erudição participam diretamente da atividade cidadã, nascem da confrontação com o acontecimento e permanecem ligados a ele.[20]

Rosanvaillon acrescenta ainda que os grandes sábios foram também, "por sua própria obra, infatigáveis cidadãos e que não se deram trégua em esposar o pessimismo da inteligência com o otimismo da vontade, para retomar uma expressão de Romain Rolland, popularizada por Gramsci"[21].

Mészáros, autor de quase duas dezenas de livros publicados em vários países, além de expressiva quantidade de artigos em distintos periódicos, é um intelectual de seu tempo que, munido do saber acadêmico, intervém na arena cívica com suas tomadas de posição críticas, favoráveis aos que lutam para transformar a ordem social. Intelectual desprendido, Mészáros cedeu os direitos autorais de suas obras

---

[17] João dos Reis Silva Jr., orelhas do livro de Afrânio Mendes Catani e Romualdo Portela de Oliveira (orgs.), *Reformas educacionais em Portugal e no Brasil* (Belo Horizonte, Autêntica, 2000).
[18] István Mészáros, *A educação para além do capital*, cit., p. 76-7.
\* São Paulo, Boitempo, 2006. (N. E.)
[19] Pierre Rosanvaillon, *Por una historia conceptual de lo político* (Buenos Aires, Fondo de Cultura Económica, 2003), p. 77.
[20] Ibidem, p. 77-8.
[21] Ibidem, p. 78.

publicadas no Brasil pela editora Boitempo ao Movimento dos Trabalhadores Rurais Sem Terra (MST). Além disso, acaba de receber o Premio Libertador al Pensamiento Crítico, concedido pelo Ministério da Cultura da Venezuela, por seu livro *O desafio e o fardo do tempo histórico**, cuja primeira edição mundial foi lançada em português – o prêmio, no valor de US$ 150 mil, será doado integralmente à Universidade Bolivariana da Venezuela.

István Mészáros é um pensador incomum nos dias de hoje, quer pela sua erudição e densidade teórico-crítica, quer pela sua generosidade política e humana. Para finalizar estas considerações, escrevo sobre ele o mesmo que escrevi sobre Florestan Fernandes, em especial sobre o livro de combate do sociólogo brasileiro, *A ditadura em questão***, obra que talvez não agradasse a todos pelo tom engajado com que se posicionava no combate à ditadura, pois se colocava na perspectiva das classes subalternas da sociedade.

> Apesar de reconhecer os estreitos limites de sua condição num país em que [...] o livro é um produto consumido praticamente pelas elites, Florestan se dispõe a lutar como pode com as armas que lhe são disponíveis: as ideias, a caneta, as palavras – o que, convenhamos, não é desprezível.[22]

---

* São Paulo, Boitempo, 2007. (N. E.)
** São Paulo, T. A. Queiroz, 1982. (N. E.)
[22] Afrânio Mendes Catani, *No berço é que o destino toma conta dos homens?* (Tese de livre-docência, São Paulo, Faculdade de Educação, Universidade de São Paulo, 2005), p. 120.

# DESAFIOS PARA UMA EDUCAÇÃO ALÉM DO CAPITAL
*Roberto Leher*

No alvorecer da Modernidade, a luta pela educação pública esteve sob hegemonia burguesa. A presença do clero nos assuntos educacionais, marca do Antigo Regime, não foi docilmente removida. Após 1789, a narrativa em prol da escola laica adquiriu considerável força ao associar a laicidade ao Estado republicano[1] e à (contraditória) noção de progresso social. A escola aberta ao ensino religioso, inversamente, foi concebida como uma escola a serviço da restauração da monarquia e de uma concepção hierárquica de sociedade. Na França, ao longo da história, os adeptos da escola laica e os partidários da escola religiosa travaram ácidos combates, como nos convulsionados acontecimentos de 1848, que tiveram continuidade nos conflitos com Luís Bonaparte[2] em sua busca de restauração do privilégio da Igreja em matéria educacional.

Entretanto, foi na Comuna de Paris, em 1871, que a experiência do laicismo pôde assumir profunda radicalidade, rompendo com os limites liberais da crítica ao ensino religioso, pois protagonizada pela classe trabalhadora em suas diversas dimensões. O diferencial da Comuna foi que o laicismo esteve associado à defesa de uma escola unitária do trabalho, enfrentando, simultaneamente, o particularismo da Igreja e do Estado liberal-burguês e seu projeto de formação "interessado" em converter os filhos dos proletários em proletários, ensinando aos jovens os benefícios de uma "sábia" resignação. Os particularismos da escola burguesa foram contestados pela luta social imbuída de valores éticos e políticos socialistas.

---

[1] Mona Azouf, *L'École, l'Église et la République, 1871-1914* (Paris, Armand Colin, 1963).
[2] Karl Marx, *O 18 de brumário de Luís Bonaparte* (São Paulo, Boitempo, 2011).

Um século e meio depois, no Brasil, a escola pública vem sendo "adotada" por empresas que, inclusive, definem parte essencial da agenda educacional do país com o beneplácito dos governos, e o ensino religioso[3] volta a ser organizado a partir do Estado, ao mesmo tempo que ocorre uma expansão vertiginosa da oferta de educação dita superior por empresas mercantis.

Entretanto, esse verdadeiro assalto dos particularismos do capital e dos credos religiosos à educação não tem gerado os intensos e apaixonados debates e lutas ocorridos na França. Que as frações burguesas dominantes não tenham mais preocupação em empreender lutas em prol da educação laica, pública e gratuita é compreensível. Há muito tais frações não têm interesse em reformas do tipo republicano. O que causa real preocupação é que os socialistas não têm lutado aberta e massivamente sequer pelas limitadas consignas históricas das frações democráticas e burguesas. Isso para não mencionar o combate pela escola única, o cerne do projeto de educação socialista[4].

A educação é um tema que parece não ser estratégico para a formação intelectual, ideológica e moral da juventude, não mobilizando nem mesmo o conjunto da esquerda socialista. Excetuando o Movimento dos Trabalhadores Rurais Sem Terra (MST) e alguns poucos movimentos sociais (em sua maioria, próximos ao MST), são escassos os setores sociais que disputam a educação da juventude.

Na universidade o problema é mais profundo. Grande parte da produção acadêmica brasileira – e de centros de produção do conhecimento de outros países – não ajuda a compreender com clareza as principais tendências, políticas e ressignificações da educação que naturalizam a referida ofensiva mercantil. As lutas sociais no terreno educativo são ainda mais desconsideradas como problemas de pesquisa, por meio de uma fórmula positivista simplista: estudar conflitos e lutas é algo ideológico, nada tendo a ver com a ciência social. Não se trata de imaginar que a universidade possa analisar os problemas dos movimentos sociais em tempo real. Os movimentos sociais e suas lutas e a universidade possuem linguagens distintas e são espaços diferentes no tempo e na forma de vida. Contudo, possuem canais de comunicação[5] que, em contextos de derrotas e refluxos, são mais estreitos e limitados, mas em períodos de ascenso podem ser mais abertos e generosos. São

---

[3] Luiz Antônio Cunha, "Tratado problemático e inconstitucional", seção "Tendências e debates", *Folha de S.Paulo*, 15/8/2009.

[4] José Carlos Mariátegui, "Ensino único e ensino classista", em Luiz Bernardo Pericás (org.), *Mariátegui e a educação* (São Paulo, Xamã, 2007).

[5] Álvaro García Linera, "Precisamos de uma Internacional de movimentos sociais", entrevista a Elena Apilánez e Vinicius Mansur, *Brasil de Fato*, São Paulo, n. 350, 12 a 18 de novembro de 2009.

pouquíssimos os intelectuais universitários que assumem um real protagonismo nas lutas educacionais, e ainda menor o número dos que trabalham em conjunto com os movimentos e sindicatos.

As lutas magisteriais seguem relevantes[6]. Suas agendas tocam em problemas cruciais que muitas vezes não são discutidos na universidade ou são abordados de modo fragmentado e descontextualizado, como avaliação, financiamento, carreira, saúde do trabalhador, intensificação do trabalho etc. Mas a repercussão dessas lutas raramente ultrapassa o âmbito da categoria. Distintamente do sindicalismo combativo mexicano, como o praticado pela seção 22 do Sindicato Nacional dos Trabalhadores da Educação (SNTE), em Oaxaca, no Brasil ocorre pouca articulação com as famílias e as comunidades, o que restringe o apoio ao movimento dos educadores.

Em virtude do tamanho de sua base[7], a Confederação Nacional dos Trabalhadores em Educação (CNTE) é uma entidade-chave para a luta educacional. Contudo, seus dirigentes operaram, no âmbito da Central Única dos Trabalhadores (CUT), o transformismo em direção ao bloco social-liberal. Uma de suas maiores contribuições para o governo federal foi a desarticulação do Fórum Nacional em Defesa da Escola Pública, por meio da alegação de que a Confederação não possuía mais acordo com a agenda outrora consensuada no âmbito dos Congressos Nacionais de Educação[8]. Com isso, a principal forma de organização dos educadores vinculados à educação pública permaneceu desarticulada no período 2004-2009, justo quando houve o maior avanço do capital sobre a educação. Na educação básica, vem sendo construída uma diferenciação entre, de um lado, os sindicatos classistas e autônomos – sistematicamente criticados e desqualificados pelos grandes meios de comunicação e pelos governos como insensíveis à educação dos "pobres", pois fazem longas greves periódicas, como se a deflagração e grande duração destas fossem uma vontade da entidade – e, de outro, o "bom sindicalismo propositivo e cidadão", elogiado por aparatos como a revista *Nova Escola* (publicada pela Fundação Victor Civita e as empresas Abril e Gerdau), o Preal[9] e os governos. Assim, a

---

[6] Ver evolução dos conflitos sociais no Brasil na cronologia do Observatório Social da América Latina (Osal-Brasil), disponível em <http://www.clacso.edu.ar/institucional/1h.php>.

[7] A CNTE é composta por 36 entidades filiadas, distribuídas por 26 Estados, cinco municípios e o Distrito Federal.

[8] A ruptura ocorreu na plenária do Fórum Nacional em Defesa da Escola Pública, em Porto Alegre (RS), em 26/1/2005. O evento foi sediado no auditório do Sindicato Nacional dos Auditores Fiscais da Receita Federal (Unafisco Sindical).

[9] Sigla, em espanhol, para Programa de Promoción de la Reforma Educativa de América Latina y el Caribe. Segundo informações do site da organização, "as atividades do Preal são possíveis graças ao apoio que prestam, ou prestaram, as seguintes organizações: Agência de Desenvolvimento Internacional dos EUA (Usaid), Banco Interamericano de Desenvolvimento (BID),

correlação de forças na educação básica ainda é desfavorável à construção de um movimento mais amplo e massivo em torno do eixo da escola unitária.

Não menos grave é a situação sindical da educação superior. O Sindicato Nacional dos Docentes das Instituições de Ensino Superior (Andes-SN) empreendeu importantes lutas nos anos 1990, sobretudo em 1991, enfrentando o governo Collor, em 1998 e 2001, combatendo a reforma do Estado de Fernando Henrique Cardoso (FHC) e seus nexos na universidade, e em 2003, protagonizando a luta contra a reforma da Previdência no setor público. Ao longo do governo Lula, a instituição sofreu golpes sistemáticos tanto pelas ações governamentais que insuflaram uma entidade paralela de natureza paraestatal como pelas mudanças na universidade e no trabalho docente. A introdução de poderosas mediações mercantis e a difusão da ideologia de que não são mais possíveis alterações na ordem social em uma perspectiva crítica à lógica do capital alteraram profundamente o sentido de ser professor. Muitos agora se autodenominam "empreendedores" ou "pesquisadores" para se distinguir dos professores, uma qualificação que, em determinados contextos, assumiu conotação pejorativa: aquele que não logrou ser diferenciado material e simbolicamente por sua produtividade.

Não é possível descartar a existência de problemas políticos no interior do sindicato, em especial no trabalho de base e na apropriação das mediações específicas que caracterizam o fazer universitário. Mas foram as transformações produtivistas e mercantis acima referidas as que mais contribuíram para o enfraquecimento da capacidade convocatória da entidade. O trabalho docente mudou, o *ethos* acadêmico é outro. Isso explica, em grande parte, porque há mais de cinco anos o Andes-SN não realiza uma greve de grande magnitude. Como a mercantilização não será revertida por si só, ao contrário, o trabalho sindical está diante de novos desafios. Entre os problemas, cabe salientar a comodificação do trabalho docente, a restrição da interlocução de setores que atuam no sindicato em supostas vanguardas e o caráter fragmentado e assistemático de articulação das lutas sindicais com os movimentos sociais e as entidades acadêmicas comprometidos com a educação pública.

Inversamente, os senhores do dinheiro organizam e buscam estratégias para ampliar cada vez mais o controle sobre a escola e a universidade, objetivando definir o que é dado a pensar para a juventude brasileira. O objetivo é a inculcação da moral, da "ética" e dos valores burgueses em seu momento neoliberal, em especial em um contexto de novas configurações da "governança" que requerem a

---

Banco Mundial, Global Development Research Network, Associação Internacional para a Avaliação do Rendimento Escolar (IEA), Fundação Tinker, Fundação Avina, Fundação GE, entre outros doadores".

combinação de entes privados (ONG, Terceiro Setor, empresas com "responsabilidade social") com os aparatos do Estado.

**Os empresários na organização da educação da juventude**

A presença empresarial e religiosa na formação direta de um quarto da população brasileira não seria possível sem o Estado. No caso do ensino religioso, o recente tratado com o Vaticano ilustra como o Estado maneja a questão. Na esfera empresarial, o governo incorporou as demandas do capital por meio do Plano de Desenvolvimento da Educação (PDE), atrelando as medidas adotadas pelo Ministério da Educação (MEC) à agenda empresarial do movimento "Compromisso Todos pela Educação", iniciativa que reúne os principais grupos econômicos que constituem o bloco de poder dominante.

De fato, o PDE assume plenamente, inclusive na denominação, a agenda do "Compromisso Todos pela Educação", movimento lançado em 6 de setembro de 2006, em São Paulo. Apresentando-se como uma iniciativa da sociedade civil e conclamando a participação de todos os setores sociais, esse movimento se constituiu, de fato, como um aglomerado de grupos empresariais com representantes e patrocínio de entidades como Grupo Pão de Açúcar, Fundação Itaú Social, Fundação Bradesco, Instituto Gerdau, Grupo Gerdau, Fundação Roberto Marinho, Fundação Educar DPaschoal, Instituto Itaú Cultural, Faça Parte – Instituto Brasil Voluntário, Instituto Ayrton Senna, Companhia Suzano, Banco ABN-Real, Banco Santander, Instituto Ethos, entre outros.

Essa investida sobre a educação pública vem sendo efetivada por meio de entidades âncoras, em cuja direção se reveza um pequeno grupo de gestores. Assim, por exemplo, Milú Villela, do Instituto Itaú Cultural, é presidente do Museu de Arte Moderna de São Paulo (novembro de 2009), do Faça Parte – Instituto Brasil Voluntário e agora também do Comitê Executivo do "Compromisso Todos pela Educação". As entidades que organizam essa investida ocultam seu caráter corporativo e empresarial por meio da filantropia, da responsabilidade social das empresas e da ideologia do interesse público. As mais relevantes são: o Instituto Ayrton Senna (respaldado por corporações dos setores financeiro, agromineral e de agroquímicos, editoras interessadas na venda de guias e manuais, provedores de telefonia, informática e internet engajadas no cyber-rentismo)[10]; a Fundação Ro-

---

[10] São elas: Ale (combustíveis), Banco Triângulo, Bradesco Capitalização, Brasil Telecom, Celpe, Coelba, Cosern, Credicard, Grendene, HP Brasil, Instituto Unibanco, Instituto Vivo, Instituto Votorantim, Intel, Lenovo, Grupo de Líderes Empresariais/Empresários pelo Desenvolvimento Humano (Lide), Martins Distribuidora, Microsoft Educação, Nivea, Oracle, Santa Bárbara Engenharia, Siemens, Suzano e Vale do Rio Doce.

berto Marinho, principal grupo de comunicação localizado no Brasil (e que não torna públicos seus apoiadores); a Fundação Victor Civita, vinculada a um grupo econômico que, entre outras, edita uma revista que vem difundindo que a educação é um tema técnico-gerencial (revista *Nova Escola*), apoiada por editoras, pelo capital financeiro e agromineral, pelas corporações da área de informática etc.[11]; e a Fundação Itaú Social, que, valendo-se, como as demais, de isenções tributárias, atua no setor educacional objetivando implementar as parcerias público-privadas na educação básica por meio das escolas *charter*[12].

A eficácia dessa ofensiva empresarial sobre a educação pública não pode ser atribuída apenas ao empresariado e às suas fundações privadas. Também setores ligados aos trabalhadores vêm sustentando a supremacia do privado sobre o público e mesmo o "caráter progressista" das parcerias entre as entidades patronais, o governo e os trabalhadores. Um dos momentos fundacionais dessa lógica tem sua origem nas ações da CUT, que, contra os princípios defendidos pelo então Fórum Nacional em Defesa da Escola Pública, firmou contratos de parcerias, ainda no governo Collor, por meio do Projeto Integrar, uma colaboração com o Programa Educação do Trabalhador, do Serviço Social da Indústria (Sesi), e com o Telecurso 2000, da Fundação Roberto Marinho e da Federação das Indústrias do Estado de São Paulo (Fiesp). Desde então, dirigentes da CUT vêm apoiando entusiasticamente programas de parcerias e de isenções tributárias para a educação superior no país, como o Programa Universidade para Todos, edificado por isenções tributárias, a pior forma de gasto público, pois, embora os recursos sejam públicos, toda a política é encaminhada pela esfera privada.

A agenda empresarial em curso é difundida por materiais didáticos que devem ser cegamente aplicados. Por meio de publicidade, os governos incentivam os pais a acompanhar a cartilha dos filhos e a comparar se o andamento dela está igual em toda a escola. A avaliação centralizada e elaborada com base nas cartilhas é mais uma forma de constrangimento aos professores. O mesmo *modus operandi* é utilizado nos guias para a formação de professores e na adoção de modelos de gestão empresarial baseados em resultados. Origina-se disso um tectônico processo de expropriação do conhecimento dos professores, subordinando-os não apenas de modo

---

[11] São elas: Alfabetização Solidária, Bovespa, Cosac Naify, Ática, Scipione, EDP, Fundação Bradesco, Fundação Cargill, Fundação Educar DPaschoal, Fundação Telefônica, Gerdau, Instituto Unilever, Intel, Itautec, Microsoft, Osesp, Rádio Bandeirantes e Sesi.

[12] As escolas *charter* são construídas e geridas por entidades privadas, filantrópicas, mas as matrículas e mensalidades de seus alunos são pagas pelos estados, responsáveis por monitorar seu desempenho. Entre as medidas previstas, cabe salientar a autonomia para contratar professores, elaborar currículos próprios e mudar a carga horária.

formal, mas também de modo real ao capital. Em meados dos anos 1990, um analista da Comissão Econômica para a América Latina e o Caribe (Cepal) sustentava que, para avançar nas contrarreformas, era preciso quebrar o monopólio do saber dos professores[13]. A mensagem é clara: os professores e seus saberes fracassaram e as universidades públicas são responsáveis por essa falta de êxito. Doravante, cabe às corporações estabelecer o que é dado a pensar na escola, reconceituando o trabalho docente como "tarefas docentes" alienadas, definidas de modo heterônomo por esferas externas às escolas, como, no PDE, as entidades patronais.

As iniciativas do governo Lula seguiram os trilhos da política educacional do governo FHC, como o apoio ao setor privado por meio de isenções tributárias, os contratos de gestão entre municípios, estados e MEC, a avaliação produtivista dos resultados, as medidas focalizadas, o entusiasmo pela educação a distância, a disjunção da formação profissional e do ensino propedêutico, o conceito de educação rural proveniente do Programa Escola Nova colombiano. São quinze anos de política social-liberal. A agenda de FHC foi radicalizada nas isenções tributárias para o setor empresarial (Programa Universidade para Todos – ProUni), na expansão da rede de educação tecnológica de curta duração (agora muito semelhante aos *community colleges* estadunidenses, inspirados no convênio de cooperação do MEC com a Usaid), no grau de massificação do uso da educação a distância (Universidade Aberta do Brasil, liberalização da modalidade no setor privado-mercantil), na expansão das matrículas das universidades federais por meio de um contrato de gestão (Programa de Reestruturação das Universidades Federais) e no aprofundamento do deslocamento do par ciência e tecnologia como pesquisa e desenvolvimento (inovação), ressignificando a universidade como lócus de venda de serviços de baixa relevância tecnológica e científica.

A educação superior foi convertida em área de vultosos negócios, estimados em R$ 21 bilhões[14]. Assim, a exploração produtiva do trabalho docente teve um extraordinário crescimento. Apenas na presente década, o número de funções docentes nas instituições privadas passou de 73.654 para 201.280, crescimento notadamente significativo nas particulares com fins lucrativos (passando de 36.865 para 114.481, uma expansão de 210%).

---

[13] Guillermo Labarca, "Cuánto se puede gastar en educación?", *Revista de la Cepal*, n. 56, ago. 1995, p. 163-78.
[14] Na análise da Hoper Consultoria, o faturamento atual do setor, em R$ 21 bilhões, deve registrar aumento para R$ 27 bilhões até 2012. Conrado Mazzoni, "A aula é na classe C", disponível em <http://www.acoesemercados.com.br/conteudo/materia.asp?InCdMateria=530&InCdEdicao=22>. Acesso em 25/11/09.

## Bases para uma educação para além do capital

Diante de um quadro de inequívocas derrotas – avanço do empresariamento da educação, presença crescente das corporações na condução das políticas ditas públicas de educação e, por diversos motivos, dificuldades de atuação sindical –, a teoria é crucial para contribuir no fortalecimento do protagonismo político dos educadores e dos movimentos sociais.

No plano teórico, ganha relevo especial a obra de István Mészáros. Preocupado com a apropriação da educação pelo capital, escreveu um pequeno mas denso livro: *A educação para além do capital*[15]. Nele, o autor desenvolve questões presentes em obras anteriores, como sua tese de doutorado *A teoria da alienação em Marx*[16] e sua obra de maior fôlego, *Para além do capital*[17]. Tal qual Marx em seu escrito para a Associação Internacional dos Trabalhadores, esse livro objetiva contribuir para a definição de linhas estratégicas para as lutas do presente.

Como Mariátegui e Gramsci, Mészáros compreende que o projeto de educação transformadora tem como eixo a crítica à disjunção entre os que pensam e os que executam, o que, historicamente, se traduz como um projeto de educação unitária: "o *Homo faber* não pode ser separado do *sapiens*", situando a luta pela educação unitária no contexto da luta contra o capital. São os socialistas que podem empreender a luta pela escola unitária do trabalho. E aqui o desafio é imenso. Os educadores estão na defensiva, inclusive no terreno das ideias, apoiando, sem muitas críticas, a agenda liberal-democrática ou, como no escopo da CUT, as parcerias público-privadas.

Após mais de um século de lutas em prol da educação pública, antagônica em relação ao particularismo privado-mercantil – e a favor de um real universalismo, distinto do (falso) universalismo liberal eurocêntrico e burguês –, os representantes do capital compreenderam o quanto é estratégica a disputa pela formação de uma dada sociabilidade na massa da juventude. O coração da intervenção do empresariado não poderia ser outro que o trabalho, difundindo a noção ideológica das chamadas competências que pretensamente assegurariam a empregabilidade[18]. Conforme Fukuyama[19], não existem desempregados, mas trabalhadores inadaptados culturalmente ao mundo globalizado: o sistema é justo e funciona, o desemprego é por exclusiva responsabilidade das más escolhas educativas dos jovens. Os

---

[15] São Paulo, Boitempo, 2005.
[16] São Paulo, Boitempo, 2011.
[17] Ed. rev., São Paulo, Boitempo, 2011.
[18] Marise N. Ramos, "A educação profissional pela pedagogia das competências: para além da superfície dos documentos oficiais", *Educação & Sociedade*, Campinas, v. 23, n. 80, set. 2002.
[19] Citado em Perry Anderson, *O fim da história: de Hegel a Fukuyama* (Rio de Janeiro, Jorge Zahar, 1992).

social-liberais preconizam que o sistema não está insensível a isso, propiciando uma miríade de parcerias público-privadas para que os jovens possam melhorar suas empregabilidades e, sobretudo, sua capacidade de buscar, por conta própria, alternativas de sobrevivência com o empreendedorismo.

Em *A educação para além do capital*, Mészáros recoloca a problemática em outros termos: "É preciso romper com a lógica do capital se queremos contemplar a criação de uma alternativa educativa significativamente diferente". O gradualismo utópico praticado pelos novos e velhos liberais foi incapaz de reverter a situação de barbárie educacional a que a imensa maioria dos povos está submetida. Nos mesmos termos de Wood[20], que sustenta que a estratégia política passa pela desmercantilização dos direitos sociais, Mészáros propugna que é preciso perseguir de modo planejado e consistente uma "estratégia de rompimento do controle exercido pelo capital, com todos os meios disponíveis, assim como com todos os meios ainda a serem inventados com o mesmo espírito".

A defesa da escola unitária do trabalho requer a superação da alienação do trabalho e, consequentemente, da ordem capitalista. Voltando ao plano da estratégia para alcançar esses objetivos, Mészáros nos lembra que a ação pedagógica transformadora é uma dimensão crucial da práxis revolucionária. Não é cabível uma sociedade de produtores livremente associados sem uma educação que fomente a autotransformação consciente dos indivíduos, mas, para isso, é preciso a universalização da educação omnilateral e a recuperação do sentido ontológico do trabalho na formação do ser social.

Referenciados nessa perspectiva, embora por distintos caminhos teóricos e práticos, os movimentos sociais antissistêmicos vêm recolocando a problemática da formação e da educação como uma das dimensões da estratégia para o socialismo no século XXI.

Nesse contexto, é possível verificar um extraordinário revigoramento da educação popular e, em particular, da formação política. Examinando a experiência latino-americana, em especial a luta dos povos originários (os zapatistas, no México, a Confederação de Nacionalidades Indígenas do Equador – Conaie e os *cocaleros*, na Bolívia) e dos trabalhadores rurais (o MST, no Brasil), é possível postular que o movimento de renovação da educação popular está indissoluvelmente relacionado com a necessidade de uma nova episteme que supere as perspectivas eurocêntricas. Como salienta Turchetto[21], o conhecimento científico e tecnológico

---

[20] Ellen Meiksins Wood, *Democracia contra capitalismo* (São Paulo, Boitempo, 2004).
[21] Maria Turchetto, "As características específicas da transição ao comunismo", em Márcio Bilharinho Naves (org.), *Análise marxista e sociedade de transição* (Campinas, Editora da Unicamp, 2005, Coleção Ideias, v. 5).

produzido pelo capitalismo como uma das mediações cruciais do desenvolvimento das forças produtivas torna a ciência e a tecnologia prenhes da lógica capitalista, abrangendo a disjunção entre concepção e execução, a lógica de exploração dos recursos naturais (expropriação) e a hiperexploração do trabalho. Por isso, o eixo da luta pela educação não pode ser a reprodução acrítica desse conhecimento.

Há muito a aprender com os povos originários que sustentam perspectivas interculturais, defendendo que os desafios epistemológicos e epistêmicos são axiais. Sem a crítica ao eurocentrismo (que preconiza uma única economia, a liberal-burguesa; uma única agricultura, o agronegócio; uma única saúde, a associada ao complexo industrial da saúde etc.) e à colonialidade do saber e do poder correspondentes, a defesa da educação universal pode reproduzir o ideário burguês que preconiza sua concepção de mundo (como classe para si) como universal.

A respeito das principais tendências dos movimentos sociais que emergiram do cataclismo neoliberal que transtorna a América Latina desde os anos 1980, Raúl Zibechi[22] argumenta que eles assumem feição distinta tanto do velho sindicalismo como dos movimentos europeus, sendo um amálgama de linhagens como os movimentos eclesiais de base, a insurgência indígena portadora de uma cosmovisão distinta da ocidental e o guevarismo inspirador da militância revolucionária. Foram esses movimentos que derrubaram presidentes no Equador, na Bolívia e na Argentina, por exemplo, e empreenderam amplas mobilizações que impediram o avanço da privatização em diversos países.

O lugar conferido à "batalha das ideias" pelos movimentos que protagonizam a luta contra o capitalismo e enfrentam o neoliberalismo confirma que está em curso um processo em que a educação é estratégica. Uma autopedagogia libertária não pode deixar de dialogar com os movimentos que estão empreendendo transformações sociais estruturais por meio de uma radical reorganização de atos, palavras e símbolos. No caso do Brasil, urge construir o novo ponto de partida defendido por Florestan Fernandes, congregando movimentos estudantis e sindicais autônomos, movimentos sociais e demais organizações socialistas, proliferando coletivos de formação, universidades populares, núcleos de estudos e pesquisas nas universidades, constituídos por acadêmicos e militantes, acumulando forças para grandes jornadas de lutas antissistêmicas.

---

[22] Raúl Zibechi, "Los movimientos sociales latinoamericanos: tendencias y desafios", *Revista Osal*, Buenos Aires, n. 9, jan. 2003.

István Mészáros aos 4 anos em Budapeste, com sua mãe e suas irmãs.

À esquerda, boletim do primeiro ano do ensino fundamental; à direita, boletim do último ano do ensino médio.

István Mészáros em 1956, no dia de seu casamento com Donatella. Ao fundo, György Lukács. Abaixo, a certidão de casamento.

Casamento de István e Donatella; ao lado do casal, os padrinhos Gertrud e György Lukács. Abaixo, dia seguinte ao casamento.

Donatella e Susie Mészáros, em 1961.

Donatella com os filhos Susie, George e Laura, da esquerda para a direita.

Palestra inaugural na Academia Húngara de Ciências, em 1996.

Com Paul Sweezy e sua mulher em Nova York, em 1997.

Donatella e István em sua residência em Rochester, em 2000.

István Mészáros com Fidel Castro (de costas) e Samir Amin em Cuba, em 2003.

Na casa de Adolpho Sánchez Vázques, na Cidade do México.

Donatella em frente à Academia Húngara de Ciências em 2004.

Almoço oferecido por Mészáros à equipe da Boitempo, em 2006

István e Donatella com Claudia Nogueira, Ivana Jinkings, Kim Jinkings, Marlene Baptista, Ricardo Antunes (de pé, da esquerda para a direita) e Jorge Giordani.

Com Emir Sader e Samir Amin em Roma, dezembro de 2006.

Mészáros durante visita
à editora Boitempo.

Dedicatória
do autor no volume
1 do livro *Estrutura
social e formas de
consciência*: "Para as
maravilhosas pessoas
da Boitempo, com
calorosos votos
para o futuro,
István Mészáros".

Premio Libertador al Pensamiento Crítico, concedido a Mészáros pelo governo da Venezuela em 2008.

Capa do volume 1 das *Obras completas de Simon Rodriguez*, oferecido por Hugo Chávez a István Mészáros. Na dedicatória, lê-se: "A István, indicador de caminhos... Hugo Chávez. Miraflores, 10 de setembro de 2001".

Foto de Chávez e Mészáros. Na dedicatória, lê-se: "István, aqui tens um irmão. Hugo Chávez".

Capas de livros de Mészáros publicados em diversos países.

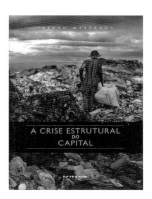

Livros de István Mészáros publicados pela Boitempo.

Acima, em sentido horário: Susie Mészáros, Jorge Beinstein e Brett Clark com João Pedro Stedile em homenagem a Donatella; István recebe uma cesta do MST. Ambas na Escola Nacional Florestan Fernandes, 2009. Ao lado, auditório lotado para conferência de Mészáros na USP. Abaixo, à direita, em intervalo para o almoço, com François Chesnais e outros; abaixo à esquerda, mesa de debates com Afrânio Catani, Rodrigo Nobile e Roberto Leher (ao microfone). Todas durante o III Seminário Margem Esquerda.

# A CRISE ESTRUTURAL
DO CAPITAL

# NÃO SÓ UMA CRISE ECONÔMICA E FINANCEIRA, UMA CRISE DE CIVILIZAÇÃO*

*François Chesnais*

A atual crise econômica e financeira está entre aquelas que a escola da regulação, em sua fase de economia política crítica, chamava de "enorme crise"[1]. Perto de completar quatro anos, ela ainda se prolongará, porque tem como substrato uma superacumulação de capital físico, de capacidade de produção, que leva a uma superprodução. Ainda que esteja concentrada em determinados setores e países, o quadro geral é o da economia globalizada, com suas profundas interdependências comerciais e financeiras e seus mecanismos de propagação rápida.

Foi como crise financeira que a crise mundial começou em fins de julho de 2007 e, durante mais de um ano, evoluiu, sobretudo na esfera financeira. Nesse sentido, é uma crise do regime de acumulação predominantemente financeira ou financeirizada, implantada no fim dos anos 1980. Mais nova e mais decisiva em sua caracterização como uma "enorme crise" é a conexão entre a crise econômica e financeira e a crise ecológica mundial em suas diferentes dimensões, em especial de mudança climática radical.

Estendendo-se por muitos anos, a crise econômica e financeira se tornará um dos aspectos de uma crise bem mais ampla: uma crise de civilização. Os explorados e dominados já estão mergulhados nela e afundarão cada vez mais. De imediato, os que são assalariados veem-se confrontados com um conjunto de medidas tomadas

---

[1] Ver Robert Boyer, *La théorie de la régulation: une analyse critique* (Paris, La Découverte, 1987), p. 68. [Ed. bras.: *Teoria da regulação: uma análise crítica*, São Paulo, Nobel, 1990.] Tratando dos Estados Unidos, a crise atual anuncia em seu desenvolvimento o que Boyer chama de "crise do sistema de regulação", no sentido forte do termo de "escalada das contradições nas instituições mais essenciais, que condicionam o regime".

* Tradução de Mariana Echalar. (N. E.)

por governos e empresas cujo objetivo é não só jogar o peso da crise em cima deles, como usar a mudança das relações de força em proveito do capital que resulta do aumento do desemprego e, com isso, agravar ainda mais as condições da exploração. Em um horizonte temporal mais distante, os explorados e os dominados terão de enfrentar a interpenetração – cujas primeiras manifestações já se veem na África e na Ásia – entre a crise econômica mundial, a crise de alimentos que atinge as populações mais vulneráveis e os impactos sociais de uma crise provocada pelas mudanças climáticas, vista como crise das condições de reprodução social devido aos ecossistemas planetários e à degradação da biosfera.

Assim entendida, a crise é mundial e ao mesmo tempo "total". Mas não será necessariamente vista assim em todos os países. A teoria do capital globalizado e do sistema das relações econômicas e políticas da época da "globalização" pressupõe abordar a análise como "elementos de uma totalidade, diferenciações dentro de uma unidade"[2]. Tal diferenciação é essencial para discernir as particularidades nas relações de cada país com o mercado mundial e as finanças globalizadas. Permite compreender por que os ritmos de desenvolvimento e as formas que toma uma enorme crise como a atual podem ser diferentes entre si. Assim, a revista inglesa *The Economist* publicou em seu site, em 14 de setembro de 2009, um artigo substancial cujo título era "*Brazil and the crisis: late in, first out*" [Brasil e a crise: entrada tardia, primeiro a sair]. Esse prognóstico se cumpriu. Medidas de política econômica interna contribuíram para enfrentar os efeitos da recessão. Mas o Brasil é um dos pontos da configuração internacional movida pela China, que representa a base de apoio principal da acumulação capitalista mundial. A posição que se ocupa na totalidade hierarquizada, tanto a de ontem quanto a de hoje, é um fator que tem efeitos "subjetivos" individuais e coletivos. E pode afetar fortemente, e em especial, a maneira predominante como uma sociedade nacional percebe hoje a questão ecológica, cujo aspecto mais importante é a mudança climática, mas não é o único.

Vivemos em um mundo de recursos limitados que se vê diante do desafio de tentar limitar o alcance da mudança climática, um mundo em que "o respeito a Gaia" tornou-se indispensável[3]. Em sua obra mestra, *Para além do capital*\*, e nos livros que em seguida aprofundaram alguns de seus aspectos, István Mészáros

---

[2] Karl Marx, *Introduction à la critique de l'économie politique* (Paris, L'Altiplano, 2008).
[3] Isabelle Stengers, *Au temps des catastrophes: résister à la barbarie qui vient* (Paris, Les Empêcheurs de Penser en Rond/La Découverte, 2009). A apresentação que fiz de seu livro na versão eletrônica da revista *Contretemps* foi traduzida para o castelhano e publicada na revista *Herramienta* (Buenos Aires), n. 42, out. 2009, com o título "'Socialismo o barbarie': las nuevas dimensiones de una alternativa".
\* Ed. rev., São Paulo, Boitempo, 2011. (N. E.)

abarca quase todas as dimensões da crise de civilização que estamos vivendo. O desafio é poder "traduzir" essa crise para os códigos culturais e políticos de cada país. As dificuldades intelectuais e políticas correspondentes podem ser consideráveis. No entanto, só assim as ideias que ele desenvolve podem "se tornar forças materiais", na expressão de Marx – o que vale tanto para o conteúdo do pensamento daquele quanto para a urgência de se libertar das relações sociais de produção, cujo caráter radicalmente destruidor marca este início do século XXI.

## O movimento do capital sem fim nem limite, a preservação a qualquer custo de sua dominação social

Qualquer discussão sobre a crise exige que se retome o entendimento do capitalismo como tal. Não se trata apenas de um sistema desigual e injusto. Devemos nos prevenir contra qualquer economicismo – mesmo que apoiado em noções teóricas marxistas – que nos leve a ver as contradições internas do capitalismo de maneira distanciada. É necessário um trabalho permanente de apreciação, por assim dizer, filosófica do capitalismo, bem como a obrigação de situar a luta de classes no centro da análise.

O capitalismo não é simplesmente um "sistema econômico". É também – ou, hoje em dia, acima de tudo – um sistema de dominação social em proveito de burguesias oligárquicas e oligarquias burocrático-capitalistas, hierarquizadas em nível mundial. É desnecessário explicar que "a história de todas as sociedades até hoje existentes é a história da luta de classes". A constatação que inicia o *Manifesto Comunista*[*] é algo que está inscrito nos genes da maioria esmagadora de seus membros. Há momentos em que o instinto de preservação a todo custo de determinada dominação social é de uma evidência brutal, caso das revoluções – Revolução Alemã de 1918, Revolução Espanhola de 1936 ou o Chile em 1971. Mas essa dimensão ressurge em tempos de crise econômica e financeira grave. Salvar o sistema a qualquer preço foi o reflexo das burguesias oligárquicas mundiais em setembro de 2008, quando a falência do banco de investimentos Lehman Brothers ameaçou levar com ela o sistema financeiro mundial.

Cada geração lê Marx de maneira diferente, e o indivíduo fará o mesmo em momentos distintos de sua vida. Hoje, o Marx que releio como pesquisador militante é aquele que escreve em *O capital*:

> a circulação do dinheiro como capital possui seu objetivo em si mesma; porque é somente por esse movimento sempre repetido que o valor continua a se valorizar. O mo-

---
[*] São Paulo, Boitempo, 1998, p. 40. (N. E.)

vimento do capital não tem limite, portanto. É como representante, como suporte consciente desse movimento que o possuidor do dinheiro se torna capitalista. Sua pessoa, ou melhor, seu bolso, é o ponto de partida e o ponto de retorno do dinheiro. O conteúdo objetivo da circulação D-M-D', isto é, a mais-valia produzida pelo valor, é sua meta subjetiva, íntima.[4]

É aí que devemos buscar pelo menos uma das explicações para a reação dos governos e dos grandes grupos financeiros e industriais diante da crise de alimentos e das mudanças climáticas.

Estamos chegando ao fim de uma fase de acumulação de capital de duração excepcional, que passou por curtos períodos de retrocesso, mas não teve interrupções de fato. Daí a acumulação do "dinheiro circulando como capital", ou aspirante a capital, ser absolutamente gigantesca. Esse efeito de alcance, multiplicado pela liberdade de movimentação planetária trazida pela liberalização e pela desregulamentação, faz o dinheiro que se tornou capital erguer-se diante da sociedade como uma espécie de potência dotada de objetivos e movimentos próprios. A dominação dos trabalhadores vivos pelo trabalho morto que eles mesmos produziram é a característica principal da produção capitalista baseada no valor, no trabalho abstrato criador de valor, no dinheiro e no capital[5].

A relação de produção capitalista leva os trabalhadores a contribuir para o fortalecimento de um poder que se ergue acima deles como uma força objetiva. Agora, é a sociedade planetária como tal que se vê diante do movimento cego do "fetiche autômato"[6], das exigências de reprodução sem fim do "valor como uma substância automática, dotada de vida própria"[7]. Mesmo diante da superacumulação e da superprodução, de uma situação em que a massa de mais-valia produzida pelas empresas não pode ser realizada, o capital buscará satisfazer sua sede ilimitada de mais-valia. Os obstáculos apenas a exacerbarão.

Um dos traços da financeirização é a posição que os grandes bancos, as companhias de seguro e os fundos de pensão ocupam na configuração interna da burguesia dos países capitalistas centrais e na determinação diária das políticas econômicas. É por isso que a visibilidade dos dirigentes da Goldman Sachs, Morgan Stanley e congêneres como "representantes, suportes conscientes do movimento de valorização sem limite" é particularmente grande. Mas há outros "suportes cons-

---

[4] Karl Marx, Le capital (Paris, Éditions Sociales), livro 1, cap. 4. [Ed. bras.: O capital, São Paulo, Nova Cultural, 1985.]
[5] Isaak Rubin, Essays on Marx's Theory of Value (Detroit, Black & Red, 1972). [Ed. bras.: A teoria marxista do valor, São Paulo, Brasiliense, 1980.]
[6] Karl Marx, Le capital, cit., livro 3, primeiros três parágrafos do cap. 24.
[7] Ibidem, livro I, cap. 4.

cientes". O regime econômico e político da globalização, cujo núcleo é hoje o G20, levou a um novo impulso na centralização e na concentração do capital e a um novo salto na polarização da riqueza tanto no nível interno quanto entre os países, processos que não são exclusivos do Norte.

O regime internacional da globalização do capital aumentou em toda parte o espaço ocupado pelos direitos de propriedade e pelos mecanismos de apropriação baseados na exploração do trabalho ou na retirada de rendimentos. A transição acelerada para o capitalismo na China fortaleceu o processo em nível global. Em setores específicos de países do Sul – entre eles o Brasil, em bancos e serviços financeiros, agroindústria, minas e metais de base –, assistimos a uma centralização e concentração cada vez maiores do capital. A constituição do G20 determina uma reconfiguração dos países cujos governos e oligarquias estão na linha de frente da reprodução do capital e da dominação social correspondente.

## O antagonismo consubstancial contra os trabalhadores

Na França, os suicídios no trabalho, ou melhor, os assassinatos de assalariados pelas empresas, como os qualificou a filósofa Hélène Cixous[8], lembram o tamanho do antagonismo do capital aos que devem vender sua força de trabalho, seja como "simples assalariados", seja como executivos. No Brasil, a ênfase deve ser dada, em primeiro lugar, aos trabalhadores da agricultura, os membros do Movimento dos Trabalhadores Rurais Sem Terra (MST), vítimas de matadores pagos por grandes proprietários e certos policiais, e também todos os trabalhadores agrícolas contratados legalmente nas plantações de cana-de-açúcar, por exemplo, que morrem por excesso de trabalho ou envenenados por agrotóxicos.

O antagonismo aos trabalhadores é consubstancial com o capitalismo. As políticas neoliberais e a mudança de identidade dos donos do capital liberaram um antagonismo irredutível, intensificado ainda mais pela crise. Os trabalhadores o enfrentam em condições que o processo de globalização do "exército industrial de reserva"[9] tornou particularmente difíceis. Um dos efeitos da liberalização e da desregulamentação, senão o mais importante, foi a concorrência direta entre países com trabalhadores cuja produtividade tende a se igualar, mas com relações políticas e sociais internas que permitem às empresas pagar cinco, dez ou quinze vezes menos por eles e evitar despesas indiretas de salário e proteção social garantidas em determinados países. Em 1848, Marx e Engels referiam-se ao quadro nacional

---

[8] Hélène Cixous, participação em debate no programa de televisão *Ce soir (ou jamais!)*, do canal FR3, e em entrevista para o jornal francês *L'Humanité*, 30/9/2009.
[9] Karl Marx, *Le capital*, cit., livro 1, cap. 25.

quando constataram no *Manifesto Comunista* que "a organização do proletariado em classe" era "incessantemente destruída pela concorrência que fazem entre si os próprios operários"*. Hoje, as condições históricas em que a constituição do mercado mundial se realizou, isto é, a derrocada da URSS e a incorporação da China no capitalismo mundial, provocaram um salto qualitativo na intensidade dessa concorrência, facilitando a execução das novas normas de "gestão dos recursos humanos".

A abordagem da análise do capitalismo em termos de antagonismo irredutível em relação ao trabalho tem implicações para a teoria das crises. Desde o século XIX, as crises de superprodução foram apresentadas como de subconsumo, causadas pelos baixos salários e pelo pouco poder de compra dos trabalhadores. Marx defrontou-se com essa interpretação. Evidentemente, a superprodução é relativa, de modo que sempre expressa um subconsumo. O capitalismo precisa de assalariados como força de trabalho, já que é do valor de uso dessa força que nasce o excedente que está na base do lucro. Precisa deles também como consumidores. Sob coerção da concorrência e da busca do lucro, o reflexo das empresas é ver os assalariados unicamente como um custo que deve ser reduzido. Fazendo isso, elas contribuem para "serrar o galho" em que estão coletivamente apoiadas. Alojada no centro da relação entre o capital e o trabalho, essa contradição possui objetiva e permanentemente o caráter de um antagonismo consubstancial com o capitalismo, um antagonismo irredutível.

A necessidade de tomar a questão por esse lado é de ordem filosófica e política. Citando novamente Marx:

> A produção é uma produção para o capital e não o contrário: os meios de produção não são simples meios de dar forma, expandindo-o sem parar, ao processo da vida em benefício da sociedade dos produtores. Os limites que servem de quadro intransponível para a conservação e a valorização do valor-capital repousam sobre a expropriação e o empobrecimento dos produtores. Portanto, entram incessantemente em contradição com os métodos que o capital deve empregar para seus próprios fins, e que tendem a transformar a produção em um fim em si.[10]

É ilusão acreditar que se pode remediar esse sistema com uma distribuição melhor, o que reduziria o efeito de subconsumo. No contexto da globalização e da concorrência de trabalhadores de país contra país, a produção recuperou plenamente o caráter de "produção para o capital". A relação entre capital e trabalho voltou a ser radicalmente antagônica.

---

* *Manifesto Comunista*, cit., p. 48. (N. E.)
[10] Ibidem, livro 3.

## O desperdício impudente dos recursos naturais e a degradação da biosfera

Há também o antagonismo do capital em relação à "natureza". Mais do que nunca assistimos, em escala planetária, ao processo de exploração até o esgotamento das "duas fontes de onde brota toda a riqueza: a terra e o trabalhador"[11].

Os "produtores associados", depois que vencerem o capitalismo, terão a possibilidade de "combinar racionalmente e controlar suas trocas de matéria com a natureza". O capitalismo não pode fazê-lo. O período histórico em que estamos entrando será dominado pelo entrelaçamento entre as dimensões sociais e ecológicas das devastações provocadas pelo movimento de valorização do capital. As mudanças climáticas já põem em questão as condições da reprodução social em um número crescente de países[12]. As oligarquias mundiais veem nisso uma questão de manutenção da ordem e preparam-se para enfrentar, inclusive militarmente, revoltas resultantes de migrações climáticas maciças[13]. Enquanto as consequências das mudanças climáticas não pesarem nas condições de acumulação mediante processos de retroação, o capital e os mandatários políticos não têm muito a fazer. É por isso que, pelo menos por enquanto, na questão das emissões de gases de efeito estufa, as advertências dos cientistas resultaram em medidas de fachada no plano político, que visam acalmar parte da população em alguns países ricos (essencialmente na Europa).

As empresas tornaram-se mestres na arte de demonstrar aos que têm poder de compra que as mercadorias que elas propõem são "úteis". Se fracassam, do ponto de vista do capital, o trabalho que incluem "é despendido inutilmente"[14]. Se, como é o caso geral, conseguem vender mercadorias que entulham as casas sem ter nenhuma serventia, enquanto centenas de milhares de pessoas (apenas na França) vivem na miséria, então é do ponto de vista dos trabalhadores tomados como classe, mas também da sociedade entendida como entidade distinta do capitalismo, que ocorre um gasto inútil, um desperdício social do trabalho. Essa é uma questão a que István Mészáros sempre deu grande importância. A

---

[11] Ibidem, livro 1, cap. 15, fim da seção II.
[12] Ver François Chesnais e Claude Serfati, "'Ecologia' e condições físicas de reprodução social: alguns fios condutores marxistas", *Crítica Marxista*, São Paulo, n. 16, 2003. Nesse trabalho, reconhece-se o grande atraso da crítica marxista até data recente e busca-se uma explicação.
[13] Comunicado à imprensa da CIA, "The CIA Will Add Rising Sea Levels, Desertification and Population Shifts Caused by Climate Change as One More Potential Threat to National Security", 25/7/2009.
[14] "Nenhum objeto pode ser um valor se não for uma coisa útil"; se "é inútil, o trabalho que ele inclui é despendido inutilmente e, consequentemente, não cria valor". Em Karl Marx, *Le capital*, cit., livro 1, v. 1, capítulo 1, fim da seção I.

"produção generalizada do desperdício" é o ponto principal da terceira parte de *Para além do capital*\*.

É muito difícil prever quais serão os impactos da crise ecológica em suas diferentes dimensões sobre a taxa de lucro e a taxa de acumulação. Por enquanto, o esgotamento progressivo e o encarecimento do preço dos recursos básicos atingem os países capitalistas, centrais ou emergentes, de maneira desigual. Estão integrados na capacidade de concorrência de cada um. Provocam guerras em que a disputa é por petróleo e minerais raros. É provável que em um horizonte temporal cada vez menor os efeitos das mudanças climáticas se coloquem de forma brutal em todo o mundo. Por enquanto, os efeitos sociais dessas mudanças se manifestam de maneira desigual e diferenciada no espaço mundial, gerando assim uma grande dificuldade política. O impacto das mudanças climáticas diz respeito diretamente às pessoas que vivem em determinados países do Sul, os mais pobres e vulneráveis. O "capitalismo verde" vê as mudanças climáticas e as "energias alternativas" como uma oportunidade de mercados e lucros[15]. Os protagonistas são os mesmos grupos do setor de energia que estão no centro do modo de produção e consumo responsável pela emissão de gases de efeito estufa.

## A acumulação do capital fictício e o peso esmagador do fetichismo do dinheiro

A exploração desenfreada dos trabalhadores e a aceleração da crise ecológica em todas as suas dimensões tornam-se mais fortes na medida em que as organizações que valorizam o dinheiro acumulado fora das empresas tornam-se o elemento dominante do capital, aquele que interessa aos *commanding heights* – para usarmos uma expressão empregada em uma época muito diferente da atual, em referência às empresas do setor público. Esse é o resultado da acumulação ininterrupta durante quarenta anos de títulos da dívida pública, ações, obrigações de empresas e dívidas (em especial hipotecárias) com caráter de "direitos a valer", pretensões sobre a apropriação do valor e da mais-valia atuais e futuras (o que, em inglês, se chama *claims on production*).

Iniciada em 1978-1980, essa acumulação financeira passou por poucas desacelerações. Os efeitos do crash das bolsas em outubro de 1987 se resolveram em alguns meses e os da crise mexicana de 1994-1995 ficaram restritos aos países da América Latina. Na crise asiática de 1997-1998 e sobretudo no crash da Nasdaq em 2001, uma política monetária muito favorável aos bancos, somada a uma po-

---

\* Ed. rev., São Paulo, Boitempo, 2011, p. 634. (N. E.)
[15] Ver Michel Husson, "Un capitalisme vert est-il possible?", *Contretemps*, n. 1, set.-dez. 2009.

lítica "social" muito particular (todo norte-americano deve ter casa própria), permitiram a retomada da acumulação financeira por intermédio de um crédito hipotecário sustentado pelos mecanismos de securitização que levaram à crise financeira de 2007.

Tanto o dividendo quanto o juro – a "denominação particular para a parte do lucro que o capitalista ativo deve pagar ao proprietário do capital, em vez de embolsá-lo" – saem da partilha do lucro. Três características próprias do capital portador de juro devem ser destacadas. A primeira é o que Marx chama de "exterioridade da produção", e uma de suas manifestações é o "curto-prazismo", o horizonte curtíssimo que os financistas impõem às empresas. Isso deixa cada vez menos tempo para o "capitalista ativo" garantir as condições de produção da mais-valia ao longo do tempo. Para enfrentar seus efeitos, o capital recorre à superexploração do trabalho e também ao que David Harvey chamou de "acumulação por despossessão"[16]. Há múltiplas formas disso: desde a guerra contra o campesinato e as terras coletivas até a defesa da privatização dos serviços públicos e do setor não mercantil, implantada nos países capitalistas avançados.

No caso do capital portador de juro, estamos diante, em segundo lugar, de uma acumulação de capital fictício. Os "direitos a valer" sobre a produção são um "capital" para aqueles que os possuem ou os gerenciam em carteiras de títulos. Do ponto de vista da acumulação do capital, eles são "capital" no sentido próprio do termo. Os títulos financeiros são a "sombra" de um capital já alocado ou gasto. No caso das ações, Marx escreve que sua natureza econômica é de "duplicata do capital real, pedaços de papel"[17]. No caso de títulos da dívida, "o capital que, para as pessoas, dá brotos (juros), nesse caso o pagamento do Estado, é um capital fictício, ilusório. Não só porque a quantia emprestada ao Estado não existe, mas ainda porque nunca esteve destinada a ser despendida como capital, a ser investida". O desenvolvimento do sistema de crédito por parte dos bancos, fonte de seus "lucros" próprios, levou à criação de mecanismos pelos quais

> todo capital parece duplicar, e em certos lugares até triplicar, graças às diversas maneiras como um mesmo capital, ou simplesmente uma mesma dívida, aparece em mãos diferentes, sob formas diferentes. A maior parte desse "capital-dinheiro" é puramente fictícia. Com exceção do fundo de reserva, todos os depósitos são apenas dívidas com o banqueiro, que nunca existem realmente em depósito. Na medida em que são empregados em operações de transferência, têm a função de capital para os

---

[16] David Harvey, "El 'nuevo' imperialismo: acumulación por desposesión", em Leo Panitch e Colin Leys (orgs.), *Socialist Register 2004: el nuevo desafio imperial* (Buenos Aires, Merlin/ Clacso, 2005), p. 99-129.
[17] Karl Marx, *Le capital*, cit., livro 3, v. 7, cap. 29.

banqueiros, quando estes o emprestam. Entre eles, os banqueiros saldam as ordens recíprocas de pagamento com depósitos que não existem, fazendo essas dívidas deduzirem umas às outras.[18]

Levado a um grau extremo de sofisticação, esse mecanismo foi a base da securitização sem a qual a bolha do crédito hipotecário e a superprodução imobiliária maciça teriam sido impossíveis.

A terceira característica do capital portador de juro é a forma específica de fetichismo gerada pela valorização do dinheiro por meio de empréstimos, investimentos e especulação com os preços. A teoria do fetichismo teve pouca repercussão entre os economistas marxistas, por razões que se devem tanto ao positivismo decorrente da instrumentalização política de Marx em suas diversas variantes quanto ao economismo que atravessa o campo da economia enquanto disciplina acadêmica[19]. A base do fetichismo encontra-se na troca realizada no mercado e na existência do valor enquanto valor de troca, cujo efeito é dar a "uma relação social determinada dos homens entre eles [...] a forma fantástica de uma relação das coisas entre elas"[20]. A partir dessa base desenvolve-se um processo paralelo de reificação das relações sociais, de confusão entre as relações sociais e seus suportes materiais e, sobretudo, como escreve Alain Bihr:

> [de] personificação dessas relações reificadas, que leva a metamorfosear e a metaforizar essas mesmas coisas em potências supra-humanas, capazes de existir por si próprias, de gerar a si próprias, tornando-se objeto de um verdadeiro culto por parte dos homens, com aquilo que todo culto implica de projeção fantasmática e investimento libidinal da parte deles.[21]

A centralização e a concentração do dinheiro em sua transformação em capital de empréstimo exacerbam esse processo:

> Embora o juro seja apenas uma parte do lucro, isto é, da mais-valia que o capitalista ativo extorque do operário, o juro apresenta-se agora, ao contrário, como o fruto propriamente dito do capital, como a coisa primeira; o lucro, em compensação, que assume então a forma de lucro de empresa, aparece como um simples acessório e aditivo que se acrescenta durante o processo de reprodução. Aqui, a forma fetichizada do ca-

---

[18] Idem.
[19] É, portanto, entre os filósofos marxistas que se encontra o reconhecimento mais profundo da importância da teoria do fetichismo e da reificação consubstancial com este. O *locus classicus* dessa teoria é a obra principal de G. Lukács, *Histoire et conscience de classe* (Paris, Minuit, 1960). [Ed. bras.: *História e consciência de classe*, São Paulo, Martins Fontes, 2003.]
[20] Karl Marx, *Le capital*, cit., livro 1, capítulo 1, fim da seção 1.
[21] Alain Bihr, *La reproduction du capital: prolégomènes à une théorie générale du capitalisme* (Lausanne, Page Deux, 2001, v. 1), p. 117.

pital e a representação do fetiche capitalista chegam à sua consumação. D-D' representa a forma vazia de conteúdo do capital, a inversão das relações de produção elevada à máxima potência: a forma produtora de juro, a forma simples do capital em que ele é condição prévia de seu próprio processo de reprodução; a capacidade do dinheiro, ou da mercadoria, de fazer seu próprio valor frutificar, independentemente da reprodução, é a mistificação capitalista em sua forma mais brutal.[22]

Na autenticidade da preocupação das oligarquias no dia 15 de setembro de 2008, diante da falência do Lehman, pelo menos nos países capitalistas avançados, e no montante dos planos de resgate dos bancos, há mais que medidas "econômicas". Há o temor de ver ruir com o sistema financeiro o universo fetichizado da "inversão das relações de produção". As dimensões são múltiplas: elemento de "horizonte intransponível" para as elites burguesas; esfera de "investimento libidinal" para todos aqueles em suas fileiras cujo modelo são os beneficiários dos bônus (daí a intransigência dos Estados Unidos em relação a esse ponto, antes do G20 de Pittsburg, EUA); meio de dominação de mente e espírito de dezenas de milhões de pessoas, das quais uma parte não partidária da defesa das relações de produção e sua forma "não invertida".

## Para concluir

Em um de seus inúmeros relatórios publicados em 2009, o Fundo Monetário Internacional (FMI) mostra um gráfico que reconstitui a curva de investimento mundial de 1969 a 2006, dividindo-o entre países industrializados e países emergentes e produtores de petróleo[23].

A partir de 1974, a curva mundial mostra um movimento de queda contínuo e, no fim do período, a partir de 2006, uma tendência de subida, que evidentemente foi afetada pela crise. Essa tendência se deve exclusivamente ao segundo grupo de países, isto é, aos novos países industriais. É consequência da abertura da Índia e, sobretudo, da plena integração da China na globalização do capital, com efeitos poderosos sobre as economias vizinhas da Ásia e as grandes economias exportadoras de produtos de base da América Latina, em especial Brasil e Argentina. Hoje, é no bloco formado por Brasil, Rússia, Índia e China (Bric) que o capitalismo procura não só a saída para a crise mundial, mas também uma nova fase de acumulação. O Brasil – mais especificamente a oligarquia brasileira e os que exercem o poder político no país em grande conformidade com os interesses dela – tornou-se um

---

[22] Karl Marx, Le capital, cit., livro 3, três primeiros parágrafos do capítulo 24.
[23] Fundo Monetário Internacional, World Economic Outlook, abr. 2009, figura 1.15: "Global Saving, Investment and Current Account".

componente de importância cada vez maior no dispositivo econômico e político do capitalismo mundial. Os que defendem posições teóricas e políticas inspiradas em Marx e István Mészáros ocupam também uma posição estratégica no combate mundial, cujo desafio é expresso na alternativa "socialismo ou barbárie" – espírito no qual este autor sempre quis e quer, mais do que nunca, estabelecer relações com eles.

**Figura 1. Economia global, investimento e contas correntes**[*]
(percentual do PIB mundial)

O investimento mundial cresceu durante o presente ciclo econômico, mas, para os parâmetros históricos, permanece baixo, particularmente nos países industrializados. A ascensão correspondente na economia foi exclusiva dos países com mercados emergentes e produtores de petróleo, que têm acumulado elevados superávits em conta corrente.

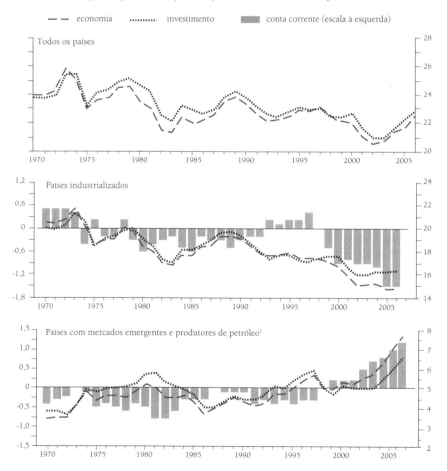

FONTES: Banco de dados da Organização para Cooperação e Desenvolvimento Econômico (OECD); Banco Mundial; Indicadores de Desenvolvimento Mundial (2006); e cálculos da equipe do FMI.

[*] Tradução de Mariana Tavares.
[1] Inclui a Noruega

# A CRISE ESTRUTURAL DO CAPITAL E OS DESAFIOS DA REVOLUÇÃO
## Plínio de Arruda Sampaio Jr.

> *A necessidade de uma transformação pode estar madura, mas a força dos sujeitos revolucionários de dita transformação pode resultar inadequada para lográ-la. Nessas condições, a sociedade apodrece e a sua putrefação pode durar décadas inteiras.*
> V. I. Lenin

Preocupada em desvendar o devir inscrito no movimento histórico e os desafios para a superação das relações de exploração entre os homens, a reflexão de István Mészáros organiza-se em torno da noção de crise estrutural do sistema de metabolismo do capital – o processo de longa duração que condiciona as mudanças tectônicas de nosso tempo, uma época de transição que polariza a sociedade entre o socialismo e a barbárie. Tendo como prisma o papel primordial da luta de classes na determinação do movimento histórico, sua interpretação sobre o momento decisivo em que se encontra a humanidade organiza-se em função de duas questões fundamentais: entender por que o capital não é mais capaz de encontrar soluções duradouras para seus próprios problemas, ficando, por essa razão, condenado a exacerbar todas as suas taras; e desvendar, nas contradições inscritas no próprio desenvolvimento capitalista, os requisitos, as condições e os desafios para ir além do capital.

Correndo o risco de grave simplificação, o raciocínio de Mészáros pode ser sintetizado nos seguintes termos. A crise estrutural do capital esgota todas as propriedades civilizadoras do capitalismo, criando a necessidade histórica de sua superação. A origem do problema encontra-se no fato de que a tendência decrescente da taxa de lucro, resultado da própria expansão das forças produtivas, acirra de maneira irreconciliável as contradições entre o capital e o trabalho. Ao alcançar seus limites absolutos, a relação capital-trabalho passa a ser um grilhão para o desenvolvimento das forças produtivas. A partir desse ponto, o aumento na produtividade do trabalho fica circunscrito à possibilidade de preservar "a parcialidade autorreferida" e "a insuperável hierarquia estrutural" do capital. Daí decorre a progressiva corrosão dos mecanismos orgânicos de controle do capital sobre o trabalho e a potenciação das características destrutivas do processo de valorização do capital em todas as suas dimensões.

O calcanhar-de-aquiles do sistema de metabolismo do capital em crise é que ele não consegue enfrentar as causas dos problemas que comprometem sua reprodução. Suas crises são administradas pelo estratagema de deslocamento das contradições no tempo. Procura-se empurrar as dificuldades para a frente, atuando sobre os efeitos dos problemas e não sobre suas causas. Daí a formação de "disfunções antagônicas acumulativas" que envenenam a sociedade burguesa. Nessas circunstâncias, o sistema de metabolismo do capital perde a capacidade de transformar seus limites em barreiras sem colocar em questão os fundamentos de sua própria existência, isto é, a subordinação do trabalho ao capital, a reprodução do Estado burguês, a preservação do equilíbrio ecológico do planeta. O "desemprego estrutural", o "espectro da incontrolabilidade total", o "desperdício catastrófico", o trabalho de Sísifo de perseguir um "governo mundial" que jamais será alcançado e a crise ecológica que ameaça o planeta são algumas das dimensões inescapáveis do processo de valorização na época da crise estrutural do capital. Enfim, é a própria capacidade do capitalismo de resistir às forças desagregadoras que ameaçam sua sobrevivência que está se exaurindo.

Ainda que a crise estrutural do capital bloqueie o crescimento da economia mundial, desencadeando uma tendência estrutural à estagnação, não há em Mészáros nem sombra de uma teoria do colapso que poderia naturalmente colocar em causa a sobrevivência do capitalismo. Nesse ponto, seu raciocínio não deixa margem para confusão. O capitalismo não desaparecerá de morte morrida. É preciso matá-lo. Se as bases do regime não forem negadas pela vontade política da classe operária, o capital sempre encontrará, à custa de grandes sacrifícios humanos e ambientais, um meio de restaurar as condições para sua valorização, mesmo que apenas para preparar uma nova crise econômica ainda mais violenta no futuro. Largado à própria sorte, o desenvolvimento capitalista torna-se, portanto, uma crise permanente, que deixa de ser uma exceção para se tornar a forma "natural" de reprodução do capital.

Sem espaço para acomodar as contradições com o trabalho, o processo de valorização do capital assume um caráter particularmente reacionário, violento e predatório, inaugurando uma época histórica marcada por recorrentes crises econômicas, grandes convulsões sociais, dramáticas comoções políticas e catastróficos desastres ecológicos. Nesse ponto, os limites do capital colidem com os limites da própria existência humana. A crise estrutural abala a totalidade do sistema de metabolismo do capital e coloca em questão a necessidade histórica de uma nova totalidade. "O que realmente está em jogo", afirma Mészáros, "é o papel do trabalho no universo do capital, uma vez que se tenha alcançado um nível muito alto de produtividade"[1].

A interpretação de Mészáros sobre os terríveis impasses da sociedade moderna, cujo marco inicial foi definido em sua obra seminal *Para além do capital*[*], tem sido rigorosamente confirmada pelos fatos. Não obstante o triunfalismo irracional dos apologistas da ordem, a verdade é que, desde o início da crise do Estado de bem-estar social, há mais de quatro décadas, o capitalismo não conseguiu resolver nenhuma de suas dificuldades fundamentais. Ao empurrar os problemas para a frente, a sociedade burguesa acumula contradições e antagonismos que não encontram mais nenhuma possibilidade de solução efetiva nos marcos do regime do capital. Nesse contexto, o mundo do capital torna-se um vulcão prestes a entrar em erupção. Não é outro o motivo de a razão burguesa se apegar com unhas e dentes à ilusão do fim da história.

Para os povos que fazem parte da periferia do sistema capitalista mundial, os novos tempos tornaram-se particularmente sombrios. As janelas de oportunidades que seriam abertas pela participação na ordem global revelaram-se verdadeiras armadilhas. As políticas de liberalização da economia desarticularam os centros internos de decisão, deixando a região à mercê dos capitais internacionais. As promessas de que as ondas de inovação tecnológica e os movimentos de internacionalização de capital permitiriam uma socialização dos novos métodos de produção e consumo não foram cumpridas. A difusão desigual do progresso técnico acentuou as assimetrias na divisão internacional do trabalho e exacerbou as características predatórias do capital, revitalizando formas de superexploração do trabalho que se imaginavam superadas e depredando o meio ambiente em um ritmo inimaginável. A assimilação dos padrões de consumo e dos estilos de vida das economias desenvolvidas ficou restrita a uma exígua parcela de privilegiados, agravando a fratura social que separa ricos de pobres em dois mundos radicalmente distintos.

Submetidas à ferocidade da concorrência global e ao despotismo das potências imperialistas, as sociedades que fazem parte da periferia do sistema capitalista tornaram-se presas de um processo de reversão neocolonial que coloca em questão a sua própria sobrevivência como Estado nacional capaz de controlar minimamente as taras do capital. Não é que o Estado tenha se enfraquecido. Quando é para defender e impulsionar os interesses do grande capital, o poder estatal se revela

---

[1] István Mészáros, *Atualidade histórica da ofensiva socialista* (São Paulo, Boitempo, 2010), p. 81.
[*] Ed. rev., São Paulo, Boitempo, 2011. (N. E.)

mais forte do que nunca. O que foi definitivamente comprometido é o caráter público do Estado, sua atuação em função de interesses que, de alguma forma, contemplem as necessidades do conjunto da população. Por essa razão, na periferia da economia mundial o descontrole da sociedade nacional sobre o desenvolvimento capitalista foi levado ao paroxismo.

Campo de operação de conglomerados internacionais e zona exclusiva de influência dos Estados Unidos – a potência com plenos poderes da era global –, a América Latina foi afetada em todas as dimensões de sua vida econômica, sociocultural e política. O verniz de modernidade decorrente da incorporação das novas ondas de progresso técnico veio acompanhado de uma sistemática deterioração das condições de vida da maioria da população. O aumento assustador do desemprego; a acelerada precarização das relações de trabalho; o surpreendente retorno de formas de trabalho escravo; a emigração em massa da força de trabalho em busca de melhores condições de vida; a crise da industrialização nas economias que haviam logrado avançar no processo de substituição de importações; o avanço do agronegócio sobre as terras dos pequenos e médios agricultores e sobre as áreas virgens do que ainda restou das florestas; a falta de moradia e a deterioração das condições de vida nas grandes e médias cidades; a escalada da violência urbana e rural, que vitima milhares de pessoas todo ano e provoca grandes deslocamentos populacionais; a ausência de recursos para financiar serviços públicos mais elementares, ao mesmo tempo que volumes gigantescos da receita tributária são canalizados para o pagamento da dívida pública; o retorno de epidemias e endemias que já eram tidas como erradicadas; o atropelo das populações indígenas; a escalada sem precedentes da depredação do meio ambiente; a corrupção em proporção amazônica que gangrena os aparelhos de Estado em todas suas dimensões; a assinatura de pactos internacionais que violentam abertamente a soberania nacional; a chocante tutela da comunidade econômica e financeira internacional sobre as decisões estratégicas do Estado nacional; a proliferação de bases militares norte-americanas em todos os pontos do continente; a descrença nas instituições e a crise política monumental – latente em algumas regiões, em franca ebulição em outras –; a crescente criminalização dos movimentos sociais e das organizações políticas que contestam a ordem; a profunda crise da identidade nacional, que coloca em questão a própria noção de sociedade nacional. Todos esses processos são fenômenos pura e simplesmente incompreensíveis sem uma reflexão sistemática sobre o imperialismo de nosso tempo – a crise estrutural do capital – e sua forma específica de funcionamento na América Latina.

Na contramão das visões apologéticas, que comemoraram o colapso da União Soviética, o fim da Guerra Fria e a crise do movimento socialista como o fim da história e o início de uma era de prosperidade, democracia e paz, livre das divisões ideológicas e da luta de classes, Mészáros reivindica a capacidade do homem de fazer história com as próprias mãos, mostrando a necessidade concreta do socialismo como única alternativa civilizada capaz de deter as catástrofes que ameaçam a humanidade. O que condena, em última instância, a sorte do capitalismo é o fato de ter perdido todas as suas propriedades construtivas, sua *raison d'être*, e já não tem como lastrear sua justificação histórica na realidade concreta.

A história recente parece corroborar a visão de que a humanidade encontra-se em uma encruzilhada decisiva e que, em tempos de crise, os homens são capazes de aproveitar as "brechas" para mudar o rumo de seu destino. A irracionalidade e a fragilidade extraordinárias do regime burguês ficam patentes quando se consideram: a inusitada gravidade da crise econômica geral que há quatro anos paralisa a economia mundial, sem que ainda se vislumbre qualquer vestígio de sua superação; o gritante contraste entre a infinita generosidade do Estado burguês para socorrer o capital financeiro e a sua absoluta falta de humanidade quando se trata de atender às demandas básicas da população e reprimir o protesto dos pobres; a impressionante força do vendaval revolucionário do Norte da África, que, no início de 2011, derrubou, para surpresa geral, ditadores que pareciam inabaláveis, colocando em xeque, do dia para a noite, a própria continuidade do domínio imperialista norte-americano no Oriente Médio.

Crítico de estratégias gradualistas, que buscam uma solução institucional para os problemas gerados pela crise estrutural, restringindo a ação política aos marcos da ordem, Mészáros não alimenta ilusões em relação à possibilidade de reformar o capitalismo. O controle absoluto do capital monopolista sobre o aparelho do Estado – consequência e necessidade do processo de concentração e centralização do capital – não deixa margem para qualquer iniciativa de tipo keynesiana, destinada a domesticar o capitalismo e atenuar seus aspectos mais antissociais. Na era da crise estrutural do capital, a absoluta subordinação do Estado burguês à lógica do capital torna-se imperativo inescapável. Nesse contexto, o poder público fica impotente para conter os excessos do capital. A intervenção do Estado na economia perde todas as suas propriedades curativas para se converter em causa adicional de agravamento da crise, realidade que, a seu ver, fica evidente na patética estratégia de "nacionalização da bancarrota" que define a política de socialização permanente dos prejuízos. Tal política caracteriza a ação de combate às crises das potências imperialistas, estratégia hoje levada ao paroxismo.

A incapacidade do capital de encontrar soluções duradouras para seus problemas abre espaço à primazia da política, criando condições para o aparecimento de conjunturas revolucionárias que podem (ou não) ser aproveitadas para ir além do capital. A trajetória das últimas quatro décadas dá conta dessa diversidade de possibilidades, caracterizando conjunturas que se abriram para a mudança revolucionária – como a que marcou a virada dos anos 1960, na Europa, e a que, nos dias que correm, impulsiona a revolução dos jovens trabalhadores do Magrebe –, mas também para o aparecimento de condições contrarrevolucionárias, que se fecham para a transformação da ordem – como a que marcou a era Thatcher e Reagan e se prolonga nos países centrais até os dias de hoje.

Preocupado em tirar as consequências práticas de seu diagnóstico, Mészáros estabelece as diretrizes que devem orientar a organização da revolução e o caminho para o socialismo. Aqui, a questão fundamental é levar às últimas consequências as rupturas fundamentais que permitem liberar o homem da lógica do capital, emancipando-o finalmente dos imperativos implacáveis das determinações econômicas que transformam a busca da produtividade do trabalho em um fim em si.

A necessidade de abrir novos horizontes para o movimento socialista leva Mészáros a fazer uma profunda crítica das experiências socialistas do século XX. É a compreensão da tragédia do chamado "socialismo real", sociedades pós-capitalistas que permaneceram enredadas na órbita do capital, que leva Mészáros a inferir o duplo caráter da marcha para o socialismo. Sua tese é conhecida. Para evitar os impasses das revoluções operárias que ficam a meio caminho entre o capitalismo e o socialismo, sujeitas permanentemente aos riscos da restauração capitalista, a ruptura com o sistema de metabolismo do capital deve ser total. A superação das teias que atam a humanidade às determinações da lógica do capital requer não apenas a negação da santíssima trindade que sustenta o sistema de metabolismo do capital – propriedade privada, trabalho assalariado e Estado como aparelho de poder –, como também a afirmação de um modo alternativo de organização da vida material – a produção planejada de valores de uso por indivíduos sociais livremente associados.

Consciente da importância de apontar as mediações concretas que permitem traduzir sua interpretação histórica em práxis revolucionária, Mészáros ressalta que a ruptura do círculo vicioso das determinações férreas do capital é uma operação essencialmente política. A vitória da revolução requer que as "brechas históricas" geradas pela crise estrutural do capital sejam aproveitadas para promover mudanças radicais na economia e na sociedade. O essencial é ter a "determinação radical" para transferir o poder de tomada de decisão para a esfera da "autoatividade" das massas – uma posição que se contrapõe às concepções, inspiradas no bolchevismo, que advogam a importância estratégica do Estado como órgão decisivo da revolução.

Ainda que a forma de argumentação e a linguagem utilizadas por Mészáros possam dar a impressão, muitas vezes, de que suas soluções sejam abstratas, descoladas da realidade, sua teoria da transição tem consequências práticas concretas. Revelando a forte influência de Rosa Luxemburgo em suas convicções políticas, a seu ver, o segredo da transição reside em devolver o controle efetivo das decisões estratégicas, econômicas e políticas aos produtores diretos, subordinando integralmente a esfera da produção material à esfera social, pois somente assim as transformações promovidas no calor da luta revolucionária podem funcionar como "alavancas estratégicas" de impulso permanente à criação de uma sociedade sem classes, baseada na igualdade substantiva como princípio – *primus inter pares* – organizador da vida social. Evitar-se-ia, assim, a repetição das experiências falidas de "socialismo real", nas quais, para além das intenções dos dirigentes, as razões de Estado terminam por militar contra a própria revolução.

Considerando a importância transcendental dessa questão na definição da teoria da transição de Mészáros, faz sentido recorrer às suas próprias palavras para destacar o ponto crucial de sua interpretação do problema:

> A ofensiva socialista não pode ser levada à sua conclusão positiva, a menos que a política radical tenha êxito em prolongar seu momento e seja capaz de implementar as políticas requeridas pela magnitude de suas tarefas. O único caminho, entretanto, no qual o momento histórico da política radical pode ser prolongado e estendido – sem, eis o ponto, recorrer a soluções ditatoriais, contra as intenções originais – é fundir o poder de tomada de decisão política com a base social da qual ele foi alienado durante tanto tempo, criando, por esse meio, um novo modo de ação política e uma nova estrutura – determinada genuinamente pela massa – de intercâmbios socioeconômicos e políticos. É por isso que uma "reestruturação da economia" socialista só pode processar-se na mais estreita conjugação com uma reestruturação política, orientada pela massa, como sua necessária precondição.[2]

Interessado não apenas em interpretar o mundo, mas, sobretudo, em transformá-lo, Mészáros tira as consequências práticas da crise estrutural do capital para a luta de classes. A abertura de uma conjuntura revolucionária, entendida como um processo de longa duração, que mina gradativa e progressivamente a solidez das estruturas fundamentais da sociedade burguesa, põe na ordem do dia a necessidade de uma práxis revolucionária que esteja à altura de um duplo desafio histórico: negar o mundo do capital e construir as bases da sociedade socialista. A necessidade histórica da revolução obriga Mészáros a enfrentar o delicado problema da violência como parteira da história. Para construir o seu mundo, o trabalho terá de derrotar o mundo burguês e liquidar todas as suas instituições. A vitória da revolução socialista exige rupturas profundas que simplesmente não são possí-

---

[2] Idem, *A crise estrutural do capital* (2. ed., São Paulo, Boitempo, 2010), p. 90.

veis sem o recurso à força contra o *status quo*. O desafio de nosso tempo consiste precisamente em construir força política para levar a negação do regime do capital às últimas consequências.

A necessidade de superar a distância que separa a vontade de mudanças da conquista efetiva de mudanças leva Mészáros a enfrentar o complexo problema de como equacionar a imprescindível dialética entre reforma e revolução. Seu ponto de vista é inequívoco. A primazia dada à reforma como caminho para a revolução deve ser invertida. A questão crucial consiste em superar a estratégia defensiva e negativa, inspirada no modelo de partido de vanguarda, para uma estratégia ofensiva e positiva, aberta à ampla participação das massas. Em outras palavras, para estar à altura dos desafios históricos, é fundamental que o movimento socialista abandone a noção de que a revolução será o produto de um acúmulo de forças gerado pela conquista de reformas e coloque a revolução como objetivo primordial e imediato da luta de classes.

Em sua mais recente publicação em português, *Atualidade histórica da ofensiva socialista*, Mészáros sintetizou as implicações concretas de tal análise sobre a organização da classe e o caráter do partido revolucionário:

> O "Partido de Vanguarda" foi constituído de forma a poder se *defender* dos ataques cruéis de um Estado policial, sob as piores condições possíveis de clandestinidade, das quais inevitavelmente decorreu a imposição do segredo absoluto, de uma estrutura rígida de comando, da centralização etc. Se compararmos a estrutura fechada de modo autodefensivo desse partido de vanguarda com a ideia original de Marx de produzir "consciência comunista em escala de massa" – com a consequência necessária de uma estrutura organizacional inerentemente aberta –, teremos uma medida da diferença fundamental entre uma postura defensiva e outra ofensiva. Apenas quando as condições objetivas implícitas em tal propósito estão em processo de se desdobrar em escala global é possível realisticamente a articulação prática dos órgãos necessários à ofensiva socialista.[3]

A nova perspectiva de luta de classes exige a superação de qualquer ilusão relacionada à eficácia da democracia burguesa como espaço de luta da classe operária. No entendimento de Mészáros, não é possível enfrentar as mazelas do capitalismo em crise estrutural com lutas políticas e corporativas integralmente enquadradas nos cânones das instituições burguesas. Mesmo reconhecendo que a luta por reformas possa levar a conquistas importantes – cada vez mais difíceis e efêmeras –, Mészáros alerta que, no espaço público burguês, a vitória em algumas batalhas não garante a vitória da guerra do trabalho contra o capital. A derrota do

---

[3] Idem, *Atualidade histórica da ofensiva socialista*, cit., p. 56-7.

capital requer uma dinâmica de luta de classes que gere uma sinergia entre a luta corporativa e a luta política que possa ser capitalizada pelo polo trabalho, e não cooptada e neutralizada pelo capital. Em seus termos:

> Dado o modo pelo qual foram constituídos – como partes integrantes de uma estrutura institucional complexa –, os órgãos de luta socialista poderiam ganhar batalhas individuais, mas não a guerra contra o capital. Para isso seria necessária uma reestruturação fundamental, de modo que eles se complementassem e intensificassem a eficácia uns dos outros em vez de debilitá-la pela "divisão do trabalho" imposta pela institucionalidade "circular" no interior da qual se originaram. Os dois pilares de ação da classe trabalhadora no Ocidente – partidos e sindicatos – estão, na realidade, inextrincavelmente ligados a um terceiro membro do conjunto institucional global: o Parlamento, que forma o círculo da sociedade civil/Estado político e se torna aquele "círculo mágico" paralisante do qual parece não haver saída.[4]

Para os latino-americanos, a reflexão de Mészáros sobre o problema da estratégia revolucionária e do tipo de partido que lhe corresponde é particularmente oportuna. Afinal, a história recente é um exemplo de que não basta a vontade de mudar, pois não faltaram energia nem disposição para resistir à nova onda de saque e pilhagem que se abateu sobre o continente. O incomensurável sacrifício humano despendido na luta contra a nova investida do capital não foi suficiente para deter o avanço da barbárie e abrir novos horizontes para a América Latina. O estado de rebelião permanente não se traduziu em transformações efetivas que mudassem qualitativamente o curso dos acontecimentos.

O caso argentino é emblemático. Após derrubar quatro presidentes em poucas semanas, a insurreição popular, que começou com a palavra de ordem ultrarradical de negação absoluta do poder instituído – "*que se vayan todos*" [todos devem ir] –, terminou com a retomada de políticas neoliberais muito bem comportadas e a restauração dos métodos e personagens do velho peronismo. O domínio do capital permaneceu inabalável.

Não é exagero afirmar que, na América Latina, no desespero de enfrentar uma situação particularmente adversa, as classes subalternas dispararam para todos os lados. Houve iniciativas radicais, ultrarradicais, moderadas e ultramoderadas; ações que ficaram circunscritas aos marcos institucionais, que recorreram ao expediente da desobediência civil e que desafiaram abertamente a ordem legal; movimentos de massa, que mobilizaram milhões de pessoas; processos que priorizaram a ocupação dos aparelhos de Estado e a conquista do poder institucional pela via elei-

---

[4] Ibidem, p. 64.

toral; operações vanguardistas protagonizadas por pequenos grupos armados; processos políticos que colocaram explicitamente o objetivo da conquista do poder do Estado e outros que procuraram mudar a situação pela construção de um difuso contrapoder popular; ações de caráter apenas defensivo e outras que desafiaram abertamente a ordem estabelecida; organizações políticas de inspiração desenvolvimentista, nacionalista, comunista, anarquista e indigenista; movimentos imediatistas e com perspectivas milenaristas; processos políticos que eclodiram de maneira espontânea e outros que resultaram de um longo acúmulo de forças; ações ousadas e convencionais, atitudes intransigentes e rendições incondicionais; sacrifícios heroicos e vergonhosas traições.

Ainda que todo o esforço para barrar a ofensiva do capital na América Latina não tenha sido em vão, pois foi indispensável para diminuir o impacto destrutivo das políticas neoliberais e alimentar um precioso aprendizado político que, se devidamente analisado e assimilado, poderá ser fundamental em embates futuros, a verdade é que a burguesia demonstrou uma extraordinária capacidade de contornar os obstáculos que se lhe antepunham, neutralizar as iniciativas capazes de subverter a ordem e impor o padrão de acumulação neoliberal que corresponde à periferia latino-americana. Como não faltaram momentos de crises políticas profundas, que abriam oportunidades reais para a mudança, nem disposição para enfrentar a nova ofensiva contra a dignidade dos povos, talvez o impasse latino-americano esteja associado à falta de estratégia política e de instrumentos organizacionais adequados para enfrentar a situação, carência que fez com que os esforços despendidos ficassem aquém do necessário para fazer frente à força do adversário, perdendo-se em processos estéreis ou, pior, em equívocos recorrentes que redundaram em graves derrotas.

Essa é, diga-se de passagem, a hipótese de um dos maiores sociólogos latino-americanos, Florestan Fernandes. Infelizmente, ao que parece, seu balanço sobre o estado da luta de classes na região, no fim da década de 1970, não foi ultrapassado: "O diagnóstico correto, embora terrível para todos nós, é que nunca fizemos o que deveríamos ter feito". E mais: "ainda não sabemos quais são os caminhos que nos levarão à desagregação do nosso capitalismo selvagem e às soluções socialistas apropriadas à presente situação histórica"[5].

Mészáros não desconhece que o descompasso entre as exigências do momento histórico e o conservadorismo das organizações dos trabalhadores pode retardar por tempo indefinido a constituição da classe trabalhadora como sujeito histórico

---

[5] Florestan Fernandes, "Apresentação", em V. I. Lenin, *Que Fazer?* (São Paulo, Hucitec, 1978), p. XIII, XIV.

à altura de suas responsabilidades enquanto agente estratégico da revolução socialista. A inércia das verdades estabelecidas e das práticas cristalizadas no cotidiano atua como uma bola de ferro sobre o processo de reorganização do socialismo revolucionário. Interesses corporativos arraigados e preconceitos ideológicos irredutíveis tramam contra a quebra de rotina. A constituição da classe será, portanto, um processo lento e doloroso. Mesmo assim, Mészáros não abandona a esperança de um futuro melhor, pois, apesar de tudo, as tendências históricas conspiram objetiva e subjetivamente a favor de uma reação construtiva contra o avanço da barbárie e das ameaças ambientais que colocam em questão a própria sobrevivência da humanidade. Mészáros sintetiza o forte condicionamento estrutural que empurra a classe operária para assumir suas responsabilidades históricas, não obstante a força do conservadorismo que a prende ao passado, nos seguintes termos:

> Como as mudanças exigidas são muito drásticas, em vez de aceitarmos de imediato o "salto para o desconhecido", é mais provável que se prefira seguir a "linha de menor resistência" ainda que por um tempo considerável, mesmo que isso implique derrotas significativas e grandes sacrifícios para as forças socialistas. Apenas quando as opções da ordem predominante se esgotarem se poderá esperar por uma virada *espontânea* para uma solução radicalmente diferente. [...] Contudo, as dificuldades de uma resposta socialista adequada à nova situação histórica não mudam o caráter da própria situação, ainda que coloquem de novo em relevo o conflito potencial entre escalas de temporalidade – a estrutura histórica imediata e a geral de eventos e desenvolvimentos. É o caráter objetivo das condições históricas que *no fim* decide a questão, não importando os atrasos e desvios que possam acompanhar as circunstâncias dadas. A verdade é que existe um limite além do qual acomodações forçadas e imposição de novos sacrifícios se tornam intoleráveis, subjetivamente para os indivíduos envolvidos e objetivamente para a continuação do funcionamento da estrutura socioeconômica ainda dominante.[6]

Fiel à tradição da teoria da práxis, toda a obra de Mészáros é dedicada à formulação de uma teoria da revolução para nosso tempo. Nesse sentido, seu trabalho dialoga diretamente com Marx, Engels, Lenin, Rosa, Lukács, Gramsci e todos os clássicos do marxismo revolucionário. Nos últimos anos, a percepção de que o agravamento da situação econômica poderia abrir novas "brechas" para a revolução fez com que a sua preocupação com as implicações práticas da crise estrutural do capital para a luta de classes aumentasse, levando-o a priorizar as publicações dirigidas especificamente a responder as inquietações dos intelectuais e militantes engajados na luta da classe operária. Seus últimos lançamentos – *O desafio e o*

---

[6] István Mészáros, *Atualidade histórica da ofensiva socialista*, cit., p. 54-5.

*fardo do tempo histórico*\*, *A crise estrutural do capital* e *Atualidade histórica da ofensiva socialista* – devem ser entendidos como um esforço de contribuir no debate sobre os desafios de reorganização da esquerda socialista após as decepções e a fragmentação provocadas pelo irreversível enquadramento do Partido dos Trabalhadores nos parâmetros da ordem global. No momento em que os aparelhos ideológicos da ordem burguesa se mobilizam para ocultar a gravidade da crise capitalista, Mészáros é uma luz para todos que não acreditam no fim da história.

---

\* São Paulo, Boitempo, 2007. (N. E.)

# A SEGUNDA ONDA DA CRISE SISTÊMICA GLOBAL: O CAPITAL MAIS UMA VEZ NA ENCRUZILHADA

*Edmilson Costa*

A crise sistêmica que envolve a economia mundial e cujo epicentro foi a queda do Lehman Brothers e outros cinco principais bancos de investimentos dos Estados Unidos, em setembro de 2008, continua sua marcha, às sombras, como um magma silencioso a corroer as entranhas do sistema econômico capitalista, fato que não é percebido plenamente em função de a maioria dos agentes econômicos ainda estar presa aos dogmas de um mundo que começou a ruir em 2007. O grande capital vem procurando de todas as formas apresentar um panorama otimista: anuncia nos seus meios de comunicação que a crise está acabando, que o pior já passou, que as economias estão se recuperando, ainda que lentamente, e que o capitalismo mais uma vez terá condições de dar a volta por cima e evitar o colapso do sistema.

Por trás desse esforço, há um extraordinário processo de manipulação midiático visando criar um clima favorável, sem tensões econômicas ou sociais, de forma que as classes dominantes possam atingir seus objetivos estratégicos nesse momento de dificuldades. Vale recordar que os atuais escribas do otimismo ululante são os mesmos que, às vésperas da crise, diziam que a situação estava sob controle, que os fundamentos da economia eram sólidos, que apenas os pessimistas viam a crise no horizonte. A realidade foi bem mais dura que tais miragens, mas esses mesmos personagens não se emendam: voltam novamente a repetir seus chavões, como se nada tivesse acontecido.

Quais os objetivos do capital e de seu aparato ideológico para vender uma imagem de normalidade e recuperação da economia?

*Primeiro*, a criação artificial de uma conjuntura positiva dificulta a tomada de consciência da gravidade da crise por parte dos trabalhadores e reduz sua capacidade de organização para enfrentar a situação. Além disso, uma conjuntura favorável ofusca a indignação da sociedade em relação aos trilhões de dólares que os governos dos países centrais injetaram na economia para dar sobrevida ao sistema financeiro especulativo e evitar a bancarrota de vários oligopólios financeiros em dificuldades, e negaram à população para salvá-la dos arrestos imobiliários. *Segundo*, um clima de normalidade e recuperação faz as pessoas voltarem ao jogo especulativo das bolsas de valores e outros ativos, proporcionando uma atmosfera de retomada dos negócios, inclusive com bons lucros para os mais espertos que levarem os incautos a apostar nessa atividade. *Terceiro*, os governos centrais, especialmente o dos Estados Unidos, esperam ganhar tempo, imaginando que os trilhões de dólares injetados no sistema financeiro sejam capazes de sanear o sistema bancário em dificuldades e produzir uma recuperação da economia.

No entanto, se observarmos mais detidamente a conjuntura, poderemos verificar que todo o dinheiro colocado para o resgate dos bancos está servindo somente para adiar os efeitos mais perversos da crise. Por isso, o aparato de propaganda é apenas uma cortina de fumaça na tentativa de ofuscar a realidade, uma vez que a crise ainda não produziu plenamente todos os efeitos, exatamente porque os problemas que a detonaram não foram resolvidos. Nossa percepção é a de que estamos em uma nova fase da crise, com consequências possivelmente mais graves que a primeira onda de 2008.

É importante ressaltar que essa crise é a mais grave desde a Grande Depressão de 1930, um fenômeno que em menos de dois meses levou à bancarrota o extrato superior da pirâmide financeira dos Estados Unidos, representado pelos cinco principais bancos de investimento, além de quebrar as duas maiores empresas hipotecárias norte-americanas (Fannie Mae e Freddie Mac), a maior empresa de seguros do mundo (AIG) e também as maiores empresas do setor automobilístico e de outros ramos da produção – isso para citar apenas os efeitos nos Estados Unidos. Ora, uma crise devastadora dessa natureza não pode desaparecer da conjuntura da noite para o dia, como em um passe de mágica.

Ocorre que, diante da dimensão dos acontecimentos de setembro de 2008, o Federal Reserve (Fed), o Banco Central dos Estados Unidos, injetou cerca de US$ 13 trilhões no sistema econômico, especialmente nas instituições financeiras insolventes, constituindo-se na maior e mais profunda intervenção na história do Fed desde o pós-guerra[1]. O Banco Central norte-americano reduziu a taxa de juros reais a patamares negativos e efetivou um conjunto de estímulos fiscais visando à

---

[1] Mike Whitney, "2010, o ano da contração econômica severa". Disponível em <www.resistir.info/crise/whitney-15dez09.html>. Acesso em 20/1/2010.

retomada do consumo. Essas medidas dramáticas e desesperadas concederam certo alívio ao sistema econômico, atenuando temporariamente os efeitos mais severos da crise econômica. Mas tal conjuntura não deve ser confundida com recuperação ou normalidade da economia. Trata-se apenas de um compasso de espera enquanto o magma silencioso não chega à superfície do sistema econômico.

Os analistas mais sérios do sistema, aqueles que realmente assessoram o grande capital, têm uma visão bastante diferente da mídia cotidiana. Relatório do Banco de Compensações Internacionais (BIS), o Banco Central dos Bancos Centrais, alertou para a gravidade da crise e para o excesso de otimismo do mercado, ressaltando que a conjuntura permanece instável e tendente ao aumento da crise[2]. Willian White, que dirigiu o BIS de 1995 a 2008, advertiu que a ajuda dos governos para socorrer a economia pode estar lançando as sementes para crises futuras e que quase certamente a conjuntura poderá levar a uma recessão em forma de W (duplo mergulho)[3]. Até mesmo o Fundo Monetário Internacional (FMI) já chamou a atenção de governos e instituições no sentido de que a crise não está resolvida e a recuperação não é segura.

Essas instituições, por terem caráter oficial, são comedidas em seus comentários e observações, mas o Société Générale, por ser um *player* global, é mais direto em relação ao desenrolar da crise. Daniel Fermon, coordenador dos ativos do banco, em um comunicado de 68 páginas aos seus clientes, recheado de gráficos e tabelas, constrói três cenários para a economia mundial. Em um cenário de "baixa" da economia, aconselha-os a estar preparados para um colapso econômico global, em função de um conjunto de variáveis explosivas, tais como a dívida pública e privada, as perspectivas de fugas para o ouro e o endividamento das famílias. Nesse contexto, traça estratégias de investimentos defensivos em meio à conjuntura turbulenta e aconselha a venda de dólares e ações de tecnologia, automóveis e empresas de viagens para evitar que todos sejam apanhados na espiral deflacionária[4].

Se essas instituições, que constituem o vértice do grande capital, estão com tais avaliações da crise, é porque a conjuntura realmente não está favorável para o grande capital. De fato, o magma silencioso que vinha ardendo no interior do sistema só não era percebido por quem via apenas a aparência dos fenômenos e não sua essência. Como advertíamos no início de 2009, essa é uma crise profunda,

---

[2] Andrew Gavin Marshall, "A recuperação económica é uma ilusão: o Bank for International Settlements (BIS) adverte de crises futuras". Disponível em <www.resistir.info/crise/ilusao_recuperacao.html>. Acesso em 22/1/2010.
[3] Idem, citado por Marshall.
[4] Daniel Fermon, "Worst-Case Debt Scenario'" Société Générale, 2009.

devastadora e de longa duração[5]. Quando todos batiam palmas para a recuperação, em várias ocasiões tivemos a oportunidade de alertar que a chamada recuperação e o aumento das bolsas de valores eram superficiais e não deveriam manter-se por muito tempo[6].

Isso porque os resgates trilionários das instituições financeiras e os pacotes de estímulos fiscais não poderiam produzir o milagre da multiplicação da produção, do emprego, da renda e do consumo, pelo simples fato de que o setor financeiro não cria riqueza nova. Além disso, o chamado *multiplicador keynesiano* dos gastos governamentais produz efeitos positivos quando é realizado no setor produtivo, especialmente naqueles que incorporam intensivamente mão de obra e possuem mais conexões com outros ramos da produção. A área financeira não possui a mesma dinâmica que o setor real da economia.

Como a maior parte dos recursos injetados na economia norte-americana e europeia foi destinada ao salvamento das instituições financeiras em dificuldades, o *efeito multiplicador* não se espalhou para o conjunto da economia. Além disso, muito desses recursos foi utilizado criativamente pelos bancos para realizar o *carry trade*, operação na qual recebem recursos do governo a juros zero e os aplicam em ativos de maior rentabilidade. Esse fato explica em grande parte o aumento dos negócios nas bolsas de valores em várias regiões do mundo e os balanços positivos dos bancos. Portanto, a própria estratégia de intervenção governamental na crise já prenunciava o futuro fracasso de uma possível retomada da economia.

Mesmo em meio ao clima de otimismo, um conjunto de fenômenos como o aumento do desemprego em nível mundial, a redução do consumo e a queda na renda indicava que a euforia era artificial e que, tão logo passasse o efeito da intervenção monetária, a crise seguiria seu curso. Apesar da aparente calmaria, alguns fatos graves indicavam que a crise se movia no interior do sistema. Em novembro de 2009, inesperadamente, o CIT Group, empresa com mais de um século de existência e financiadora de cerca de um milhão de pequenos e médios empresários e de milhares de estudantes universitários dos Estados Unidos, entrou em concordata, constituindo-se na quinta maior concordata da história do país. Posteriormente, a principal empresa da vitrine neoliberal do Oriente Médio, a Dubai World, cujo principal acionista é o Emirado de Dubai, anunciou que não tinha condições de cumprir seus compromissos financeiros, acendendo novamente o sinal amarelo para a realidade da crise.

---

[5] Edmilson Costa, "A crise mundial do capitalismo e as perspectivas dos trabalhadores". Disponível em <www.resistir.info/crise/a_crise_do_capitalismo.html>. Acesso em 22/1/2010.
[6] Debate sobre a obra de István Mészáros na Universidade de São Paulo (USP), com François Chesnais e Jorge Beinstein, em 2010.

Esses fenômenos viriam a cristalizar-se com a chegada à superfície do magma silencioso na forma de crise das dívidas soberanas da Grécia, Espanha, Portugal, Irlanda e de diversos países do Leste Europeu. A crise das dívidas governamentais na periferia europeia representa o esgarçamento de mais um dique da economia mundial, que poderá se tornar muito mais grave se atingir a economia inglesa, a qual vem passando desde o início desse processo por expressivas dificuldades. Nessa conjuntura, a crise grega, portuguesa e espanhola, mesmo sendo grave e sintetizando todo o descalabro da antiga política neoliberal, não representa ainda uma ameaça ao sistema, já que esses países podem ser considerados a periferia da União Europeia. A Grécia, por exemplo, representa apenas 2,5% do Produto Interno Bruto (PIB) da Eurozona e 1,9% da União Europeia[7].

**Recuperação sem empregos**

Por que a crise não está acabando e a economia mundial não está se recuperando? Porque no macroagregado esta não é uma crise imobiliária, não é uma crise das dívidas soberanas dos países europeus ou uma crise financeira. Trata-se de uma crise do sistema como um todo, cujos fundamentos mais profundos se encontram na contradição entre a superacumulação de capitais e a impossibilidade de valorizá-los na esfera produtiva, o que leva os capitalistas a realizarem uma espécie de fuga para a frente buscando manter seus excedentes na esfera da circulação e elegendo o capital fictício como lócus privilegiado para seus negócios. Em um primeiro momento, esse movimento parece driblar a realidade, e o capital imagina que está livre de sua contradição original. Mas a crise volta a colocar o problema e restabelece-se com mais clareza a lei do valor.

Trata-se de uma crise de dimensões históricas, em função de sua profundidade e de um conjunto de originalidades que carrega em seu bojo, fato não percebido pelas mentes pouco dispostas à reflexão e moldadas pelo fundamentalismo ortodoxo e por um mundo do passado. Primeiro, essa crise ocorre em um período em que o capitalismo se transformou em um sistema mundial completo. Antes da *internacionalização da produção* e da *internacionalização financeira*, a chamada globalização, o sistema só era completo em relação a duas variáveis da órbita da circulação: o comércio mundial e a exportação de capitais. Os dois principais fenômenos da globalização acima referidos possibilitaram a unificação do ciclo mundial do capital e abriram a temporada de crises sistêmicas e simétricas, a partir do coração do sistema, impossibilitando no curto prazo as rotas de fuga para outras regiões, como ocorria no passado.

---

[7] Global Europe Anticipation Bulletin, Paris, n. 42, fev. 2008.

A crise tem ainda uma qualidade e quantidade novas: trata-se do enorme descolamento entre a órbita produtiva, que cria valor, e a esfera financeira, que se apropria de parte do valor, mas não cria riqueza nova, gerando assim um conteúdo explosivo não observado com tanta intensidade nas crises anteriores. Como enfatiza Lauro Campos[8], cada crise traz um conteúdo novo, porque incorpora as velhas contradições anteriores e adiciona os fenômenos da atualidade. Por isso, a originalidade dessa crise é pouco percebida, pois se trata da primeira crise completa do sistema como um todo – envolve a esfera da produção, da circulação, do crédito, das dívidas públicas e privadas, dos valores neoliberais e de um tipo de Estado articulador do processo de acumulação baseado nas finanças desreguladas.

Do ponto de vista da conjuntura, a chamada recuperação não tem fundamentos sólidos. A maior parte dos títulos tóxicos continua nas carteiras dos bancos, fundos e agentes privados como uma espécie de fantasma a atormentar cotidianamente o sistema. Só uma mente muito otimista pode conceber uma recuperação da economia com redução de empregos e consumo decrescente. A realidade é exatamente o contrário: o desemprego nos Estados Unidos está próximo dos 10% (9,8%), sendo que em várias regiões esse índice atinge 14%, segundo os dados oficiais (Tabela 1), e mais de 7 milhões de trabalhadores perderam o emprego e não têm muitas chances de voltar aos postos de trabalho em curto prazo, outros milhões estão em trabalhos parciais ou precários. Ora, com as restrições ao crédito, o desemprego e as perdas financeiras motivadas pela crise o consumo se retrai, agravando ainda mais qualquer processo de recuperação da economia.

**Tabela 1. Desemprego nos EUA por Estados (%)**

| Estado | (%) | Estado | (%) | Estado | (%) |
|---|---|---|---|---|---|
| Nevada | 14,2 | Tennessee | 10,1 | Washington | 8,9 |
| Michigan | 13,2 | Indiana | 10,1 | Idaho | 8,8 |
| Califórnia | 12,3 | Carolina do Norte | 10,0 | Connecticut | 8,8 |
| Flórida | 11,4 | Kentucky | 10,0 | Texas | 8,2 |
| Mississípi | 11,0 | Geórgia | 10,0 | Nova York | 8,2 |
| Carolina do Sul | 10,7 | New Jersey | 9,6 | Novo Mexico | 8,2 |
| Oregon | 10,5 | Arizona | 9,6 | Colorado | 8,0 |
| Ohio | 10,5 | Pesilvânia | 9,2 | Alasca | 7,9 |
| Illinois | 10,4 | Missouri | 9,1 | Montana | 7,3 |
| Alabama | 10,3 | Massachusetts | 9,0 | | |

Fonte: Estado de São Paulo/Governo dos EUA

---

[8] Lauro Campos, *A crise completa*, (São Paulo, Boitempo, 2001).

No que se refere ao mercado imobiliário, cerca de quatro milhões de residências já foram arrestadas desde o início da crise, número que tende a aumentar com o agravamento da situação. Segundo David Rosenberg, economista-chefe da Gluskan Sheff e Associados e ex-economista-chefe da Merrill Lynch, o preço dos imóveis tende a cair entre 10% e 15% nos próximos anos, uma vez que há atualmente cerca de 9 milhões de unidades habitacionais à venda em todo o país[9].

## As dívidas e os déficits públicos

Além das dificuldades da economia real e das finanças, um novo e explosivo problema veio incorporar-se ao panorama dos países centrais: a crise da dívida pública e dos déficits fiscais. Tanto nos Estados Unidos quanto na Europa e Japão, o nível de endividamento e dos déficits públicos está muito além das recomendações técnicas que essas próprias nações criaram. Mas o problema veio a se agravar com as crises da Grécia, de Portugal e da Irlanda, que foram obrigados a solicitar socorro financeiro à União Europeia. Isso porque o endividamento dos países europeus, que já era expressivo antes da crise, foi agravado com esse evento, uma vez que os governos tiveram de injetar quantidades extraordinárias de dinheiro no sistema financeiro para salvar os bancos, colocando a questão do endividamento como um problema explosivo na região.

**Tabela 2. Dívida e déficit de países selecionados – 2010 (% do PIB)**

| Países selecionados | Dívida pública/PIB (em %) | Déficit público/PIB (em %) |
|---|---|---|
| Grécia | 124 | - 7,9 |
| Espanha | 66 | - 9,3 |
| Portugal | 86 | -7,3 |
| Irlanda | 93,6 | - 8,6 |
| Itália | 118 | - 5,1 |
| Inglaterra | 47* | -10* |
| Estados Unidos | 99,5 | - 9,95 |

Fonte: OCDE, FMI
* Dados de 2009

Se observarmos a tabela acima, poderemos constatar um quadro de severas dificuldades. O déficit público na Inglaterra, em 2009, era de 10%, número se-

---

[9] David Rosenberg, citado em Gretchen Morgenson, "This Crisis Won't Stop Moving", *The New York Times*, 8/2/2010.

melhante ao dos Estados Unidos. No que se refere ao endividamento dos países centrais, a Grécia está endividada em 124% do PIB, seguida de Itália com 118%, Estados Unidos com 99,5%, Irlanda com 93%, Portugal com 86% e Japão, que não consta da tabela, com cerca de 200%. Trata-se, portanto, de um quadro em vias de desagregação, uma vez que, em tempos de normalidade, os países não têm grandes dificuldades para rolar esses débitos. Em épocas de crise, no entanto, a situação se torna dramática porque se instaura um clima de desconfiança generalizada, que pode levar a quebras em cadeia.

Mas a crise da dívida pública de Grécia, Portugal, Irlanda e Espanha é apenas a ponta do iceberg de um problema de fundo, que atinge praticamente todas as economias capitalistas, especialmente a dos Estados Unidos e da Inglaterra. Por isso, não é correto avaliar a questão das dívidas públicas como um problema de governos perdulários, que gastaram mais do que arrecadaram. A crise das dívidas soberanas que ronda a economia mundial é apenas mais uma expressão da crise sistêmica global, que chega à superfície ora como crise imobiliária, ora como crise financeira, e atualmente como crise do endividamento governamental. Todo esse conjunto de "crises específicas" se inscreve no corpo maior da crise global do capital após um alívio temporário ocorrido em função da imensa massa de recursos injetados pelos governos centrais para deter a crise em 2008.

Essa conjuntura deverá ser percebida mais claramente quando os problemas que estão se desenvolvendo no coração do sistema norte-americano ou a ele relacionados se manifestarem plenamente. A China, por exemplo, está discretamente se desfazendo dos títulos dos Estados Unidos. O fundo de investimento Pinco, o maior do mundo, se desfez de todos os ativos relacionados ao governo norte-americano, incluindo os títulos do Tesouro. Mais recentemente, a agência de classificação Standard & Poor's colocou a nota da dívida dos Estados Unidos em perspectiva negativa, isso pela primeira vez nos últimos setenta anos, quando começou a analisar esses títulos. A insolvência de alguns Estados e vários municípios está levando à precarização dos serviços públicos. Para completar o ciclo de dificuldades, o governo Obama agora planeja congelar os salários dos servidores públicos por dois anos. Ou seja, esses indicadores só tendem a evoluir negativamente com o aprofundamento da crise.

Essa segunda onda da crise ocorre em um momento de grandes dificuldades para os gestores políticos do capital. Tudo leva a crer que se esgotaram as ferramentas de estímulos via política monetária e fiscal para novas intervenções dos Bancos Centrais. As medidas de afrouxamento quantitativo (*Quantitative Easing*) (injeções de dinheiro na economia) incentivam a inflação e põem os Estados Unidos em rota de colisão com seus parceiros, pois todos serão prejudicados no comércio exterior em função da desvalorização do dólar. Mas, se os Bancos Centrais se retirarem da economia, as instituições financeiras em dificuldades, verdadeiros zumbis econômicos, não se sustentarão.

**Nova conjuntura e novas oportunidades**

Portanto, o capital está mais uma vez na encruzilhada, com uma margem de manobra menor que no início da crise. Conforme já advertíamos em trabalhos anteriores, o mundo está caminhando para assistir a uma desarticulação do sistema financeiro internacional, com possibilidade de moratórias ou reorganização de dívidas soberanas de vários países, recessão generalizada, insolvência de vários Estados e municípios norte-americanos, a exemplo do que já vem ocorrendo com a Califórnia, processo que poderá ter como ápice a maxidesvalorização do dólar (que já vem ocorrendo de forma lenta e gradual com o afrouxamento quantitativo) ou uma cessação de pagamentos da dívida norte-americana.

À medida que a crise se aprofundar, um conjunto de novos fenômenos pode ganhar autonomia, independentemente da vontade dos governos ou de tentativas de coordenações regulatórias internacionais, gerando um clima de salve-se quem puder na conjuntura internacional, típico dos momentos de crises sistêmicas. Os Estados Unidos, atingidos pela crise e pelo desemprego, poderão ser forçados a adotar medidas protecionistas, e muitos países se sentirão à vontade para declarar moratória das dívidas públicas. Os principais expoentes do sistema bancário ocidental poderão se tornar insolventes em função de suas relações incestuosas com o endividamento público dos Estados. Para se ter uma ideia da potencialidade da crise, basta dizer que a exposição do sistema bancário europeu em relação aos cinco principais países em dificuldades da Europa (Grécia, Irlanda, Itália, Portugal e Espanha) está calculada em US$ 3,4 trilhões[10].

Esse processo está criando uma nova conjuntura econômica e política internacional, com tensões sociais em várias regiões e acirramento da luta de classes em nível mundial. Isso porque o capital, mais uma vez, está jogando todo o ônus da crise nas costas dos trabalhadores, mediante o chamado ajuste estrutural, como vem sendo aplicado em vários países da Europa. Ajuste estrutural significa a luta aberta contra os trabalhadores: redução dos salários, reforma previdenciária regressiva, corte nos gastos públicos, corte de verbas na área social e redução e precariedade dos serviços públicos e intensificação da jornada de trabalho. Essa conjuntura coloca a gravidade da crise na ordem do dia para toda a sociedade e

---

[10] Informações publicadas pelo jornal *Valor Econômico*, São Paulo, 19/2/2010, a partir de dados do BIS.

desperta a reação dos trabalhadores, agora mais conscientes dos objetivos do capital. Uma movimentação ainda embrionária já vem ocorrendo na Grécia, na Espanha, França, Inglaterra e Portugal, com greves gerais ou mobilizações de massas contra a crise e o ajuste pretendido pelo capital. Mesmo nos Estados Unidos, cerca de 100 mil trabalhadores se manifestaram no Estado de Wisconsin contra medidas regressivas tomadas pelo governo local.

Ao contrário da primeira onda da crise, ocasião em que os governos centrais tiveram ampla margem de manobra para intervir com uma imensa massa de recursos na economia, a segunda onda representa uma conjuntura mais difícil para o capital, que agora terá uma margem de manobra bem menor. Se na primeira onda não ocorreram as lutas de massas, cujo ímpeto foi ofuscado pelas intervenções governamentais e pelo aparato midiático, agora estão se abrindo novas janelas de oportunidades para a emergência do movimento operário e popular, pois as crises abertas funcionam como escolas intensivas da luta de classes. Os trabalhadores aprendem mais nos momentos de crises que em vários anos de calmaria. Aquele proletariado que parecia adormecido começa a irromper na cena política para desespero dos gestores do capital.

No entanto, não está garantido que o proletariado sairá vencedor em uma contenda de dimensões históricas como essa. O capital acumulou enorme experiência ao longo dos tempos para recuperar-se das crises e reciclar-se. Mas também os momentos de crise são períodos de fragilidade do capital, conjuntura em que se reduz sua autoridade e hegemonia sobre a sociedade. Em um ambiente dessa ordem, os trabalhadores e suas vanguardas devem realizar um enorme esforço para construir um programa emancipatório capaz de se contrapor ao projeto burguês com possibilidades de vitória.

# NO COMEÇO DE UMA LONGA VIAGEM: DECADÊNCIA DO CAPITALISMO, NOSTALGIAS, HERANÇAS E ESPERANÇAS NO SÉCULO XXI[*]

*Jorge Beinstein*

**Começo do fim (ou fim do começo) da crise?**

No início de 2009, Ben Bernanke (então presidente do Federal Reserve – Fed, o banco central dos Estados Unidos) assinalou que antes do fim daquele ano começariam a ser vistos sintomas claros de superação da crise. Por volta do mês de agosto, anunciou que "o pior da recessão havia ficado para trás"[1]. Antes de explodir a bomba financeira em setembro de 2009, Bernanke previu que aquilo nunca iria acontecer e, quando finalmente ocorreu, seu novo prognóstico foi de que em pouco tempo viria a recuperação. Não foi o único a fazê-lo. Uma espantosa campanha midiática utilizou alguns sinais isolados para impor essa ideia. Foi assim que o renascimento da bolha bursátil global, a partir de meados de março de 2009, foi apresentado como um sintoma da melhoria econômica geral, e uma nuvem de "especialistas" explicou que a euforia da Bolsa estava antecipando o fim da recessão. Na verdade, as injeções massivas de dinheiro dos governos das grandes potências econômicas, beneficiando principalmente o sistema financeiro, geraram enormes excedentes de fundos que, em condições de redução generalizada da produção e do consumo, encontraram nos negócios da Bolsa um espaço favorável para rentabilizar seus capitais. Jogando com a alta dos valores das ações, puxavam seus preços para cima, o que por sua vez incitava a investir mais e mais dinheiro na Bolsa. A isso se agrega que o motor da euforia da Bolsa mundial, a Bolsa dos Estados Unidos, além do dinheiro derivado dos resgates locais, recebeu importan-

---

[*] Tradução de Leonardo Gonçalves. (N. E.)
[1] "Fed says worst of recession over", *BBC News*, 12/8/2009.

tes fluxos de fundos especulativos externos que, aproveitando a persistente queda do dólar, precipitaram-se em comprar ações baratas e em alta.

Repetiu-se assim a sequência especulativa do fim dos anos 1990 e de 2007, mas com uma diferença decisiva: o contexto da bolha não foi o crescimento da economia, mas a recessão. As bolhas anteriores (da Bolsa, imobiliárias, comerciais etc.) interagiam positivamente com o resto das atividades econômicas; as altas nos preços das ações ou das moradias alentavam o consumo e a produção. Por sua vez, esses crescimentos geravam fundos que, em boa medida, voltavam-se aos negócios especulativos, produzindo assim uma espécie de círculo virtuoso especulativo-consumista-produtivo de caráter global – em última instância, perverso –, destinado, a médio prazo, ao desastre, mas que, no curto prazo, causava prosperidade. A bolha bursátil de 2009, ao contrário, contrasta com baixos níveis de consumo o declínio dos investimentos produtivos e o aumento sustentado do desemprego. Os excedentes de capitais bloqueados por uma economia real declinante conseguem lucros na especulação financeira. O que se produz então, graças aos fabulosos resgates financeiros dos governos, é um círculo vicioso especulativo-recessivo. No caso do governo norte-americano, esse efeito negativo foi suavizado por meio de enormes subsídios que conseguiram sustentar alguns consumos e, desse modo, desacelerar primeiro, para mais adiante inverter a curva descendente do Produto Interno Bruto (PIB). Às fortes quedas do último trimestre de 2008 e do primeiro de 2009 sucedeu um descenso suave no segundo trimestre e um crescimento no terceiro, puxado pelos subsídios governamentais para a compra de automóveis e moradias, somados aos gastos militares. Mas por trás dessa efêmera recuperação está a expansão desenfreada do déficit fiscal e do endividamento público.

Os alívios transitórios das tentativas de recuperação (os crescimentos estimulados) fortalecem e recompõem os mecanismos parasitários que levaram a economia norte-americana ao desastre atual. E o declínio do império (do centro articulador do mundo capitalista) arrasta o conjunto do sistema mundial.

Não se trata apenas de uma "crise econômica". Outras "crises" estão à vista e a qualquer momento podem gerar um forte impacto em um sistema global muito frágil. Entre elas, destacam-se a crise energética e a alimentar, que se fizeram presentes durante o ano de 2008 e seguem vigentes. Ou a degradação do complexo militar-industrial dos Estados Unidos, envolvendo o conjunto de aparatos militares da Organização do Tratado do Atlântico Norte (Otan), atolado nas guerras do Iraque e do Afeganistão-Paquistão e submergindo em uma catastrófica *crise de percepção*: a surpreendente resistência desses povos periféricos ultrapassa sua capacidade de compreensão da realidade, e repetem-se em níveis muito mais elevados o "efeito Vietnã" ou o desconcerto de Hitler diante da avalanche soviética.

Também é necessário mencionar a crise urbana e ambiental que, junto ao declínio de valores morais e culturais e de crenças sociais, afoga gradualmente os paradigmas decisivos do mundo burguês, desordenando e deteriorando os sistemas políticos, as estruturas de inovação produtiva e os mecanismos de manipulação midiática. Em suma, estamos diante da aparência de uma convergência de numerosas "crises", mas que na realidade trata-se de uma única crise gigantesca, com diversos rostos, de dimensão (planetária) nunca antes vista na história humana. Seu aspecto é o de um grande crepúsculo que ameaça continuar por muito tempo.

## 1968-2007: a etapa preparatória

A crise atual teve um longo período de gestação – aproximadamente entre 1968 e 2007 –, durante o qual se desenvolveu uma *crise crônica de superprodução* em que se acumularam parasitismo e depredação do ecossistema. O curso dessas quatro décadas pode ser interpretado como uma protelação da catástrofe, graças à expansão financeiro-militar (centrada nos Estados Unidos), a integração periférica de mão de obra industrial barata (China, entre outros), a depredação acelerada dos recursos naturais (em especial, os energéticos não renováveis) e a pilhagem financeira de um amplo leque de países subdesenvolvidos. Também pode ser visto sob a forma de uma *"fuga para a frente"* do sistema, impulsionada por seus grandes motores parasitários.

Ambas as visões deveriam ser integradas por meio da utilização do conceito de "capitalismo senil"[2], ou seja, um fenômeno de envelhecimento avançado do sistema que emprega todo seu complexo instrumental anticrise acumulado em uma longa história bissecular, mas que, entretanto, não pode impedir o agravamento de suas enfermidades e sua decadência.

A expansão do parasitismo e o declínio da dinâmica produtiva global constituem fenômenos estreitamente interrelacionados. Desde meados dos anos 1970, as taxas de crescimento do PIB mundial se movimentaram de maneira irregular em torno de uma linha descendente, enquanto a especulação financeira se expandiu a um ritmo vertiginoso. A hipertrofia financeira foi, por sua vez, causa e efeito da decadência produtiva: a desaceleração da chamada "economia real" gerava fundos ociosos que eram levados à economia especulativa como via de saída para rentabilizar o capital, enquanto a especulação se expandia absorvendo capitais disponíveis e dominando com sua subcultura virtualista do lucro imediato a totalidade do sistema, degenerando-o e fazendo com que perdesse o dinamismo. A inovação tecnológica, que

---

[2] O conceito de capitalismo senil, tal como é utilizado neste texto, aparece nos anos 1970, em um trabalho de Roger Dangeville, *Marx-Engels: la crise* (Paris, Éditions 10/18, 1978) e foi retomado por vários autores na década atual, como Jorge Beinstein em *Capitalismo senil* (Rio de Janeiro, Record, 2001) e Samir Amin em *Au-delà du capitalisme sénile* (Paris, Puf, 2002).

em épocas anteriores havia sido o pilar essencial da expansão produtiva à qual estava prioritariamente destinada, transformou-se na base técnica da hipertrofia parasitária (militar-consumista-financeira).

Por sua vez, o *complexo militar-industrial* norte-americano, que sofreu um golpe muito duro ao ser derrotado no Vietnã, em meados dos anos 1970, ganhou novo impulso por meio das necessidades estruturais do capitalismo e deu um enorme salto quantitativo ao começar a década de 1980 com o mega programa militar do presidente Reagan. Logo pareceu que ficaria obstruído quando os Estados Unidos ganharam a Guerra Fria, no começo dos anos 1990. Como legitimar aumentos de gastos quando o inimigo havia desaparecido?

No fim daquela década, o império havia conseguido fabricar um estranho "inimigo" que permitiu uma nova expansão militar. Tratava-se do "terrorismo internacional", um antagonista difuso, altamente virtual, que justificava uma prolongada aventura colonial na Eurásia por meio do controle da faixa territorial que se estende desde os Bálcãs até o Paquistão, atravessando o Iraque, o Irã e os países da Ásia Central, e em cujo coração (ao redor do golfo Pérsico e da bacia do mar Cáspio) encontra-se cerca de 70% dos recursos petrolíferos do planeta.

A vitória nessa guerra teria permitido ao império encurralar a Rússia e a China e garantir a fidelidade de seu grande aliado estratégico, a União Europeia, consolidando, assim, sua hegemonia ao permitir a imposição de condições financeiras e comerciais muito duras para o resto do mundo, já que a economia imperial declinante precisava de doses crescentes de riquezas externas para sobreviver. Como no passado, conjugaram-se as necessidades "internas", próprias da reprodução da economia norte-americana (onde os gastos militares cumprem um papel decisivo), com a necessária reprodução da exploração imperialista. Nesse sentido, não se tratou de um fenômeno novo: nos anos 1930, os gastos militares permitiram aos Estados Unidos sair da recessão e, ao mesmo tempo, emergir como a grande superpotência capitalista depois da Segunda Guerra Mundial. Mais de quarenta anos de Guerra Fria constituíram uma importante contribuição para o crescimento do PIB, superando diversas ameaças recessivas (no fim dos anos 1940, começo dos anos 1980 etc.). A novidade da última militarização foi dada pela extrema deformação parasitária da sociedade imperial, o que significou o desenvolvimento de uma etapa radicalmente diferente de todas as anteriores.

## Declínio do centro do mundo

É preciso constatar que nos encontramos diante do declínio do centro do mundo – os Estados Unidos – e que essa decadência não corresponde com a ascensão de nenhum outro centro imperialista mundial que o substitua. As outras grandes potências (União Europeia, Japão, Rússia, China) encontram-se todas no mesmo barco global à deriva. O parasitismo estadunidense não foi outra coisa senão a manifestação específica, central, da crise crônica global de superprodução – incluídos os pseudomilagres, como a expansão chinesa, o renascimento russo ou a integração europeia.

Desde o fim da Segunda Guerra Mundial, o capitalismo se estruturou em torno dos Estados Unidos, espaço fundamental de todos os negócios (produtivos, financeiros, midiáticos etc.). Sua degradação a partir do começo dos anos 1970 e seu descenso atual expressam um mal universal. O parasita norte-americano consumia acima de sua capacidade produtiva porque as economias da Europa, China, Japão etc. precisavam vender para ele seus bens e serviços, investir seus excedentes financeiros. Tratava-se de uma interdependência cada vez mais profunda, chamada de "globalização" e descrita pela propaganda neoliberal como uma espécie de etapa superior do capitalismo que superava de maneira positiva o sistema vigente entre o fim da Segunda Guerra Mundial e a crise dos anos 1970.

Foi construída a imagem idílica de um capitalismo transacional livre da tutela dos grandes Estados nacionais, crescendo indefinidamente em torno dos círculos virtuosos interrelacionados da revolução tecnológica, a mutação produtiva, a expansão do consumo e das finanças globais. Na realidade, o que se impôs foi um capitalismo global completamente hegemonizado pelos negócios financeiros e articulado em torno de um grande centro imperialista crescentemente parasitário. Porém, seria um erro grosseiro assinalar tal fenômeno como um fato específico e exclusivo da sociedade norte-americana. Deveríamos entendê-lo como um processo mundial. A financeirização e a proliferação de redes e negócios mafiosos (como o tráfico de drogas, a prostituição, os saques de empresas públicas periféricas etc.) atravessam todas as elites capitalistas dos países centrais e produziram uma rápida reconversão-degradação de numerosas burguesias do chamado mundo subdesenvolvido, transformadas em autênticas lumpemburguesias periféricas.

Poder-se-ia dizer que o caso chinês é a exceção, mas não é assim. A China é uma grande exportadora industrial, mas acumula fabulosos excedentes financeiros. Cumpre um papel muito importante nos negócios especulativos mundiais, suas elites dirigentes são altamente corruptas e, em última instância, sua industrialização é completamente funcional para a reprodução do capitalismo financeirizado global, especialmente do desenvolvimento mais recente da economia norte-americana, subministrando-lhe mercadorias baratas e acumulando, em troca dólares, bônus do tesouro e outros papéis. Desse modo, a elite chinesa participa ativamente da festa parasitária global e faz parte do restrito clube dos ricos do mundo (sua base social de operários e camponeses faz parte da massa proletária universal de pobres, oprimidos e explorados).

A realidade da crise desmente as fantasias de "desacoplamentos" nacionais ou regionais no que diz respeito ao afundamento dos Estados Unidos. Mostra, pelo contrário, o desespero das outras grandes potências ante o declínio de seu espaço central de negócios.

O que estamos presenciando não é a substituição da unipolaridade por alguma forma de multipolaridade eficaz, uma divisão completa do mundo entre grandes potências centrais, mas seu paulatino deslocamento para um processo de despolarização, onde vão se abrindo múltiplos espaços nos quais os controles imperialistas estão se afrouxando – ou seja, onde a articulação capitalista do mundo se debilita no ritmo da crise. E os antecedentes históricos (sobretudo o que ocorreu a partir da Primeira Guerra Mundial) assinalam que, se a hierarquização imperialista do capitalismo entra em crise, irrompem então as condições objetivas e subjetivas para as rebeliões das vítimas do sistema.

Não se trata de um processo ordenado. Ele inclui tentativas de reação imperialista; reconversão estratégica dos mecanismos de dominação (como a atualmente em curso nos Estados Unidos, sob a presidência de Barack Obama); aproveitamento por parte de outras grandes potências que tratam de apropriar-se de espaços onde o poder imperial norte-americano se debilitou; autonomizações periféricas às vezes de sucesso, às vezes condenadas ao fracasso. Quando certos gurus ocidentais mostram sua preocupação diante do possível desenvolvimento do que qualificam como *despolarização caótica*[3], expressam um grande medo universal, consciente ou inconsciente, frente à perspectiva da reaparição do odiado fantasma anticapitalista, várias vezes declarado morto e exorcizado, mas sempre ameaçador.

## Da crise crônica de superprodução à crise geral de subprodução

O desenlace de 2007-2008, início do largo crepúsculo do sistema, não constituiu nenhuma surpresa. Estava escrito nos avatares da *crise controlada* das últimas quatro décadas.

Mais ainda, é possível detectar processos que ao longo de cerca de dois séculos percorreram toda a história do capitalismo industrial, desembocando agora no seu declínio geral. É possível identificar, desde o nascimento do sistema, durante sua expansão juvenil e muito mais em sua maturidade, os germes do parasitismo anunciadores da futura decadência.

A sucessão de crises de subprodução no capitalismo ocidental durante o século XIX não marcou um simples encadeamento de quedas e recuperações em níveis

---

[3] Ver Richard N. Haass, "The Age of Nonpolarity: What Will Follow U. S. Dominance", *Foreign Affairs*, mai.-jun. 2008.

cada vez mais altos de desenvolvimento de forças produtivas. Após cada depressão, o sistema se recompunha, mas acumulando em seu decorrer massas crescentes de parasitismo. Entre o fim do século XIX e início do XX, o câncer financeiro irrompeu triunfal e obteve o controle absoluto do sistema sete ou oito décadas depois. Porém, seu desenvolvimento havia começado muito tempo antes, financiando estruturas industriais e comerciais cada vez mais concentradas, e Estados imperialistas nos quais se expandiam as burocracias civis e militares.

A hegemonia da ideologia do progresso e do produtivismo serviu para ocultar o fenômeno. Instalou a ideia de que o capitalismo, ao contrário das civilizações anteriores, não acumulava parasitismo, mas forças produtivas que, ao expandir-se, criavam problemas de adaptação superáveis no interior do sistema mundial, resolvidos por meio de processos de "destruição criadora". O parasitismo capitalista de grande escala, quando se fazia evidente, era considerado uma forma de "atraso" ou uma "degeneração" passageira na marcha ascendente da modernidade.

Também o militarismo moderno fincou suas raízes no século XIX ocidental, partindo das Guerras Napoleônicas, passando pela Guerra Franco-Prussiana até irromper na Primeira Guerra Mundial como "complexo militar-industrial". Inicialmente, foi percebido como um instrumento privilegiado das estratégias imperialistas e, mais adiante, como reativador econômico do capitalismo. Só se via um aspecto do problema, mas se ignorava ou subestimava sua profunda natureza parasitária: o fato de que o monstro militar a serviço da reprodução do sistema ocultava um monstro muito mais poderoso a longo prazo, o do consumo improdutivo.

Atualmente, o complexo militar-industrial norte-americano (em torno do qual se reproduzem os de seus sócios da Otan) gasta, em termos reais, mais de um bilhão de dólares[4] e contribui de maneira crescente para o déficit fiscal e o endividamento do império (e, por conseguinte, para a prosperidade dos negócios financeiros beneficiários de tal déficit). Sua eficácia militar é declinante, mas sua burocracia é cada vez maior. A corrupção penetrou em todas as atividades, e já não é o grande gerador indireto de empregos, como em outras épocas – o desenvolvimento da tecnologia militar-industrial reduziu significativamente essa função. A época do keynesianismo militar como eficaz estratégia anticrise pertence ao passado[5]. Por outro lado, presenciamos hoje nos Estados Unidos a integração de negócios entre a esfera militar-industrial, as redes financeiras, as grandes empresas energéticas, as

---

[4] Essa cifra é obtida ao somar-se ao gasto do Departamento de Defesa os gastos militares de outras áreas da Administração Pública. Chalmers Johnson, "Going Bankrupt: The US's Greatest Threat", *Asia Times*, 24/1/2008.
[5] Scott B. MacDonald, "End of the Guns and Butter Economy", *Asia Times*, 31/10/2007.

camarilhas mafiosas, as "empresas" de segurança e outras atividades muito dinâmicas conformando o espaço dominante do sistema de poder imperial.

Tampouco a crise energética em torno da chegada do *peak oil* (a faixa máxima de produção petroleira mundial a partir da qual se desenvolve seu declínio) deveria estar restrita à história das últimas décadas. É necessário entendê-la como fase declinante do longo superciclo de exploração moderna dos recursos naturais não renováveis desde o começo do capitalismo industrial, que pôde desatar-se e depois expandir-se graças a esses insumos energéticos abundantes, baratos e facilmente transportáveis, desenvolvendo primeiro o ciclo do carvão sob hegemonia inglesa, no século XIX, e, logo em seguida, o do petróleo sob a hegemonia norte-americana, no século XX. Tal superciclo energético condicionou todo o desenvolvimento tecnológico do sistema e foi a vanguarda da dinâmica depredadora do capitalismo estendida ao conjunto de recursos naturais e o ecossistema em geral.

O que durante quase dois séculos foi considerado como uma das grandes proezas da civilização burguesa (sua aventura industrial e tecnológica) aparece agora como a mãe de todos os desastres, uma avalanche depredadora que põe em perigo a sobrevivência da espécie humana que a começou. Em síntese, o desenvolvimento da civilização burguesa durante os dois últimos séculos (com raízes em um passado ocidental muito mais prolongado) terminou por engendrar um processo irreversível de decadência. A depredação ambiental e a expansão parasitária, estreitamente interligadas, estão na base do fenômeno.

A dinâmica do desenvolvimento econômico do capitalismo, marcada por uma sucessão de crises de superprodução, constitui o motor do processo depredador-parasitário que conduz inevitavelmente a uma *crise prolongada de subprodução*. A partir de um olhar superficial, poder-se-ia concluir que tal crise foi causada por fatores exógenos ao sistema – perturbações climáticas, escassez de recursos energéticos etc. – que bloqueiam ou mesmo fazem retroceder o desenvolvimento das forças produtivas. Entretanto, uma reflexão mais rigorosa demonstra que a penúria energética e a degradação ambiental são o resultado da dinâmica depredadora do capitalismo, obrigado a crescer indefinidamente para não perecer, ainda que esse mesmo crescimento acabe por destruir o sistema. Existe uma interrelação dialética perversa entre a expansão da massa global de lucros, sua velocidade crescente, a multiplicação das estruturas burocráticas civis e militares de controle social, a concentração mundial de renda, a ascensão da maré parasitária e a depredação do ecossistema.

As revoluções tecnológicas do capitalismo foram aparentemente suas tábuas de salvação, e o foram durante muito tempo, incrementando a produtividade industrial e agrária, melhorando as comunicações e transportes, entre outros. Mas, no balanço de vários séculos, constituem sua armadilha mortal: terminam por bloquear o desenvolvimento que impulsionaram ao estarem estruturalmente baseadas na depredação ambiental e ao gerarem um crescimento exponencial de massas humanas superexploradas e marginalizadas. A cultura técnica da civilização burguesa se apoia em um duplo combate: o do homem contra a "natureza" (o contexto ambiental de sua vida), convertida no objeto de exploração, realidade exterior e hostil a qual é necessário dominar, devorar e, em consequência, o do homem (burguês) contra o homem (explorado), convertido em objeto manipulável.

O progresso técnico integra, assim, o processo de autodestruição geral do capitalismo na rota rumo a um horizonte de barbárie. Essa ideia vai muito além do conceito de bloqueio tecnológico ou de "limite estrutural do sistema tecnológico", tal como formulado por Bertrand Gille[6]. Não se trata da incapacidade do sistema tecnológico da civilização burguesa de continuar desenvolvendo forças produtivas, mas de sua alta capacidade como instrumento de destruição líquida de forças produtivas. Em síntese, a história da crise de superprodução conclui-se com uma crise geral de subprodução, como um processo de destruição, de decadência sistêmica a longo prazo. Isso significa que a superação necessária do capitalismo não aparece como o passo indispensável para prosseguir a "marcha do progresso", mas, em primeiro lugar, como tentativa de sobrevivência humana e de seu contexto ambiental.

O processo de decadência em curso deve ser visto como a fase declinante de um longo ciclo histórico iniciado por volta do fim do século XVIII[7], que contou com dois grandes articuladores hoje em declínio: o ciclo da dominação imperialista anglo-norte-americana (a etapa inglesa, no século XIX, e a norte-americana, no século XX) e o ciclo do Estado burguês desde a sua etapa "liberal industrial", no século XIX, passando por sua fase intervencionista produtiva (keynesiana clássica), em boa parte do século XX, para chegar à sua degradação "neoliberal", a partir dos anos 1970-1980.

## Nostalgias, heranças e esperanças

Na esquerda pululam os nostálgicos do século XX, no qual se apresenta um período de grandes revoluções socialistas e anti-imperialistas, desde a Revolução

---

[6] Bertrand Gille, *Histoire des techniques* (Paris, La Pléiade, 1978).
[7] Uma visão muito mais estendida o integraria ao mega ciclo da civilização ocidental, que se iniciou no começo do segundo milênio com as Cruzadas e os primeiros sinais de comércio do capitalismo na Europa, e atravessou a conquista da América até chegar à Revolução Industrial inglesa, às Guerras Napoleônicas e à expansão planetária da modernidade (imperialista e de raiz ocidental, é necessário sublinhar).

Russa até a vitória vietnamita, passando pela Revolução Chinesa, as vitórias anticolonialistas na Ásia e na África, entre outros. Diante dessa sucessão de ondas revolucionárias, o que veio depois, nas últimas décadas do século XX, aparece como uma desgraça.

Por outro lado, também é possível ver esse "período maravilhoso" como uma sucessão de desilusões, tentativas libertadoras fracassadas. Além disso, as esperanças (acalentadas desde meados do século XIX) de vitórias proletárias no coração do mundo burguês, a Europa mais desenvolvida e inclusive a neo-Europa norte-americana (os Estados Unidos) nunca se concretizaram. O peso cultural do capitalismo gerando barbáries fascistas ou civilizadas integrações keynesianas dissipou qualquer possibilidade de superá-lo. A última grande crise do sistema, desatada no princípio dos anos 1970, não produziu um deslocamento em direção à esquerda do mundo, mas exatamente o contrário.

Tudo isso contribuiu para confirmar a crença simplista e demolidora de que o capital "sempre encontra uma saída" (tecnológica, política, militar etc.) para sua crise. Trata-se de um preconceito com raízes profundas, forjado durante muito tempo. Destruir esse mito constitui uma tarefa decisiva no processo de superação da decadência. Se esse objetivo não for alcançado, a armadilha burguesa nos impedirá de sair de um mundo que se afundará na barbárie, tal como aconteceu ao longo da história humana com outras civilizações decadentes que puderam preservar sua hegemonia cultural por meio da degradação e neutralização, uma após a outra, de todas as possíveis saídas com vistas à superação.

No entanto, o fato de que o capitalismo tenha ingressado em seu período de declínio significa, entre outras coisas, o aparecimento de condições civilizacionais para a irrupção de elementos práticos e teóricos que poderiam servir como base para o começo (destrutivo-criador) do anticapitalismo enquanto fenômeno universal. Para tal, é necessário (e urgente) lançar a crítica radical do sistema e integrá-la a resistências e movimentos insurgentes e, a partir daí, ao leque mais amplo de massas populares golpeadas pelo sistema.

A chave histórica desse processo necessário é a aparição de uma força plural inovadora que poderíamos denominar, em uma primeira aproximação, de *comunismo radical*, um anticapitalismo profundamente humanista dedicado à promoção dos sujeitos revolucionários decididos a produzir rupturas, revoluções, destruições dos sistemas de poder, das opressões imperialistas, das estruturas de reprodução do capitalismo. Dito de outro modo, trata-se de inovação, mas ao mesmo tempo de retomada, renovando e transformando completamente o velho projeto comunista de construção revolucionária de processos de autoemancipação social.

A superação da decadência que aparece sob a forma de uma imensa totalidade burguesa ineludível só é possível a partir do desenvolvimento fraternal, combativo e plural de sua negociação absoluta, da irrupção de uma "totalidade negativa" universal[8] que, nas condições concretas do século XXI, deveria se apresentar como convergência dos marginalizados, oprimidos e explorados do planeta. Não como sujeito solitário ou isolado, mas como aglutinador, como espaço insurgente de encontro de um amplo leque de forças sociais rebeldes, como vítima absoluta de todos os males da civilização burguesa e, consequentemente, como líder histórico da regeneração humana (reinstalação-recomposição da visão de Marx do "proletariado" como sujeito universal emancipador).

Aqui, é necessário assinalar uma diferença decisiva entre a situação atual e as condições culturais nas quais se apoiou o ciclo de revoluções iniciado com a Primeira Guerra Mundial. O início da presente crise dispõe de uma herança única que é possível resumir como a existência de um gigantesco patrimônio democrático, igualitário e fraternal, acumulado ao longo do século XX por meio de grandes tentativas emancipadoras revolucionárias, reformistas, anti-imperialistas mais ou menos radicais, muitas delas inclusive com objetivos socialistas. Centenas de milhões de oprimidos e explorados em todos os continentes realizaram uma aprendizagem excepcional, obtiveram vitórias, fracassaram, foram enganados por usurpadores de todo tipo, receberam o exemplo de dirigentes heroicos etc. Esta é outra maneira de observar o século XX: como uma incrível escola de luta pela liberdade, onde o melhor da humanidade aprendeu muitas lições, que ficaram gravadas em sua memória histórica não como lembrança pessimista de um passado irreversível, mas como descoberta, ferramenta cultural carregada de maneira definitiva em sua mochila de combate. Até 1798, quando as esperanças geradas pela Revolução Francesa agonizavam, Kant sustentava com obstinação que "um fenômeno como esse não se esquece jamais na história humana. [...] É grande demais, ligado demais ao interesse da humanidade, divulgado demais em virtude de sua influência sobre o mundo todo, para que os povos não o recordem em alguma ocasião propícia e não sejam incitados, por essa lembrança, a repetir a tentativa"[9]. O século XX equivale a dezenas de revoluções libertárias como a francesa. Qualitativamente, equivale a ainda muito mais. O patrimônio cultural libertário disponível agora pela humanidade oprimida ao começar a crise maior da história do capitalismo é muito mais vasto, rico e denso que o existente ao começar a anterior crise prolongada do sistema (1914-1945).

---

[8] Franz Jakubowsky, *Les superestructures idéologiques dans la conception matérialiste de l'histoire* (Paris, Études et Documentation Internationales, 1976).
[9] Immanuel Kant, *Filosofía de la historia* (México, Fondo de Cultura Económica, 1992).

O pós-capitalismo não só constitui uma necessidade histórica determinada pela decadência da civilização burguesa como também uma possibilidade real, pois possui uma imensa base cultural nunca antes disponível. A esperança e o otimismo histórico aparecem, são visíveis através das ruínas, das estruturas degradadas de um mundo injusto.

Aqui, dois esclarecimentos são necessários.

Primeiro, esse protagonismo radical não nasce no primeiro dia da crise. É necessário um complicado processo de gestação, atravessado por rebeliões populares e reações conservadoras, com avanços e retrocessos. Uma longa marcha durante um período muito denso, turbulento, cuja duração real é imprevisível, no qual estamos dando os primeiros passos. Tempo de recuperação de memórias, aprendizados novos, construção complexa de uma nova consciência.

Segundo, é claro que a periferia do capitalismo, o espaço dos povos pobres e marginalizados do planeta, aparece como o lugar privilegiado para a irrupção dessas forças libertadoras. É o que tem demonstrado a realidade, desde as resistências ao império no Iraque e no Afeganistão até a onda popular democratizante na América Latina, que já inclui alguns espaços mais avançados onde se postula a superação socialista do capitalismo – embora não devêssemos subestimar suas prováveis futuras prolongações, interações com fenômenos de igual signo em países centrais, coração visível da crise. Ali, a concentração de renda, o desemprego e o empobrecimento em grande escala se estendem ao ritmo da decadência do sistema, cujas elites aceleram sua degeneração parasitária – o que recoloca o perigo de renovadas aventuras neofascistas e imperialistas, mas também a esperança na rebeldia de suas retaguardas populares internas.

A barbárie já está em marcha, mas também o está a insurgência dos oprimidos.

# APÊNDICE

# A RECONSTRUÇÃO NECESSÁRIA DA DIALÉTICA HISTÓRICA[*]

*István Mészáros*

## I.

Como sabemos, o Estado moderno não foi formado como *resultado* de alguma determinação econômica direta, como um afloramento superestrutural mecânico, em conformidade com uma visão reducionista da supostamente *unidimensional dominação material* da sociedade, tal qual apresentado pela concepção marxista vulgar de tais questões. Pelo contrário, foi constituído dialeticamente por meio de sua necessária *interação recíproca* com a base material altamente complexa do capital. Nesse sentido, o Estado não foi apenas *moldado* pelas fundações econômicas da sociedade, como também *moldou de forma bastante ativa* a realidade multifacetada das manifestações reprodutivas do capital no decorrer de suas transformações históricas, tanto ascendente como na fase descendente de desenvolvimento do sistema do capital.

Nesse complexo processo dialético de intercâmbio recíproco, as determinações históricas e trans-históricas foram intimamente entrelaçadas, mesmo se no curso da fase descendente do desenvolvimento do sistema do capital tenha sido testemunhada uma crescente violação da dialética histórica, especialmente sob o impacto da *crise estrutural* em aprofundamento. Pois a defesa a todo custo do modo de reprodução societal estabelecido a todo custo, não importa quão esbanjador e destrutivo seja seu impacto até mesmo, atualmente, sobre a natureza, pode apenas frisar o *anacronismo histórico* e a inviabilidade correspondente de um modo de reprodução societal produtivo outrora todo-poderoso, que procura estender seu poder de "*forma globalizada*" em um tempo em que os *limites sistêmicos absolutos* do capital estão sendo ativados em escala global.

---

[*] Tradução de Raul Cornejo. Leitura técnica de Caio Antunes. (N. E.)

Além disso, o fato de que a fase histórica de imperialismo moderno que costumava predominar antes e durante a Segunda Guerra Mundial – uma forma de imperialismo na qual uma série de *potências rivais* afirmou-se no mundo, em disputa uma com a outra, conforme teorizado por Lenin durante a Primeira Guerra Mundial – é agora substituída pelo *imperialismo hegemônico global* dos Estados Unidos da América, que procura se impor por toda parte como o *Estado global do sistema do capital em geral*, não resolve nenhuma das contradições subjacentes. Pelo contrário, somente destaca a gravidade dos perigos inseparáveis da crise estrutural do modo de controle da reprodução societal do capital. Pois a imposição do imperialismo hegemônico global de nossa época pelo poder militar agora dominante não é menos insustentável em longo prazo do que a tradicional rivalidade imperialista entre Estados que produziu duas guerras mundiais devastadoras no século XX. Longe de constituir, com sucesso, o Estado do sistema do capital em geral – como uma tentativa vã de remediar o grande fracasso histórico do capital nesse sentido, o imperialismo hegemônico global dos Estados Unidos, com sua crescente dominação militar do planeta na posição de um *Estado nacional agressivo* –, a fase presente do imperialismo é potencialmente a mais letal.

No decurso do desdobramento histórico do sistema do capital, a superestrutura política e legal assumiu um papel ainda mais *preponderante*. A atual fase presente do imperialismo hegemônico global é a manifestação mais extrema disso, marcando o fim de um caminho até o momento praticável, mas ao mesmo tempo absolutamente insustentável em longo prazo, dada a relação ainda prevalecente de forças na qual alguns países com populações imensas e poderio militar equivalente, incluindo a China, são marginalizados. Pois nada poderia ser mais decisivo em termos de sua dominação de todos os aspectos da vida social – das condições elementares de reprodução material e seu grave impacto sobre a natureza até as formas mais mediadas de produção intelectual – do que a operação de um sistema estatal que ameaça direta e indiretamente o conjunto da humanidade com o destino da autodestruição. Até mesmo um retorno às confrontações violentas entre Estados anteriormente experimentadas, o que certamente exterminaria a vida humana neste planeta, é viável em um futuro não muito distante, caso os antagonismos destrutivos do sistema do capital não sejam resolvidos de um modo historicamente sustentável no tempo que ainda nos resta. Por conseguinte, apenas uma *transformação qualitativa* da superestrutura legal e política estabelecida em sua totalidade, junto com a reestruturação radical de sua base material não mais viável, pode mostrar uma saída desse beco escuro. Isso significa uma *transformação abrangente* concebível somente no espírito da vislumbrada alternativa socialista hegemônica ao modo de controle sociometabólico do capital.

## II.

A superestrutura legal e política do capital, historicamente específica e necessariamente transitória, não importa quão preponderante, emergiu no curso do desenvolvimento sistêmico em conjunção com algumas exigências estruturais vitais do complexo societal geral em desdobramento.

Em nítido contraste com o tipo feudal de relações produtivas materiais e políticas que tinha de ser substituído pelo sistema do capital, um *controle político direto* de incontáveis unidades produtivas particulares – os *microcosmos* articulados localmente da base material recém-desenvolvida, com sua força de trabalho "livre" e *abstrata*[1] – não era viável e tampouco conduzia ao processo irresistível de expansão do capital. Era controlado da maneira mais *contraditória* pelas "personificações do capital"[2] individuais como senhoras de suas empresas *particulares* que, no entanto, não poderiam de forma alguma controlar, enquanto capitalistas individuais agindo no domínio econômico, o sistema do capital como um todo.

Assim, no curso do desenvolvimento histórico testemunhamos a emergência de um sistema produtivo material inerentemente *centrífugo*, no qual os *microcosmos* particulares, ao seguir seus interesses capitalistas auto-orientados e autoexpansivos, interagiam dinamicamente entre si e com a sociedade como um todo. Esse tipo de prática produtiva foi, obviamente, ficcionalizado na forma da dita "soberania" das personificações individuais do capital, e inclusive idealizado ainda até o último terço do século XVIII – por um dos maiores economistas políticos de todos os tempos, Adam Smith –, com a ingênua sugestão estipulativa de acordo com a qual era necessário *excluir os políticos* da lógica reprodutiva do sistema, já que o próprio sistema deveria funcionar insuperavelmente bem sob a condução benéfica da mítica "mão invisível". Entretanto, nenhum postulado fictício de "soberania empresarial", nem mesmo a projeção idealizada da misteriosa mas, por definição, necessariamente e para sempre bem-sucedida "mão invisível", poderia efetivamente remediar a *falha estrutural* dos microcosmos produtivos do sistema do capital: sua *centrifugalidade* auto-orientada e autoafirmativa, desprovida de uma *coesão* abrangente/totalizante sistemicamente sustentável.

---

[1] Ou seja, "abstrata" também no sentido de não possuir propriedade, porque totalmente desprovido dos meios de produção, e "livre" em sua concomitante determinação estrutural hierárquica de ser forçado pela *coerção econômica*, não pela *servidão política direta*, a pôr sua força de trabalho a serviço do novo sistema produtivo.

[2] Como Marx coloca, em sua concepção, os indivíduos, incluindo, é claro, os capitalistas individuais, "são abordados apenas à medida em que são *personificações de categorias econômicas*, portadoras de determinadas relações de classe e interesses". Karl Marx, *O capital: crítica da economia política*. Trad. Regis Barbosa e Flávio R. Kothe. São Paulo: Abril Cultural, vol. I, 1983, p. 13.

É aqui que podemos ver claramente a *inter-relação recíproca necessária* entre a base material reprodutiva em desdobramento e *sistemicamente consolidante* do capital e sua formação estatal historicamente específica. Pois era inconcebível que a nova modalidade de reprodução, com seus microcosmos produtivos materiais inerentemente centrífugos, pudesse ser capaz de se consolidar na realidade como um *sistema abrangente* sem adquirir uma *dimensão coesa* apropriada. Ao mesmo tempo, não era menos inconcebível que a dimensão totalizante/coesa – a resposta ao *imperativo objetivo* para remediar de algum modo, não importa quão problematicamente, a *falha estrutural* da centrifugalidade potencialmente mais disruptiva – devesse ser capaz de emergir da *materialidade direta* das práticas produtivas buscadas pelas personificações individuais do capital nos microcosmos econômicos particulares.

No que se refere às unidades produtivas materiais do capital, o tamanho das empresas era (e permanece sendo) de importância secundária. Como sabemos muito bem, até hoje as gigantescas corporações transnacionais quase monopolistas, caracterizadas por um grau extremamente elevado de centralização de capital, retêm a severa falha estrutural em questão. Assim, dada a determinação *insuperavelmente centrífuga* dos microcosmos produtivos materiais do capital, somente o Estado moderno poderia assumir e cumprir a necessária função vital de ser a *estrutural global de comando* do sistema do capital. A *dimensão coesa*, sem a qual nem mesmo as unidades produtivas do tipo potencialmente mais dinâmico poderiam constituir um *sistema* reprodutivo sustentável, foi, portanto, adquirida pelo modo de controle da reprodução societal do capital nessa forma historicamente específica e única.

Por conseguinte, o processo criticamente importante de expansão do capital – não apenas em relação ao tamanho crescente das unidades produtivas particulares, mas, muito mais relevante, em termos da penetração cada vez mais intensa dos novos princípios reprodutivos, com a dominação incontestável do *valor de troca sobre o valor de uso*, junto com seus *corolários* fundamentais – em todos os domínios foi tornado possível por meio desse *intercâmbio recíproco* entre os microcosmos econômicos e a superestrutura legal e política, produzindo, assim, o modo de reprodução sociometabólica do capital em sua integralidade como um *sistema global coeso*. Naturalmente, a reciprocidade dialética teve de prevalecer também na outra direção, por meio da transformação dinâmica e da expansão maciça da própria formação de Estado do capital.

Tais transformação e expansão da superestrutura legal e política tiveram de ocorrer paralelamente à centralização e concentração crescentes do capital nos microcosmos econômicos. Pois esse tipo de expansão econômica – em termos de sua lógica expansionista autosserviente em princípio ilimitável – não poderia evitar a inserção de exigências cada vez maiores na dimensão política mais abrangente dessa modalidade de controle sociometabólico historicamente única. Nesse sentido, esperava-se do Estado capitalista moderno que respondesse de forma favorável, do modo mais ativo possível, às demandas expansionistas aparentemente ilimitáveis que emanavam da base material de reprodução societal.

Era exigido do Estado que cumprisse seu papel dinâmico – e, apesar de toda a mitologia neoliberal de "retrair as fronteiras do Estado", cada vez mais *diretamente intervencionista* durante a fase descendente do desenvolvimento do sistema do capital – em concordância com sua própria lógica. E tal lógica poderia apenas levar a uma preponderância político-legal e até mesmo militar cada vez maior (daí inevitavelmente imperialista, no caso dos Estados mais poderosos). Ademais, esse tipo de desenvolvimento poderia ser prontamente imposto sobre a sociedade somente enquanto o cumprimento do papel totalmente invasivo do Estado, com seu intercâmbio recíproco com a base material do capital, fosse praticável sob as circunstâncias globalmente prevalecentes. Era isso o que precisava ser considerado insustentável em nosso tempo através do perigo militar direto de autodestruição da humanidade, de um lado, e de destruição da natureza em curso, de outro.

Entretanto, bem antes da ativação dos limites absolutos do capital, em íntima conjunção com o desenvolvimento das unidades reprodutivas materiais do sistema – inconcebível em épocas históricas anteriores –, o Estado moderno adquiriu importância e dinamismo próprio cada vez maiores. Nesse importante sentido, como uma poderosíssima articulação e afirmação de sua própria lógica, o Estado moderno capitalista historicamente em desdobramento não pode ser abstraído das determinações recíprocas e do dinamismo objetivo do sistema do capital em desenvolvimento como um todo. Consequentemente, o cada vez mais poderoso Estado moderno é inteligível em suas transformações e emergências históricas somente enquanto constitui uma *unidade orgânica* com o sistema como um todo, inseparável de sua inter-relação contínua com o domínio reprodutivo material em constante expansão.

## III.

Essa é a realidade tangível do avanço do capital, sustentável no decorrer da fase ascendente de seu desenvolvimento sistêmico como uma ordem reprodutiva dinâmica. De fato, não pode ser enfatizado o suficiente: o desenvolvimento produtivo em desdobramento do sistema do capital foi um avanço histórico que seria inconcebível sem a contribuição maciça da superestrutura legal e política para com as determinações estruturais abrangentes do sistema como um todo.

Ao mesmo tempo, contudo, deve-se lembrar que a mencionada tendência da superestrutura legal e política do capital de *alcançar uma preponderância onipresente* era, desde o começo, uma condição essencial do mesmo avanço. Tampouco podemos ignorar o corolário necessário desse tipo de desenvolvimento sistêmico. Ou seja, que a *tendência* para a preponderância onipresente acabou tendo de *fugir ao controle*, carregando consigo grandes problemas para o futuro. Pois o impacto da superestrutura legal e política tendencial e amplamente invasiva no desenvolvimento societal geral foi muito diferente nas duas fases contrastantes das transformações históricas. Durante a fase ascendente do desenvolvimento do capital, o remédio oferecido para o defeito estrutural da centrifugalidade das unidades reprodutivas materiais particulares – com o Estado provendo a dimensão *coesa* ausente na forma de uma estrutura de comando político global bastante dinâmica – *acentuou objetivamente* as potencialidades expansionistas positivas do sistema em sua totalidade. Paradoxalmente, o crescente apetite do Estado pela apropriação de montantes significativos de recursos, no interesse de sua própria ampliação, foi por um longo período histórico parte integral de seu dinamismo reprodutivo, na medida em que era benéfico para a expansão material interna, assim como para a extensão global da ordem sociometabólica do capital.

Por contraste, na fase descendente do sistema do capital, os definitivamente incuráveis componentes *negativos* desse tipo de envolvimento *imperativo-estatal* e a transformação correspondente da reprodução societal tornaram-se ainda mais dominantes e, no que diz respeito ao seu *desperdício e destrutividade* crescentes, totalmente insustentáveis em longo prazo. Impor tais desperdício e destrutividade à sociedade sob as circunstâncias agora prevalecentes, enquanto varrem para o lado toda preocupação com as consequências, seria impossível sem o papel mais ativo e, de modo muito frequente, diretamente autoritário do Estado capitalista. O já citado intervencionismo estatal direto sobre a economia em uma escala crescente e o aventureirismo militar em escalada, justificado sob falsos pretextos, são as manifestações necessárias das contradições subjacentes. É por isso que a transformação radical da superestrutura legal e política é uma exigência vital para a constituição de uma alternativa hegemônica historicamente sustentável ao sistema do capital.

O papel crescentemente negativo da superestrutura legal e política nos processos reprodutivos materiais, prevalecente no curso da fase descendente de desenvolvimento do sistema do capital, não é apenas óbvio, como também deveras perigoso. Pois afeta diretamente, no sentido literal do termo, os prospectos de sobrevivência da humanidade. O desdobramento histórico do *imperialismo monopolista* na fase descendente indica claramente a natureza perigosa desses desenvolvimentos – incluindo as duas guerras mundiais do século XX, em adição a inúmeras outras menores – e o perigo definitivo de total aniquilação humana caso as contradições antagônicas do sistema não sejam superadas em um futuro não muito distante.

Além disso, em nosso tempo o Estado capitalista é mesmo o *comprador direto* da catastroficamente esbanjadora *produção destrutiva* do complexo militar-industrial. Dessa maneira, o Estado moderno do sistema do capital não apenas *facilita* (por meio de sua selva legislativa crescente), mas também *legitima* hipocritamente a mais fraudulenta – e, é claro, imensamente lucrativa – expansão capitalista da produção militarista em nome do "interesse nacional". Em contrariedade mesmo à *racionalidade econômica* mais elementar, não parece importar às personificações do capital hoje que a *bancarrota material global* se insinue ao fim da estrada. Pois, em sintonia com isso, elas já estão empenhadas em impor a falência moral e política sobre a sociedade, na forma dos *contravalores* do sistema, até mesmo no formato de guerras genocidas, em prol de eternizar a dominação não mais historicamente sustentável do capital. Assim, prioridades totalmente falsas de destruição militar direta devem prevalecer, sob os falsos pretextos decretados pelo Estado preponderante, junto com a destruição em curso da natureza. Ademais, como uma amarga ironia, a humanidade é forçada a sofrer em nosso tempo até a mais insensivelmente imposta *crise mundial de alimentos*, com a possibilidade de causar a desnutrição de incontáveis milhões, *durante o pico do desenvolvimento produtivo do capital*. Essa é a realidade desumanizante da "globalização amplamente benéfica" da ordem estabelecida, pondo em relevo a completude do ciclo destrutivo do capital.

## IV.

A transformação radical da superestrutura legal e política pode ser alcançada apenas em sua perspectiva histórica efetivamente em desenvolvimento ao contrapormos os antagonismos destrutivos da ordem estabelecida como um modo de reprodução sociometabólica, a partir da perspectiva de sua alternativa hegemônica viável.

O cumprimento dessa tarefa requer, no curso devido e de forma contínua, a *administração consciente* da totalidade das práticas reprodutivas societais, para que seja capaz de superar a irracionalidade sem limites da ordem agora existente. Pois a única maneira pela qual a falha estrutural da centrifugalidade foi administrada no curso do desenvolvimento histórico do capital poderia significar somente a *alienação completa* dos poderes de *tomada de decisão global* por parte dos indivíduos sociais.

Não pode haver exceção a isso. A tomada de decisão global *imperativo-estatal* do sistema do capital, enquanto um remédio deveras problemático para a centrifugalidade que no tempo devido teve de se descontrolar, não foi de forma alguma a realização da visão abrangente de um sujeito social consciente. Pelo contrário, foi a imposição necessária de um *imperativo estrutural* objetivo, mas, em última análise, cego – a reflexão assimétrica e a preservação autosserviente da *falha estrutural* subjacente –, em oposição ao único *sujeito real* viável da reprodução societal historicamente sustentável, o trabalho[3]. Mesmo as personificações econômicas particulares do capital tiveram de ser rigorosamente ordenadas a realizar os *imperativos estruturais* de seu sistema. Pois, no caso de não conseguir fazê-lo, elas se encontrariam rapidamente marginalizadas e – como "excedentes às exigências" falidas – até completamente expulsas do processo de reprodução material. Desse modo, o Estado moderno, em sua inseparabilidade da base material necessária do sistema do capital enquanto tal, teve de ser o *paradigma de alienação* no que diz respeito aos poderes de *tomada de decisão abrangente/totalizante*.

Já que a totalidade combinada das determinações materiais reprodutivas e a estrutura de comando político abrangente do Estado moderno constituem *juntas* a realidade avassaladora do sistema do capital, é necessário submeter a uma crítica radical as complexas *interdeterminações* de todo o sistema para que sejamos capazes de vislumbrar uma mudança societal historicamente sustentável. Isso significa que a articulação material global historicamente específica do sistema do capital deve ser transformada *qualitativamente*, por meio de um trabalhoso processo de reestruturação abrangente, não menos que sua correspondente dimensão política multifacetada. Cumprir a tarefa de uma transformação socialista coerente da materialidade direta da ordem estabelecida é absolutamente vital a esse respeito.

A transformação radical necessária da superestrutura legal e política preponderante do capital não é concebível de qualquer outro modo. Mudanças políticas parciais, incluindo a desapropriação legislativa dos expropriadores capitalistas privados dos frutos do trabalho, podem constituir somente o primeiro passo na direção vislumbrada. Pois tais medidas são mais ou menos facilmente reversíveis, no interesse da restauração capitalista, se a *totalidade combinada* das profundamente enraizadas – diretamente materiais, assim como as correspondentes, mas al-

---

[3] Trabalho com relação à sua emancipada perspectiva futura de realização, não como uma entidade sociológica particular, mas como a *condição universal* de práticas societais reprodutivas historicamente viáveis – porque não antagônicas e positivamente cooperativas –, planejadas conscientemente e controladas autocriticamente pelos próprios indivíduos sociais. Esse modelo de regulação do metabolismo social é viável apenas com base na instituição plena e na observação sem reservas do princípio operativo vital da *igualdade substantiva* em todos os domínios.

tamente mediadas politicamente – indeterminações do sistema forem abordadas de um modo voluntarista politicamente reduzido, mesmo se tal tipo de abordagem for buscado sob o peso de difíceis circunstâncias históricas. Nossa dolorosa experiência histórica no século XX proveu um alerta inconfundível com referência a isso.

Em nosso próprio tempo vemos uma *simbiose* particularmente nociva entre a estrutura político-legal e a produtiva material, assim como a dimensão financeira da ordem estabelecida, frequentemente administrada por meio de práticas extremamente corruptas pelas personificações privilegiadas do capital. Pois, não importa quão transparentemente corruptas tais práticas possam ser, elas estão em plena sintonia com os *contravalores institucionalizados* do sistema e são, portanto, legalmente muito permissíveis, graças ao *papel facilitador* da *selva legislativa impenetrável* do Estado também no âmbito financeiro. *Fraudulência*, em uma grande variedade de suas formas praticáveis, é a *normalidade do capital*. Suas manifestações extremamente destrutivas não estão de forma alguma confinadas à operação do complexo militar-industrial. A esta altura, o papel direto do Estado capitalista no mundo parasitário das finanças não é apenas fundamentalmente importante, considerando sua repulsiva magnitude onipresente, mas também potencialmente catastrófico.

A verdade dessa dolorosa questão é que não pode haver outra saída de tais contradições definitivamente suicidas, inseparáveis do *imperativo da expansão capitalista infinita* – arbitrária e mistificadoramente confundida com o *crescimento enquanto tal* –, sem alterar de maneira radical nosso modo de reprodução sociometabólica, ao adotar as muito necessárias práticas responsáveis e racionais da *única economia viável*[4]. Entretanto, é aqui que o impedimento esmagador das interdeterminações autosservientes do capital deve ser confrontado. Pois a adoção absolutamente necessária e o desenvolvimento futuro apropriado da única economia viável são inconcebíveis sem a transformação radical da superestrutura legal e política de nossa ordem social existente.

## V.

Para compreender as grandes dificuldades envolvidas na tentativa de superar o *círculo vicioso* das interdeterminações autosservientes do capital, em sua inseparabilidade do poder preponderante da superestrutura legal e política, o caráter único e a articulação desconcertantemente complexa desse sistema devem ser postos em sua perspectiva histórica apropriada.

---

[4] Ver a esse respeito a seção 9.5, "Crescimento qualitativo em utilização: a única economia viável", em István Mészáros, *O desafio e o fardo do tempo histórico* (São Paulo, Boitempo, 2007), p. 244-61.

O dinamismo outrora inimaginável do sistema do capital desdobrou-se com base na separação radical entre a atividade produtiva e as determinações primárias de *uso* e no grau correspondente de *autossuficiência* nas unidades reprodutivas anteriores (feudais e antecedentes), no interesse da troca de mercadorias em constante ampliação. Isso significou a subordinação total do *valor de uso* às exigências sem limites do *valor de troca*, sem a qual a *produção generalizada de mercadorias* seria impossível. Pois a paradoxal e, de fato, definitivamente insustentável natureza contraditória do modo de reprodução societal do capital é que:

> Todas as mercadorias são não valores de uso para seus possuidores e valores de uso para seus não possuidores. Elas *precisam*, portanto, universalmente mudar de mãos. Mas essa mudança de mãos constitui sua troca e essa troca as refere como valores entre si e as realiza como *valores*. As mercadorias têm que realizar-se, portanto, como valores, antes de poderem realizar-se como *valores de uso*.[5]

Inevitavelmente, portanto, a produção generalizada de mercadorias é dominada por uma *relação de valor abstrata formalizada* que deve ser mantida em uma *escala de escopo econômico* adequada, como uma condição essencial de sua viabilidade operacional e expansão contínua. Contudo, a *falha estrutural* mencionada dessa ordem reprodutiva societal – a *centrifugalidade insuperável* de seus microcosmos econômicos – *impede* a realização da relação de valor dominante na escala de escopo econômico necessária, contradizendo assim a potencialidade sistêmica do capital. Pois a relação de valor deve ser em princípio ilimitada, em concordância com as determinações mais profundas do sistema do capital em desdobramento, de modo a tornar-se um *sistema coeso*. Desse modo, já que a coesão necessária não pode ser alcançada sobre a base *substantiva* dos microcosmos materiais autoexpansivos em si mesmos, somente a *universalidade formal* das determinações *imperativo-estatais* pode completar o modo de reprodução sociometabólica do capital enquanto um sistema, oferecendo dessa forma uma saída da contradição de centrifugalidade insuperável. E mesmo essa saída única é viável apenas em uma base estritamente temporária. Isto é, até que os *limites estruturais/sistêmicos globais* desse tipo de reprodução societal sejam alcançados historicamente, tanto em termos das exigências *materiais* necessárias de seus microcosmos produtivos autoexpansivos ilimitáveis (afetando profundamente, de modo destrutivo, a própria natureza) como em relação à *superestrutura legal e política nacionalmente confinada* que congrega as unidades produtivas e as impulsiona para a frente a seu próprio modo, na qualidade de seu poder de tomada de decisão abrangente/totalizante e sua condição de avanço sistêmico.

---

[5] Karl Marx, *O capital*, cit., v. 1, p. 8.

Entretanto, o inexorável impulso autoexpansivo das unidades produtivas materiais não é levado a um ponto de descanso por ser contido dentro das fronteiras nacionais. A projeção otimista de *globalização não problemática*, promovida hoje em dia de maneira mais poderosa pelos Estados Unidos na qualidade de *Estado-nação agressivo* dominante, é a manifestação de tal contradição, em vista do fracasso histórico do capital em criar o *Estado do sistema do capital enquanto tal*. Mas, mesmo se os Estados-nações existentes pudessem de alguma forma ser colocados sob um guarda-chuva comum – por força militar ou algum tipo de acordo político formal –, tal fato seria apenas efêmero, deixando a contradição subjacente sem solução. Pois ainda manteria em seu lugar a *falha estrutural* mais profunda do sistema do capital – a *necessária centrifugalidade autoexpansiva* de seus microcosmos reprodutivos materiais –, totalmente desprovida de uma racionalidade operacional eficaz e coesa. De fato, removeria até a limitada e em grande parte *espontânea coesão negativa* em face de um "inimigo comum" identificado, gerado no interior das fronteiras nacionais particulares com base em alguns interesses e/ou queixas compartilhados, tal qual demonstrado sob as circunstâncias de uma grande emergência, como a guerra.

Esse tipo de coesão negativa relativamente espontânea pode ser eficaz não apenas *através das fronteiras de classe*, tal qual experimentado na forma desoladora em que os partidos sociais-democratas europeus aliaram-se aos seus antagonistas de classe no eclodir da Primeira Guerra Mundial, mas também entre as personificações do capital de outro modo relacionadas de maneira competitiva/adversa em posições de comando econômico central nas empresas econômicas particulares, conforme testemunhado durante a Segunda Guerra Mundial[6]. O impacto coeso relativamente espontâneo de enfrentar o declarado "inimigo comum" foi tentado a ser até mesmo moralmente justificado – embora de maneira bastante questionável, levando em conta suas implicações destrutivas – pelo próprio Hegel. Ele retorquiu – em referência irônica indisfarçada ao postulado kantiano de uma Liga das Nações da qual se esperava a garantia da paz mundial – dizendo que "uma calma durável [...] mergulharia [os povos em mares da podridão], como faria para os povos uma paz durável ou inclusive uma paz perpétua"[7].

---

[6] Ver o relato de Harry Magdoff sobre o modo pelo qual os chefes de empresas capitalistas gigantes redirecionaram sem hesitação a atividade econômica em suas firmas de acordo com as requisições político-econômicas que receberam de fontes ministeriais, no interesse dos esforços centralizados de guerra. Harry Magdoff em entrevista a Huck Gutman, "Creating a Just Society: Lessons from Planning in the USSR & the US", *Monthly Review*, outubro de 2002. [*Criando uma sociedade justa: lições da planificação na URSS e nos EUA*. Disponível em: <http://resistir.info/mreview/magdoff_54_port.html>. Acesso em 3/2011.]

[7] G. W. F. Hegel, *Linhas fundamentais da filosofia do direito* (trad. Paulo Meneses et al., São Leopoldo, Unisinos, 2010), p.298, § 324.

Em nosso tempo, o grande empreendimento militar em nome da dita "guerra ao terror", sem um inimigo proporcional identificável, como adotada e imposta pelo Estado-nação imperialista dominante da América do Norte sobre outros, não possui a capacidade de gerar nem mesmo a menor coesão negativa entre as populações de seus parceiros duvidosamente "voluntários"; e, em virtude da autodefinição e justificação insustentáveis do propósito real por trás de tais operações, também entre a parte mais significante de sua própria população. É assim que a promoção da "globalização benéfica" se revela como a aventura imperialista do Estado-nação militarmente mais poderoso no momento, em concordância com a lógica autocontraditória do capital, pondo em relevo não um desenvolvimento isolado e contingente, mas uma manifestação particularmente grave da crise estrutural em aprofundamento da ordem estabelecida de reprodução sociometabólica.

Em sua perspectiva histórica, os desenvolvimentos que conduzem a esse tipo de beco sem saída perigoso são inseparáveis da contradição fundamental manifesta no modo pelo qual, no sistema do capital, o *substantivo* é reduzido ao *formal*. Dito de modo mais preciso, o desenvolvimento sistêmico do capital necessariamente envolve a redução fetichista das *determinações substantivas* de objetos e relações sociais em características *formalmente generalizáveis*, tanto no domínio material reprodutivo quanto no nível da superestrutura legal e política correspondente. Pois essa é a única maneira pela qual a *parcialidade* auto-orientada e autoafirmativa das relações mercantis do capital, operadas de forma centrífuga nos *microcosmos produtivos* – exigindo em e através de seus intercâmbios a *equação de incomensurabilidade*[8] aparentemente absurda –, pode ser transformada na *pseudouniversalidade* das relações de valor abstratas formalmente homogeneizadas aglutinadas em um *macrocosmo* sistêmico[9]. E tudo no interior da estrutura abrangente das práticas totalizantes legais e políticas do Estado capitalista moderno, que repousam

---

[8] Como ressaltado por Marx, nas equações fetichistas do sistema do capital a irracionalidade domina ao ponto do absurdo. Pois: "A relação entre parte da mais-valia, a renda em dinheiro [...] e o solo é em si absurda e irracional, pois são grandezas *incomensuráveis* que aqui se medem entre si: por um lado, determinado *valor de uso*, um terreno com tantos pés quadrados, e, por outro, *valor*, especialmente *mais-valia*. [...] Prima facie a expressão é, porém, a mesma, como se se quisesse falar da relação entre uma *nota de 5 libras e o diâmetro da Terra*" (Karl Marx, *O capital*, cit., v. III/2, p. 241).
Nesse sentido, nada poderia ser mais absurdo do que a igualação fetichista do *trabalho* – a atividade potencialmente mais positiva e criativa dos *seres humanos vivos* – com *mercadoria*, como o manipulável "fator objetivo da produção" e "custo da produção", comprado como qualquer outra mercadoria e dispensado com a mais extrema insensibilidade quando o autointeresse do capital assim o dita.

[9] Ver a esse respeito, capítulo 2, "A tendência geral ao formalismo". István Mészáros, *Estrutura social e formas de consciência: a determinação social do método* (São Paulo, Boitempo, 2009).

sobre princípios *formais* da suposta *racionalidade universal*. É isto que Hegel declara corresponder à "*racionalidade da realidade*":

> O povo enquanto Estado é o espírito em sua *racionalidade substancial* e em sua *efetividade* imediata, por isso a *força absoluta* sobre a *Terra*; um Estado está consequentemente em face a outros na autonomia *soberana*. Ser *enquanto tal para outro*, isto é, *ser reconhecido* por ele, é sua primeira legitimação absoluta.[10]

Entretanto, ele necessita introduzir imediatamente uma qualificação ao acrescentar que "essa legitimação é puramente *formal* [...] e o reconhecimento, enquanto contém uma identidade de ambos, *repousa* do mesmo modo na maneira de ver e na vontade do outro"[11].

A solução de trabalhar com princípios "puramente formais" deixa a porta aberta para a mais violenta e efetiva *negação da soberania das outras nações* por meio da guerra, plenamente aprovada pelo próprio Hegel, em total acordo com a prática normal das relações interestatais do capital até o momento presente. E é assim que ele racionaliza a prática mais *arbitrária* de romper as obrigações "puramente formais" dos tratados adotada pelos Estados mais poderosos às custas daqueles que podem subjugar:

> Mas quais violações, que podem produzir-se facilmente e em grande número no seu amplo domínio englobante e nas vinculações multilaterais através de seus concidadãos, sejam consideradas como ruptura determinada dos tratados ou como violação do reconhecimento e da honra, isso permanece algo *indeterminável em si*, visto que um Estado pode colocar *sua infinitude e sua honra* em cada uma de suas singularidades e que está tanto mais inclinado a essa suscetibilidade quanto mais uma forte individualidade é levada, por uma *longa tranquilidade interna*, a buscar e a criar *externamente uma matéria de atividade*.[12]

Assim, mesmo um dos maiores pensadores de toda a história é empurrado ao extremo da apologética cínica quando tem de encontrar justificativa para a bruta violação de seu próprio princípio solene: a soberania sem qualificação e a autonomia incondicional do Estado-nação. Pois ele precisa fazê-la em plena sintonia com a fase expansionista *colonial imperialista* do desenvolvimento do sistema do capital, decretando que a "Europa é absolutamente o fim da história" e aceitando a imposição de formas extremas de prejuízo – impostas "em realidade racional" – sobre

---

[10] G. W. F. Hegel, *Linhas fundamentais da filosofia do direito*, cit., p. 301.
[11] Ibidem, p. 301-2.
[12] Idem, p. 304.

os Estados mais fracos. Caracteristicamente, Hegel necessita adotar tal posição quando formula sua monumental concepção histórica do ponto de vista privilegiado do capital, com sua teoria do Estado buscando autojustificação até mesmo para os feitos mais brutais dos poderosos com base nas violações "*indetermináveis em si*" que podem ser (e obviamente o são) arbitrariamente proclamados pelas "nações históricas mundiais".

Sem dúvida, é absolutamente incoerente predicar a condição amplamente benéfica da globalização e a permanência da paz requerida para tal em relações internacionais positivas enquanto se mantém, como sabemos por experiência histórica, a dinâmica autoexpansiva irrefreável da base reprodutiva material do sistema do capital. Para introduzir a mudança necessária no domínio das relações interestatais, a fim de realizar a condição hoje absolutamente imperativa de defesa da paz em escala global, seria necessário reconstituir radicalmente os princípios operativos elementares das práticas materiais do sistema do capital, das menores células dos microcosmos produtivos às mais abrangentes estruturas da produção transnacional e do comércio internacional, juntamente com toda a estrutura legal e política do Estado moderno. Qualquer outro modo de projetar uma globalização bem-sucedida e a concomitante paz duradoura por todo o mundo é, no melhor dos casos, uma ideia impraticável. E aquele tipo de reconstituição radical dos princípios operativos do sistema do capital exigiria a transferência do *poder de tomada de decisão* efetivo aos indivíduos sociais em uma base *substantiva* em todos os campos de atividade. Pois a superestrutura legal e política preponderante do capital, que é incorrigível dentro de seus próprios termos de referência, como o fracasso do reformismo amplamente demonstrou no curso do século XX, havia sido articulada desde o início com base na mesma transformação contraditória e, em última análise, bastante insustentável do *substantivo* para o *formal*. Inevitavelmente, esse tipo de transformação deve prevalecer em todos os domínios da dimensão reprodutiva material do sistema, ao fim minando fatalmente o processo histórico. Assim, a reconstituição necessária da dialética histórica é inconcebível sem estabelecer e manter relações humanas em uma base sustentável, dentro da estrutura global de um modo de reprodução sociometabólica radicalmente diferente.

## VI.

A expansão dramática da produção *para a troca*, sob a ordem social em desdobramento do capital, foi viável somente por meio da satisfação de duas condições vitais:

1) o estabelecimento de uma *estrutura geral* de operação para a produção material que tornaria possível, como uma questão de rotina diária, a *equiparação lucra-*

*tiva das incomensurabilidades* por toda parte, em sintonia com o grande dinamismo expansionista implícito na transição radical do *valor de uso para o valor de troca* sob o novo sistema. Essa transição tornou possível trazer para o domínio da expansão lucrativa do capital não apenas o alcance virtualmente inesgotável dos "*apetites artificiais*", mas mesmo objetos e relações previamente inimagináveis de ser subsumidos sob as determinações da exploração comercial "prosaica", incluindo, entre outros, a criação e distribuição de obras de arte; e
2) a *capacidade política de assegurar* os intercâmbios autoexpansionistas benéficos dos microcosmos produtivos particulares entre si mesmos, no interior dos limites bastante expansíveis e apropriadamente protegidos do mercado idealizado, em nítido contraste com os perigos da interferência arbitrária encontrada sob as condições da "anarquia feudal". A constituição do *Estado-nação moderno* e a articulação final de sua lógica inerente na estrutura da *rivalidade imperialista* – em última instância, explodindo sob a forma de duas guerras mundiais devastadoras – foram a consequência necessária do processo subjacente.

Com relação à primeira condição vital, o problema aparentemente insolúvel da *incomensurabilidade* derrotou até mesmo um gigante da filosofia como Aristóteles. Ele percebeu com grande discernimento a contradição inerente à equiparação postulada das incomensurabilidades, muito antes que uma solução perversa, porém fetichisticamente eficiente, fosse provida para tal. Esse tipo de solução havia sido instituído por meio da transformação redutiva praticamente dominante da variedade virtualmente infinita de *valores de uso* nas determinações abstratas de *valor* uniformemente manipulável, sob as condições de *produção generalizada de mercadorias* muitos séculos mais tarde.

A derrota de Aristóteles a esse respeito era inevitável, apesar do fato de ter sido o "grande pesquisador que primeiramente analisou a forma de valor, assim como muitas formas de pensamento, de sociedade e da natureza"[13]. Pois Aristóteles, cuja categoria básica era a *substância*, pensou ser impossível chegar a um acordo com o mistificador problema da equiparação formalizada de objetos substantiva/qualitativamente incomensuráveis. A ideia de equiparação objetivamente baseada na força de trabalho de seres humanos politicamente iguais estava bem além do horizonte até mesmo de pensadores de seu porte em uma ordem produtiva baseada na escravidão[14].

---

[13] Karl Marx, *O capital*, cit., v. 1, p. 61.
[14] "A sociedade grega baseava-se no trabalho escravo e tinha, portanto, por base natural a desigualdade entre os homens e suas forças de trabalho. O segredo da expansão de valor, a igualdade e a equivalência de todos os trabalhos, porque e na medida em que são *trabalho humano em geral*, somente pode ser decifrado quando o conceito da *igualdade humana* já possui a consciência de um preconceito popular. Mas isso só é possível numa sociedade na

Assim, Aristóteles teve de concluir suas reflexões sobre a questão de igualar uma casa com cinco camas (o exemplo usado por ele) dizendo um tanto ingenuamente que é, "porém, em verdade, impossível [...] que coisas de espécies tão diferentes sejam *comensuráveis*, isto é, qualitativamente iguais. Essa equiparação pode apenas ser algo estranho à verdadeira natureza das coisas, por conseguinte, somente um '*artifício para a necessidade prática*'"[15].

Outra razão fundamental pela qual Aristóteles não pôde contemplar a equiparação de incomensurabilidades foi sua concepção do ser humano como um *zoon politikon* – um animal social –, o que implicava a necessária integração dos humanos em sua sociedade. Essa visão não poderia contrastar mais com a imagem do *indivíduo isolado* ajustada para a operação apropriada da produção generalizada de mercadorias. Tal produção era viável apenas com base na redução homogeneizante dos seres humanos produtivos – com suas determinações *qualitativas/substantivas* – à condição de *trabalho abstrato quantitativamente comensurável*. Desse modo, os indivíduos particulares poderiam ser convenientemente inseridos na estrutura *contratual formalmente equitativa* – ainda que *economicamente forçada* – da ordem sociorreprodutiva do capital. Pois, caracteristicamente, naquela ordem os capitalistas e os trabalhadores, enquanto indivíduos isolados, deveriam gozar de uma fictícia "igualdade enquanto compradores e vendedores", quando efetivamente ocupavam posições de poder radicalmente diferentes no processo de reprodução societal.

No entanto, suas posições sociais foram racionalizadas como sendo iguais formal/contratualmente do ponto de vista privilegiado e no interesse da relação do capital em desdobramento, no espírito dos abstratos "Direitos do Homem". Consequentemente, nos microcosmos reprodutivos materiais do capital, graças à redução de seres humanos vivos à condição de trabalho abstrato, a comensurabilidade prática dos valores de uso qualitativamente incomensuráveis – ao transformá-los em valor abstrato quantificável – tornou-se possível não como um duvidoso "substituto para fins práticos", mas em plena consonância com a lei do valor. Dessa forma, o trabalho abstrato tornou-se tanto a *base objetiva* quanto a *medida* pela qual a equiparação de incomensurabilidades pôde ser operada, subordinando

---

qual a forma mercadoria é a forma geral do produto de trabalho, por conseguinte também a relação das pessoas umas com as outras enquanto possuidoras de mercadorias é a relação social dominante. O gênio de Aristóteles resplandece justamente em que ele descobre uma relação de igualdade na expressão de valor das mercadorias. Somente as limitações históricas da sociedade na qual ele viveu o impediram de descobrir em que consiste 'em verdade' essa relação de igualdade" (ibidem, p. 62).

[15] Idem.

dinamicamente a produção do *valor de uso* às exigências do *valor de troca* no interesse fetichista da expansão em andamento do capital.

É assim que a primeira condição vital da dramática expansão da produção para a troca – e, com ela, a subsunção e dominação requeridas do valor de uso pelo valor de troca – tem sido satisfeita por meio da equiparação praticamente sustentável de incomensurabilidades na ordem socioeconômica do capital.

## VII.

Cumprir a segunda condição vital mencionada – a *capacidade política de assegurar* os intercâmbios autoexpansionistas benéficos dos microcosmos produtivos particulares entre si mesmos – era igualmente importante para o desenvolvimento da nova modalidade de produção do capital como um sistema coerente.

Compreensivelmente, os limites necessários no interior dos quais se esperava que a dinâmica expansionista interna/materialmente incontrolável fosse mantida em uma base contínua tiveram de ser forçosamente *assegurados e protegidos* da intrusão *externa*. Ao mesmo tempo, certa proteção e estabilização tiveram de ser providas também *internamente*, contra as consequências potencialmente mais perturbadoras da evitável invasão pelos microcosmos econômicos autoafirmativos em si. Pois, na ausência de tal ampla proteção benéfica, algum dano considerável seria sofrido dentro das fronteiras local e nacionalmente circunscritas – fronteiras bem protegidas que foram, evidentemente, de grande relevância para o estabelecimento e a consolidação dos mercados exigidos para a expansão, antes de tudo – pelos componentes mais fracos dos microcosmos produtivos do sistema do capital. O Estado-nação emergente e ubiquamente expansivo do sistema do capital era a estrutura legal e política óbvia e a mais apropriada promotora direta, assim como indireta, de tais desenvolvimentos.

Sem dúvida, esses desenvolvimentos dinâmicos da produção generalizada de mercadorias – que eram, graças à rede legislativa abrangente e constantemente crescente do Estado-nação moderno, como uma matéria da maior importância, não apenas forçosamente protegidos contra a intrusão estrangeira, mas também regulados de modo crescente no interesse da coesão interna – desdobraram-se historicamente através da *reciprocidade dialética* do domínio reprodutivo material e da superestrutura legal e política do sistema do capital.

Transformações dessa magnitude eram inconcebíveis em períodos anteriores da história. Ademais, desenvolvimentos socioeconômicos dessa espécie seriam também, em sua própria configuração mais avançada, totalmente ininteligíveis sem o *intercâmbio recíproco em curso* das forças envolvidas na definição das mudanças relevantes do sistema geral – como uma estrutura *orgânica* de reprodução societal abrangente, na qual as várias partes *sustentam* fortemente umas às outras – no decorrer da história. Ao mesmo tempo, em vista do fato de que o internamente incontrolável novo sistema material reprodutivo da produção generalizada de mercadorias não poderia ser mantido em existência sem sua dramática expansão em uma base contínua, era também inconcebível confinar a estrutura legal e política correspondente do Estado-nação moderno a nada menos que uma forma comparativamente dinâmica de relações de poder irrefreáveis.

Assim, o Estado foi essencial tanto para a coesão interna das unidades produtivas contra o excesso evitável por suas contrapartes mais poderosas (o que seria obviamente nocivo para o potencial expansivo do sistema como um todo) quanto para a proteção da ordem estabelecida de interferência externa, em vista da necessidade vital de *preservar corretivamente* a dinâmica constituinte de sua – não apenas expansivamente orientada, mas também expansivamente assegurada – centrifugalidade. O desconcertante desenvolvimento e a expansão incontrolável do próprio Estado capitalista moderno – independentemente de quão problemático seu avanço histórico teve de vir a ser, em última análise –, em nosso tempo de colisões potencialmente catastróficas, encontram sua explicação nessa *dialética histórica objetiva* – entre as *necessidades internas* da base material do capital e as condições legais e políticas exigidas sob as quais as *potencialidades* do sistema podem se tornar *realidade* – e não no fantasioso trabalho mental dos "juristas ocidentais", projetado circularmente por Max Weber.

Naturalmente, essa relação de reciprocidade dialética entre a base material e a superestrutura legal e política não era de forma alguma apenas uma questão das magnitudes incontrolavelmente expansivas envolvidas em seus intercâmbios. Ela necessariamente dizia respeito também às suas *determinações internas* mais fundamentais, na medida em que o domínio material reprodutivo do sistema do capital e sua dimensão legal e política seguiram seu curso respectivo de desenvolvimento histórico em estreita conjunção um com o outro. De fato, o intercâmbio recíproco envolveu – e, é claro, ao mesmo tempo afetou profundamente – as determinações internas mais fundamentais tanto da base material como da superestrutura legal e política. Somente através de tal intercâmbio dinâmico de reciprocidade dialética poderia ter se tornado possível para o sistema como um todo expandir-se de acordo com sua potencialidade plena, graças ao modo pelo qual as dimensões material e superestrutural do sistema orgânico do capital puderam interagir e poderosamente impulsionar uma à outra adiante.

## VIII.

Podemos ver o impacto profundo dessa reciprocidade entre o domínio material e o Estado moderno ao observar a conexão inerente entre as relações de troca *uni-*

*versais* em desdobramento sob a regra da produção generalizada de mercadorias do capital e as determinações *formais* que permitem (porque *devem* permitir) a equiparação sistemicamente necessária de incomensurabilidades. Pois essa relação, baseada na predominância universal do trabalho abstrato na ordem sociometabólica dada, deve ser sustentada em todos os níveis de intercâmbios societais, ofuscando de modo formal e obliterando de maneira fetichista a incomensurabilidade substantiva por toda parte.

Naturalmente, isso inclui a maneira pela qual os indivíduos envolvidos na produção e na troca são controlados na ordem sociorreprodutiva do capital estruturalmente predeterminada – e, nesse sentido, como uma questão de determinação sistêmica inalterável tanto hierárquica/iníqua como irremediavelmente *antagônica* –, mas, em outro sentido, *formalmente equitativa* (e ideologicamente racionalizada na imagem fictícia do "capitalismo do povo" até mesmo como *propriedade harmoniosamente compartilhada*).

Como sabemos, a produção generalizada de mercadorias e a troca são impensáveis sem a *equação universal do valor*, que deve ser constantemente realizada com base nas práticas reprodutivas materiais do capital. A *homogeneização formal redutiva* de todas as relações substantivas – e desse modo a *reconciliação de formas irracionais* posta em relevo por Marx, como discuti em outra ocasião[16] – é seminalmente importante a esse respeito. É crucial para compreender a interconexão profunda entre os processos reprodutivos materiais e a constituição histórica específica da superestrutura legal e política cada vez mais poderosa do capital exigida para a sustentação do sistema como um todo. Pois, vistas simplesmente do ângulo das unidades particulares, as relações de troca cada vez mais complexas dos microcosmos reprodutivos materiais em expansão – resultantes da centralização e concentração irrefreáveis do capital autoexpansivo – geram demandas constantemente crescentes por coesão sistêmica e apoio que elas mesmas, enquanto estruturas produtivas confinadas localmente, são totalmente incapazes de suprir. E a implicação causal de tal circunstância para o desenvolvimento da estrutura legal e política em si pareceria ser, equivocadamente, uma determinação de sentido único do complexo societal geral pela base material.

Contudo, precisamente porque as demandas crescentes das unidades produtivas orientadas para a expansão não poderiam ser satisfeitas de forma alguma pelos próprios microcosmos reprodutivos materiais particulares, as complexas relações de troca historicamente emergentes – com as quais estamos todos familiarizados – não

---

[16] Com referência a esse ponto, devemos recordar os capítulos 2 e 4 de István Mészáros, *Estrutura social e formas de consciência*, cit.

poderiam ser estabelecidas desde o início sem trazer plenamente à cena a estrutura legal e política do capital como a *condição necessária* de coesão e desenvolvimento sistêmicos. Sem o envolvimento apoiador direto ou indireto da dimensão política do sistema do capital, até mesmo as necessidades expansionistas mais genuínas dos microcosmos reprodutivos teriam de permanecer nada mais que exigências abstratas frustradas, em vez de ser transformadas em demandas efetivas. Isso de novo enfatiza fortemente as determinações recíprocas da dialética histórica na articulação real tanto da base material reprodutiva do capital enquanto um sistema coerente como de sua formação estatal. Nesse sentido, o desdobramento da universalidade formal/legal do Estado e a mercantilização universal do capital são inseparáveis. A insuperável *hierarquia estrutural substantiva* da base material do capital encontra seu equivalente no nível das relações legais e políticas, clamando pela defesa da mais iníqua ordem estabelecida a qualquer preço. Medidas e racionalizações *formais*, não importa quão engenhosas, não podem obliterar as desigualdades *substantivas* e os antagonismos estruturais.

Na verdade, a necessidade de racionalização ideológica apologética torna-se ainda mais acentuada paralelamente à transição da fase ascendente para a descendente do desenvolvimento do capital. Por conseguinte, Kant não precisa de cinismo e hipocrisia quando contrasta a *igualdade estritamente formal* da lei possível sob o domínio do capital com a *desigualdade substantiva* exigida para administrar a ordem social antagônica dada. Assim, escreve sem nenhum disfarce que:

> Esta *igualdade universal* dos homens num Estado, como seus súditos, é totalmente compatível com a *maior desigualdade* na qualidade ou nos graus da sua *propriedade*, quer na superioridade física ou intelectual sobre os outros ou em bens de fortuna que lhe são exteriores e em *direitos em geral* (de que pode haver muitos) *em relação aos outros* [...]. Mas, segundo o direito (que enquanto expressão da vontade geral só pode ser um único e que concerne à *forma* do direito, não à *matéria* ou o objeto sobre o qual se tem um direito), são porém, enquanto súditos, *todos iguais*.[17]

Do mesmo modo, Adam Smith não é de maneira alguma tentado pela necessidade de esconder que: "Enquanto houver *propriedade*, não pode haver *governo*, cuja finalidade mesma é *assegurar a riqueza* e *defender os ricos dos pobres*"[18]. No entanto, quando chegamos à "espadacharia mercenária do capital", Hayek, na fase

---

[17] Immanuel Kant, "Sobre a expressão corrente: Isto pode ser correto na teoria, mas nada vale na prática" (1793). In: *A paz perpétua e outros opúsculos* (trad. Artur Morão, Lisboa, Edições 70, 2008), p.78-81.
[18] Adam Smith, "Lectures on Justice, Police, Revenue, and Arms", em Herbert W. Schneider (org.), *Adam Smith's Moral and Political Philosophy* (Nova York, Hafner, 1948), p. 291.

descendente do desenvolvimento do sistema, tudo é virado de cabeça para baixo. As práticas exploratórias impostas sobre "a maior parte do proletariado ocidental e dos milhões no mundo em desenvolvimento"[19] – defendidas pelo Estado neoliberal com todos os recursos a seu dispor contra as pessoas que ousam se opor a elas – são glorificadas como "*práticas morais*", e nos é dito peremptoriamente por Hayek que: "se perguntarmos o que os homens devem em primeiro lugar às práticas morais dos chamados *capitalistas*, a resposta é: *sua própria vida*"[20]. A ironia particular a esse respeito é que Hayek diz escrever no espírito de Adam Smith, enquanto, na verdade, se opõe diametralmente a ele. Contrariando sem vergonha o mencionado gigante intelectual Adam Smith, da fase ascendente do desenvolvimento do sistema do capital, que não hesitou em denunciar em seu tempo o fato deplorável – imposto atualmente, não menos que no passado, à maior parte dos milhões do mundo em desenvolvimento, através das pretensas "práticas morais" dos capitalistas idealizados por Hayek, os quais vestem o mundo em condições pavorosas de trabalho nas fábricas exploradoras transnacionais – ao dizer que "*as pessoas que vestem o mundo estão elas mesmas em farrapos*"[21].

Adam Smith percebeu muito claramente que o sistema injusto de propriedade de seu tempo somente poderia ser sustentado em uma base duradoura se o governo da ordem estabelecida permanecesse defendendo a riqueza dos ricos contra os pobres. Dessa maneira – ao ver o mundo com honestidade do ponto de vista privilegiado do capital –, ele notou que a base material do sistema no qual ele acreditava firmemente e seu Estado político governante eram inseparáveis um do outro. O que era impossível para Adam Smith esclarecer do ponto de vista privilegiado do capital era a implicação radical de sua própria conclusão. Ou seja, que para subverter a injustiça percebida e denunciada sobre aqueles que "vestem o mundo, mas estão eles mesmos em farrapos", a base material e o Estado político protetor do sistema, que se *erguem* juntos, também devem *cair* juntos.

## IX.

A preponderância crescente da superestrutura legal e política ao longo da história moderna está muito longe de ser um desenvolvimento da contingência corrigível. Pelo contrário, é devida ao caráter mais íntimo e à constituição objetiva do sistema. Pois o Estado-nação moderno é *absolutamente incontrolável* nos próprios termos de referência do capital, como uma questão de determinação estrutural

---

[19] Friedrich Von Hayek, *A arrogância fatal: os erros do socialismo* (trad. Ana Maria Capovilla e Candido Mendes Prunes, Porto Alegre, Ortiz, 1995), p. 176.
[20] Idem.
[21] Adam Smith, "Lectures on Justice, Police, Revenue, and Arms", cit., p. 320.

insuperável. O fracasso completo de todas as tentativas destinadas a uma reforma do Estado socialmente significativa no decorrer do último século e meio fala inequivocamente sobre essa questão.

Para piorar, a base material estruturalmente arraigada do sistema do capital é *também incontrolável*, assim como, em um sentido socialmente significativo, *irreformável*. Mais uma vez, não como uma questão de contingência histórica corrigível, mas como resultado de sua determinação estrutural fundamental. Na verdade, as dimensões reprodutiva material e político-legal do sistema possuem uma relação das mais paradoxais. Pois elas contribuem poderosamente em todos os seus intercâmbios históricos recíprocos para a imensa *expansão* uma da outra e, desse modo, também delas mesmas, mas são totalmente incapazes de exercer um impacto *restritivo* significativo uma sobre a outra, para não mencionar sobre si mesmas. A lógica interna desse tipo de desenvolvimento é que, como resultado, estamos sujeitos às consequências definitiva e amplamente destrutivas de uma perigosa *unidirecionalidade*, conduzindo a um *beco sem saída* potencialmente suicida. Isso ocorre porque um sistema de agricultura societal que, por sua constituição mais íntima e determinação estrutural, é incapaz de reconhecer e aceitar qualquer *limite*, nem mesmo quando fazê-lo seria, como hoje, *absolutamente imperativo* – tendo em vista a cada vez mais intensa *destruição da natureza*, bem como da energia vital e das matérias-primas estratégicas necessárias para a contínua reprodução da humanidade –, não pode oferecer uma solução viável para o futuro. A lógica perversa do sistema do capital é que as dimensões material e político-legal podem *complementar-se* uma à outra somente de um modo definitivamente insustentável. Pois, embora a dimensão político-legal possa *confinar a centrifugalidade* no interesse da *expansão sistêmica geral*, é absolutamente incapaz de introduzir uma *contenção racional* em seu próprio modo de operação. Isso se dá porque é incompatível com o conceito de *racionalidade sistematicamente englobante* exigido para uma contenção significativa.

Essa é a razão fundamental pela qual a articulação final da lógica inerente ao Estado-nação capitalista teve de assumir a forma da *rivalidade imperialista* – que explodiu em duas guerras mundiais no século XX – que, apesar das negações verbais, persiste até hoje, não menos do que anteriormente. Hegel, um século antes do desdobramento das guerras globais, não tinha quaisquer ilusões a respeito da questão da controlabilidade. Afirmou com espantosa franqueza que: "O povo enquanto Estado é o espírito em sua *racionalidade substancial* e em sua *efetividade* imediata, por isso a *força absoluta* sobre a Terra"[22]. Ideias contrárias, como a projeção kantia-

---

[22] G. W. F. Hegel, *Linhas fundamentais da filosofia do direito*, cit., p. 301.

na da "paz perpétua" e sua proposta instrumentalidade de uma Liga de Nações, provaram ser não mais que um nobre pensamento otimista sobre a base material do capital. Como nossa experiência histórica efetiva dolorosamente demonstrou, tal Liga de Nações não poderia fazer coisa alguma para impedir a erupção da Segunda Guerra Mundial, não obstante o fato de ter sido concebida e estabelecida à luz das tão óbvias consequências devastadoras da Primeira Guerra Mundial.

A lógica insustentável dos microcosmos reprodutivos materiais do capital é: "crescer eternamente ou implodir"! A hoje persistente projeção desejosa da amplamente benéfica "globalização" é a racionalização ideológica dessa lógica. Simultaneamente, a imposição opressiva do poder do imperialismo hegemônico global em nosso tempo – com seu envolvimento sem hesitação em guerras de destruição maciça, incluindo as guerras perseguidas há não muito tempo no Vietnã e agora no Oriente Médio, e que de fato não se esquiva sequer com a ameaça do uso de armas nucleares contra Estados desprovidos de tais armamentos – está longe da "realidade racional" correspondente à lógica indisfarçada do capital. A grave contradição na raiz de tais desenvolvimentos é que, em nosso período histórico de desenvolvimentos globais material/produtivamente cada vez mais entrelaçados, estão nos sendo oferecidas *racionalizações globalizantes* dentro do horizonte do *Estado-nação agressivo* dominante, os Estados Unidos da América e seu complexo militar-industrial, mas não soluções viáveis aos antagonismos do capital, seja em termos da base material do sistema do capital, seja no nível de suas *formações estatais rivais*. A dolorosa verdade é que – em vista do fracasso histórico necessário do capital em constituir o *Estado do sistema do capital enquanto tal*, permanecendo em seu lugar inextricavelmente ligado à lógica destrutiva dos Estados-nações imperialistas rivais mesmo sob as condições mais extremas de, literalmente, MAD* "*mutually assured destruction*" [destruição mutuamente assegurada], em sintonia plena com os antagonismos estruturais da base material do sistema – nenhuma solução sustentável é concebível dentro da estrutura da ordem social do capital de forma alguma racionalmente controlável.

Além disso, o fracasso histórico em criar o Estado do sistema do capital enquanto tal é ele mesmo de forma nenhuma uma contingência corrigível. Pois a estrutura legal e política globalmente exigida de interação regulatória, mesmo se vislumbrada como confinada a um período de transição relativamente pequeno na rota em direção a uma normatividade positivamente funcional (no sentido de consciente autorregulação), necessitaria de uma *racionalidade abrangente* desde a

---

* A palavra *mad* [louco], que, no idioma original, designa o acrônimo mencionado em inglês, permite o jogo de palavras utilizado pelo autor ao enfatizar seu significado literal. (N. T.)

sua criação para tornar-se historicamente sustentável. O sistema do capital, no entanto, é incompatível com tudo que não seja a forma mais parcial e restritiva de racionalidade. É por isso que a lógica insustentável do Estado-nação capitalista em nosso tempo, afirmando-se, como antes, na forma da rivalidade imperialista independentemente de quanto seus "atores" principais possam mudar de tempos em tempos, permanece conosco mesmo sob as condições atuais de colisões potencialmente catastróficas.

As palavras de Hegel são muito instrutivas também a esse respeito. Não apenas porque ele insistiu que "O povo enquanto Estado é o espírito em sua *racionalidade substancial* e em sua *efetividade imediata*, por isso a *força absoluta* sobre a Terra". O fato de que ele expressou esse julgamento de forma idealista, projetando-o especulativamente no "futuro" atemporal do "presente eterno" do Absoluto, é aqui de importância secundária. Pois, ao complementar seu julgamento com as qualificações históricas exigidas, é indubitavelmente verdadeiro que o Estado-nação capitalista, em sua autodeterminação *substantiva* e *realidade* imediata, impõe-se – inevitavelmente no horizonte do sistema do capital –, junto com todas as suas implicações destrutivas extremas, como "a força absoluta sobre a Terra". E, sem dúvida, nada poderia ser mais absoluto que o absoluto, não apenas para Hegel, mas também em termos da autodefinição do capital.

O grande problema não é a tão óbvia realidade da absoluta – incontrolável – autoafirmação do Estado-nação capitalista em sua história, mas as implicações devastadoras daquela autoafirmação incontrolável para nosso próprio tempo. Pois no passado a incontrolabilidade estrutural em questão sempre tomou a forma de guerras de escala e intensidade crescentes, sempre que fossem tentadas imposições de algumas restrições limitadoras pelos Estados-nações particulares uns sobre os outros, vindas de fora. Tais guerras foram até moralmente justificadas por Hegel, como vimos anteriormente, sem questionar no mínimo a absoluta incontrolabilidade do Estado-nação "germânico" (incluindo o colonialmente mais bem-sucedido Estado-nação inglês) enquanto tal. Tampouco era, na época de Hegel, em contraste com os tempos atuais, totalmente proibitivo, em termos estritamente militares, projetar a finalidade idealizada da missão histórica do Estado-nação para instituir a permanente dominação colonial-imperialista do mundo ao dizer que a "Europa é absolutamente o fim da história". Esse tipo de abordagem pertenceu à *normalidade* da fase colonial-imperialista do desenvolvimento do sistema do capital. De fato, foi perfeitamente sustentável sob as circunstâncias então prevalecentes, proeminentemente teorizadas até mesmo como a correlação *inalterável* entre *guerra e política* pelo ilustre estrategista militar prussiano general Karl Marie von Clausewitz, célebre contemporâneo de Hegel.

# A RECONSTRUÇÃO NECESSÁRIA DA DIALÉTICA HISTÓRICA

Entretanto, o que se tornou totalmente insustentável em nosso tempo é a irreformável antiga modalidade dos Estados-nações dominantes de"buscar e [...] criar *externamente uma matéria de atividade*"[23] através de suas guerras imperialistas, sob o pretexto dos "*violações indetermináveis em si, ainda que singulares*" que alegam ter eles mesmos sofrido, como Hegel ainda estava disposto a explicitar em termos claros, correspondendo à lógica absolutamente autoafirmativa da formação estatal moderna do capital. É isso que requer hoje um reexame fundamental e uma mudança estrutural radical, em contraste com a *dominação material* e o *empreendimento político/militar* persistentes de incontáveis guerras (calculadas em aproximadamente duzentas intervenções militares em assuntos de outros Estados após a Segunda Guerra Mundial) pelo Estado-nação mais agressivo de nosso tempo: os Estados Unidos da América, descritos como "a única nação necessária", nas palavras notórias do presidente Clinton. E, evidentemente, essa realidade desoladora está associada com a ideologia cínica difundida sob as pretensões da globalização amplamente benéfica.

Como sabemos, o sistema de Estados-nações modernos, com a iníqua hierarquia estrutural entre seus membros, foi historicamente constituído sobre a *base material substantiva discriminatória* do capital, mesmo que posteriormente tal sistema tenha se tornado ideologicamente racionalizado – tanto internamente como em suas relações interestatais – no espírito da racionalidade "puramente formal" e dos (jamais instituídos) abstratos "Direitos do Homem". Assim, o desafio a esse respeito para o futuro da humanidade é superar a *irrefreabilidade cega* dos Estados-nações do capital em nome da *controlabilidade racional* de um sistema radicalmente diferente de intercâmbios globalmente viáveis em termos substantivos. Naturalmente, superar tal desafio, através da instituição de uma forma de *internacionalismo socialista* historicamente sustentável, é viável somente através da suplantação real das injustiças sofridas pelos Estados menores no curso de sua longa dominação histórica pelas ditas "nações históricas mundiais"[24]. E isso somente é possível pela superação simultânea, em termos substantivos duradouros, da *hierarquia estrutural* opressiva sem a qual a ordem reprodutiva societal do capital é inconcebível tanto em suas *relações de classe* internas como em suas agressivas práticas *interestatais*.

---

[23] Ibidem, p. 304.
[24] A dificuldade quase proibitiva com relação a esse problema é que relações equitativas entre Estados e nações *nunca* foram instituídas no decorrer da história. Vislumbrar uma solução socialista é viável apenas com base em um modo de reprodução societal radicalmente diferente – substantivamente equitativo em sua mais profunda constituição.

Sem dúvida, a realização de tal tarefa não é simplesmente uma questão política. A condição objetiva fundamental para instituir uma solução historicamente sustentável nesse domínio é a transformação qualitativa da *base material antagônica* da ordem socioeconômica do capital, que continua a produzir, como uma questão de *necessidade estrutural*, o impulso à dominação global incontrolável dos componentes mais fracos do sistema pelos mais poderosos, não apenas em termos exploratórios reprodutivos materiais, sob o pretexto da globalização, mas também no cenário político/militar. É essa profunda determinação estrutural, eclodindo na forma dos antagonismos destrutivos de nosso tempo, que deve ser relegada ao passado de forma permanente.

## X.

Assim, a necessária transformação radical da superestrutura legal e política é inseparável da *reconstituição da dialética histórica* que tinha sido perigosamente distorcida e definitivamente *subvertida* no decorrer da fase descendente do desenvolvimento do capital, degradando desse modo o impulso autoexpansivo outrora positivo do sistema à condição de incontrolabilidade cega.

A diferença principal em relação a esse problema é que, antes de tudo, o sistema do capital foi estabelecido com base na *desigualdade substantiva* estruturalmente resguardada, graças também à não mitigada violência em grande escala da "acumulação primitiva", bastante facilitada em sua forma clássica na Inglaterra pelo Estado absolutista de Henrique VIII. Em completo contraste com a desigualdade substantiva do capital profundamente arraigada em todos os domínios, das relações materiais diretas às relações culturais mais mediadas, o necessário modo alternativo – socialista – de reprodução sociometabólica não pode ser considerado historicamente viável, a não ser que seja *qualitativamente reconstituído* e firmemente mantido em sua nova configuração social com base na *igualdade substantiva*.

Enfatizar esse contraste vital entre as características definidoras *substantivas* dos modos históricos alternativos de reprodução sociometabólica de nosso tempo é ainda mais importante para nós porque, em suas autoimagens ideologicamente bem difundidas, o capital sempre proclamou sua adesão programática, no que se refere a seus termos legislativos, à *igualdade contratual*, assim como, em termos materiais reprodutivos práticos, alegou regular a ordem socioeconômica com base na *equação universal do valor*. Contudo, como vimos acima em contextos diversos, todas essas práticas têm sido buscadas, na realidade, somente com base na transformação redutiva de *incomensurabilidades substantivas* em relações *formalmente equiparáveis*, sob a dominação ubíqua da produção generalizada de mercadorias e de seu *trabalho abstrato* equiparável de forma fetichista.

As relações *substantivas* de dominação e subordinação exploratórias profundamente iníquas e estruturalmente salvaguardadas poderiam, portanto, continuar imperturbadas nas práticas reprodutivas societais do capital por um longo tempo, até o início de alguma grande crise tão tardia quanto a fase imperialista monopolista do desenvolvimento do sistema. E mesmo aí, apesar do fato de que as crises em erupção citadas foram de magnitude considerável – caracteristicamente sujeitas à tentativa de serem retificadas depois pelos Estados imperialistas mais poderosos, embora sem sucesso duradouro, por empreendimentos militares maciços, como as duas guerras mundiais do século XX –, apontaram apenas *tendencialmente* na direção da definitivamente inevitável *crise estrutural* do sistema.

Entrementes, a normalidade há muito persistente da equação universal do valor, sob o domínio da produção generalizada de mercadorias de modo fetichista, teve êxito em conferir até mesmo uma auréola de "liberdade-fraternidade-igualdade" às concepções ideológicas do sistema do capital. A superestrutura legal e política cada vez mais preponderante do capital, desdobrando-se no curso da história com sua selva legal em inexorável expansão, que atingiu seu clímax em nosso tempo, deu uma contribuição vital ao sucesso contínuo desse modo de reprodução societal. Ela cumpriu seu problemático papel estabilizador do modo mais autoritário na fase descendente do desenvolvimento sistêmico do capital. Consequentemente, contribuiu com todos os meios possíveis a seu dispor – incluindo a legitimação cinicamente aberta da consolidação monopolista no campo da produção econômica e o envolvimento ativo no mais descarado aventureirismo e violência imperialistas no domínio político/militar, em nome da "igualdade democrática" – para a cada vez mais perigosa subversão da dialética histórica.

Antes da articulação do sistema do capital moderno e de sua formação estatal, a questão da igualdade não emergiu de modo algum com relação à dimensão socioeconômica e política da reprodução societal. Como sabemos, a "democracia grega" pôde sustentar suas práticas de tomada de decisão política impressionantemente avançadas baseando-se na *escravidão* como sua duradoura base reprodutiva material. Uma forma de escravidão regulada enquanto modo de reprodução sociometabólica no qual seres humanos poderiam ser caracterizados por um pensador tão grande como o próprio Aristóteles como nada mais que "ferramentas falantes". Ademais, mesmo em um estágio muito mais tardio de desenvolvimento histórico, o Estado feudal, em seus bem conhecidos esforços autolegitimadores, não hesitou em reivindicar a *linhagem divina* em favor de seus quadros dominantes privilegiados. Esse modo de conceituar a ordem do mundo não representou problema algum, seja para o sistema escravista antigo, seja para o sistema feudal da Idade Média. Pois em ambos os casos qualquer preocupação com igualdade, não apenas a igualdade substantiva, mas mesmo a formal, era totalmente irrelevante para a forma pela qual as condições de existência dos membros da sociedade eram efetivamente produzidas e reproduzidas em seu curso constante.

Em completo contraste, a preocupação do Estado capitalista com a igualdade desde o início de seu desenvolvimento histórico estava enraizada nas *equiparações formais* de sua base material e, enquanto tal, aquele tipo de preocupação com a igualdade era tanto *necessário* quanto *genuíno* em seus próprios termos de referência. O fato complicador é que a própria relação do capital – baseada na alienação do trabalho e sua corporificação no capital – pôde ser *pressuposta circularmente* nas concepções autosservientes do capital como o único modo viável da ordem reprodutiva "natural", no nível dos princípios operativos cotidianos do sistema. Consequentemente, a igualdade contratual e a equação universal do valor puderam ser proclamadas de forma coerente a constituir o *modus operandi* efetivo do sistema do capital por seus maiores representantes intelectuais, incluindo Adam Smith e Hegel. Essa abordagem tornou-se insustentável apenas quando a questão da *gênese histórica* do sistema teve de ser levantada, precisamente com vistas a reavaliar sua viabilidade quanto ao futuro, à luz de sua desigualdade substantiva estruturalmente arraigada, que se tornou contestada por um crescente movimento social baseado em classes no rescaldo da Revolução Francesa e das guerras napoleônicas.

Nesse ponto, quando a questão do tempo surgiu no horizonte com relação tanto ao *passado* quanto ao *futuro*, a antiga pressuposição circular dos próprios princípios operativos – ideologicamente racionalizados e eternizados com base no fato de que estavam, na "realidade racional" hegeliana, funcionando de maneira demonstrável – teve de falhar em cumprir sua função costumeira. Pois, em nítido contraste com a *igualdade formalmente estipulada*, a qual pode ser racionalizada ideologicamente sob todos os tipos de postulados totalmente insustentáveis, como vimos ser feito até por um grande filósofo como Kant, a *igualdade substantiva*, com suas determinações qualitativas, não pode ser tratada *circularmente*, de maneira a vindicar sua exclusão apriorística da louvável normatividade social ao arbitrariamente proclamar *autoreferencialidade*, oferecida como um julgamento "conclusivo" *por definição*.

## XI.

Inevitavelmente, portanto, uma vez que a questão da igualdade substantiva enquanto tal é levantada com relação ao *Estado moderno*, traz consigo o desafio de confrontar o difícil problema do necessário *definhamento do Estado* em sua realidade historicamente constituída. Pois no interior dos limites historicamente determinados do Estado moderno – os quais devem ser hierarquicamente ordenados tanto internamente como em suas relações interestatais, corporificando desse modo a alienação radical do poder de tomada de decisão abrangente dos indivíduos sociais – a própria ideia de igualdade substantiva é de necessidade *estruturalmente negada*.

Contudo, a instituição de uma ordem social reprodutiva substantivamente equitativa representa um desafio fundamental para *nosso futuro*, pedindo a transformação radical da superestrutura legal e política hierarquicamente estruturada em si mesma, juntamente com suas premissas práticas e pressuposições materiais. Como já mencionado, a grande expansão do sistema do capital foi tornada possível, em primeiro lugar, pelo avanço progressivo de um sistema de dominação incontestável do *valor de uso* pelo *valor de troca* através do qual a equação universal do valor tornou-se o princípio operativo dinâmico de asseguramento da expansão da reprodução societal sob o jugo da produção generalizada de mercadorias. Enquanto membro de importância vital do *sistema dicotômico*, a troca pôde exercer um papel *dominante* no processo de reprodução material, independentemente das consequências negativas que surgiriam no longo prazo de sua supremacia sobre a produção e sobre as demandas que poderia impor – "pelas costas dos indivíduos produtores" – até mesmo nos recursos naturais disponíveis e necessariamente finitos. Em última análise, portanto, um sistema desse tipo *tinha de se descontrolar*, uma vez que os limites sistêmicos objetivos do modo de reprodução sociometabólica do capital fossem ativados.

Além disso, o que tornou as coisas piores foi o fato de que a dominação alienante do uso humano pelas exigências fetichistas da troca de mercadorias não foi sustentada apenas pela relação de troca dada em e por si mesma. A dominância da troca sobre o uso teve seus *corolários* igualmente problemáticos que, *em conjunção*, constituíram um sistema ao fim impossível de ser administrado. Um sistema de dicotomias não dialéticas que se afirmaram de maneira peremptória categórica tanto materialmente quanto no âmbito político. De fato, o mesmo tipo de dicotomias não dialéticas, características do sistema do capital como um todo, teve de prevalecer através da dominação da *quantidade sobre a qualidade*, do *abstrato sobre o concreto* e do *formal sobre o substantivo*, como aquilo que vimos na dominância necessariamente reificante do *valor de troca sobre o valor de uso* sob a equação universal do valor da ordem reprodutiva estabelecida.

Sem dúvida, na raiz de todas essas relações inevitavelmente distorcedoras – mesmo que absolutamente necessárias para os propósitos da produção generalizada de mercadorias – de dominação e subordinação unilaterais, encontramos a *subordinação estrutural do trabalho ao capital* politicamente assegurada e salvaguardada, racionalizada através da mais absurda – ainda que, de maneira fetichista, tenha funcionado bem por um longo período histórico – prática reprodutiva de homogeneização formal/redutiva que transforma em mercadorias e equaciona de modo redutivo seres humanos vivos com o *trabalho abstrato*. Não é de forma alguma surpreendente, portanto, que a cada vez mais preponderante superestrutura legal e política do sistema tenha desempenhado, e continue a fazê-lo, um papel coadjuvante crescentemente irracionalista ao postergar o "momento da verdade". Esse momento, não obstante, chega quando se torna inevitável pagar pelas consequências destrutivas dos perigosos desenvolvimentos em desdobramento em escala global, tanto no domínio reprodutivo material quanto no plano político/militar. Da forma como as coisas se encontram hoje, dado seu poder preponderante, o "Estado democrático" pode preencher seu papel coadjuvante irracional ao varrer para o lado, com autoritarismo cinicamente encenado – "neoliberal" ou "neoconservador" –, qualquer preocupação, até mesmo sobre as maiores colisões militares regularmente em erupção.

Nesse sentido, a transformação radical da superestrutura legal e política, como uma exigência literalmente vital de nosso tempo, requer uma mudança fundamental em uma base material sustentável no longo prazo. Isso significa superar a dominação dicotômica não dialética de um lado das relações mencionadas há pouco sobre o outro, da dominação definitivamente autodestrutiva da troca sobre o uso, assim como do abstrato sobre o concreto, chegando à obliteração historicamente não mais sustentável das determinações qualitativamente vitais de qualquer modo de reprodução societal viável no longo prazo pelo fetichismo da quantificação universal e a consequente equiparação das incomensurabilidades. A *reconstituição da dialética histórica* sobre uma *base substantiva equitativa estruturalmente assegurada* não é, portanto, um postulado filosófico especulativo, mas uma exigência objetiva central de nossas condições de existência nos dias presentes. Pois a perigosa *subversão da dialética histórica* coincidiu com a cada vez mais antagônica fase descendente do desenvolvimento do sistema do capital e a ativação de sua *crise estrutural*, trazendo consigo a ameaça das até mesmo mais elementares condições de vida humana sustentável neste planeta, assim como o desrespeito prático irracionalista por elas. Naturalmente, a superestrutura legal e política até do mais autoritário Estado, não importa quão inchado e protegido ele possa ser não somente por seu catastroficamente esbanjador arsenal militar, mas também por sua cada vez mais densa selva legal, não pode de modo algum contrapor-se permanentemente ao caráter urgente de tais determinações e exigências objetivas.

O modo de controle sociometabólico do capital pôde prevalecer por um longo período histórico porque constituiu um *sistema orgânico* no qual a base material de reprodução societal e sua dimensão regulatória político-legal abrangente estavam entrelaçadas inextricavelmente em um modo expansionista dinâmico, tendendo em direção a uma integração global abrangente. De fato, por quase três séculos, o impulso expansionista do sistema do capital pôde prosseguir de maneira bastante desimpedida. Entretanto, um dos *limites estruturais* insuperáveis desse sistema, sobrecarregado com a lógica definitivamente autodestrutiva de sua *formação de Estados-nações incontrolável* – no caso, a necessidade de desenvolvimentos *monopolistas* e a associada *rivalidade imperialista* entre os Estados dominantes –, tinha de tornar o sistema em si historicamente inviável em uma era na qual a busca pela guerra global pode somente resultar na autodestruição da humanidade. E o outro *limite estrutural* insuperável do sistema do capital não é menos grave. Pois no plano da reprodução material seu impulso autoexpansivo *racionalmente irrefreável*, intensamente promovido pela formação estatal do capital, alcançou inevitavelmente o ponto de colisão com os limites objetivos dos recursos de nosso planeta, clamando pela adoção das práticas reprodutivas societais qualitativamente diferentes da única economia viável – em uma *forma econômica humanamente significativa* – em nosso lar planetário. Naturalmente, com relação ao imperativo para encarar os desafios que emergem dessas limitações estruturais fundamentais do sistema do capital, a transformação radical de sua superestrutura legal e política – em conjunção com sua base material, no espírito indicado neste artigo – é uma exigência absolutamente vital.

*El Nacional* sobre a edição venezuelana de *O desafio e o fardo do tempo histórico* (2007).

# ENTREGA DO PREMIO LIBERTADOR AL PENSAMIENTO CRÍTICO A ISTVÁN MÉSZÁROS*

[...]
Certamente István Mészáros nos surpreendeu, pois seu discurso foi em espanhol e teve Bolívar por tema. Começou dizendo: "Senhor Presidente, companheiros e companheiras, ser associado com o Libertador é a maior honra da minha vida de quase 80 anos!".

[...]
István Mészáros nos presenteou com um discurso que, mais do que um discurso, foi uma aula magistral. Além disso, falou em espanhol... Atenção que agradecemos infinitamente... Ele fez um esforço que temos de reconhecer, para nos ler seu discurso em espanhol, e também nos trouxe um discurso extraordinário, que dá destaque ao pensamento crítico de Bolívar, o Libertador!

[...]
Você tem de saber, István, que, desde que chegou à Venezuela, aqui ficou e nunca mais irá embora, porque suas ideias começaram a fincar raízes por aqui. Já te consideramos filho da Pátria de Bolívar! Te consideramos filho da Venezuela!

[...]
Tive meu primeiro contato com as ideias de Mészáros em Yare. Na prisão de Yare, naquela prisão fecunda, que foi uma escola [...] Foi Jorge Giordani que me falou pela primeira vez de István Mészáros. E me levou uns folhetos que estava

---

* Trechos do discurso proferido pelo presidente da Venezuela Hugo Chávez, por ocasião da entrega do importante prêmio Simon Bolivar do Pensamento Crítico (Premio Libertador al Pensamiento Crítico), em Caracas, setembro de 2009. Em sua quarta edição, o prêmio Libertador recebeu mais de 100 inscrições e a escolha da obra de Mészáros foi feita por um júri internacional composto pelo vencedor da terceira edição do prêmio, Renan Vega Cantor (Colômbia), pelo economista e pesquisador Theotonio dos Santos (Brasil), pelo sociólogo Bernard Duterme (Bélgica), e pelos escritores Judith Valencia e Juan Antonio (Venezuela). Tradução de Rodrigo Nobile.

traduzindo. Eu quero fazer aqui um reconhecimento, porque o introdutor, vamos dizer assim, quem trouxe Mészáros à Venezuela, ali está, Jorge Giordani. [...] Yare foi um ponto de encontro... Se eu nascesse novamente, pediria: "Mandem-me para Yare!" (risos) Tinha de passar por Yare!

[...]

Há uma citação do *The New York Times* de 24 de janeiro de 2007 que diz: "Hoje as concepções teóricas de Mészáros se convertem cada vez mais em força material ao apoderar-se das massas por meio de inumeráveis atores históricos mundiais nos textos da Revolução Bolivariana de Hugo Chávez na América Latina". Assim o artigo do *The New York Times* de 24 de janeiro de 2007 se referia à "conhecida admiração" do presidente venezuelano Hugo Chávez por István Mészaros, um estudioso marxista húngaro relativamente obscuro. [...] é na verdade um dos pensadores mais brilhantes! Mais claros e preclaros que o mundo tem hoje. É uma honra para nós ter aqui István Mészáros!

[...]

Uma noite eu estava lendo *Os miseráveis* e não aguentei de tanta beleza. Tive de parar. Disse a mim mesmo: "Não aguento mais, é demasiado". Recordo o capítulo em que Victor Hugo narra a batalha de Waterloo. Como sou soldado, senti que montava os cavalos! [...] Acontece o mesmo com os livros de Mészáros: às vezes alguém os fecha porque são como uma avalanche. Uma catarata de ideias. Que precisa ser assimilada, revisada, aprimorada, reanalisada. Não há limites para a profundidade desse pensamento. [...] Com todo o respeito aos outros participantes, todos merecem reconhecimento, mas em melhores mãos é impossível [entregar] o Premio Libertador al Pensamiento Crítico!

[...]

# CRONOLOGIA

19 de dezembro de 1930: Nasce em Budapeste, Hungria, em uma família modesta, completando os estudos em escola pública.

1949: Graças a uma bolsa entra para a Universidade de Budapeste.

1950: Reage à censura da encenação do clássico da literatura húngara *Csongor és Tünde* (1830), de Mihály Vörösmarty, com um minucioso estudo em defesa da obra.

1951: Recebe o prêmio Attila József por esse estudo, e György Lukács o nomeia seu assistente no Instituto de Estética da Universidade de Budapeste. Tem início profunda amizade entre os dois. Conhece Julien Benda na casa de Lukács, encontro que o marca profundamente.

1950 a 1956: Como membro da Associação de Escritores Húngaros participa ativamente dos debates culturais e literários da época.

1956: Abandona o país após o levante de outubro e a entrada das tropas soviéticas, transfere-se para a Itália e é admitido na Universidade de Turim. Casa-se com Donatella, que conheceu em Paris, e publica *Satire and Reality*. Nasce sua filha Laura.

1958: Publica *La rivolta degli intellettuali in Ungheria*.

1959: Transfere-se para a Grã-Bretanha e passa a lecionar na Universidade de Londres.

1960: Nasce sua filha Susie.

1961: Nasce seu filho George. Leciona na Universidade de Saint Andrews, na Escócia.

1964: Publica *Attila József e l'arte moderna*.

1966: Inicia seus trabalhos na Universidade de Sussex, em Brighton, na Inglaterra.

1970: Publica *Marx's Theory of Alienation* e recebe o prêmio Memorial Isaac Deutscher por esta obra.

1971: Publica *Aspects of History and Class Consciousness* e *The Necessity of Social Control*.

1972: Publica *Lukács' Concept of Dialectic*, leciona na Universidade Nacional Autônoma do México (Unam) e é nomeado professor de Filosofia e Ciências Sociais da Universidade de York, em Toronto, no Canadá.

1977: Retorna à Universidade de Sussex.

1978: Publica *Neocolonial Identity and Counter-Consciousness: Essays in Cultural Decolonization*.

1979: Publica *The Work of Sartre: Search for Freedom*.

1981: Publica *A teoria da alienação em Marx* em português, pela Zahar.

1986: Publica *Philosophy, Ideology and Social Science*.

1987: Publica *A necessidade do controle social* em português, pela Ensaio.

1989: Publica *The Power of Ideology* e *Produção destrutiva e Estado capitalista* em português, pela Ensaio.

1991: Recebe o título de Professor Emérito de Filosofia e publica *A obra de Sartre: busca de liberdade* em português, pela Ensaio.

1992: Recebe o prêmio "Lukács", na Hungria.

1993: Publica *Filosofia, ideologia e ciência social* em português, pela Ensaio.

1995: Publica *Beyond Capital*, é eleito membro da Academia Húngara de Ciências e, em fevereiro, se afasta das atividades docentes.

1996: Publica *O poder da ideologia* em português, pela Ensaio.

2001: Publica *Socialism or Barbarism: From the "American century" to the Crossroads*.

2002: Publica *Para além do capital* em português, pela Boitempo.

2003: Publica *O século XXI: socialismo ou barbárie?* em português, pela Boitempo.

2004: Publica *O poder da ideologia* em português, pela Boitempo.

2005: Publica *A educação para além do capital* em português, pela Boitempo, redigido para a conferência de abertura do Fórum Mundial de Educação de 2004 em Porto Alegre, e recebe novamente o prêmio "Lukács", na Hungria.

2006: Recebe o título de Pesquisador Emérito da Academia de Ciências Cubana e publica *A teoria da alienação em Marx* em português, pela Boitempo.

2007: Morre sua companheira de toda a vida, Donatella. Neste mesmo ano, publica *O desafio e o fardo do tempo histórico* em português, pela Boitempo.

2008: Publica *The Challenge and Burden of Historical Time: Socialism in the Twenty-First Century* e, pela Boitempo, a edição brasileira *Filosofia, ideologia e ciência social*.

2009: Participa do III Seminário Internacional Margem Esquerda: István Mészáros e os desafios do tempo histórico, realizado em sua homenagem, e publica *Capital's Unfolding Systemic Crisis* e *Social Structure and Forms of Consciousness: the Social Determination of Method* e, pela Boitempo, suas respectivas edições brasileiras, *A crise estrutural do capital* e *Estrutura social e formas de consciência I: a determinação social do método*.

2010: Publica *Historical Actuality of the Socialist Offensive: Alternative to Parliamentarism* e, pela Boitempo, a edição brasileira *Atualidade histórica da ofensiva socialista*.

2011: Publica *Social Structure and Forms of Consciousness*, v. II. *The Dialectic of Structure and History* e, pela Boitempo, a edição brasileira *Estrutura social e formas de consciência*, v. II. *A dialética da estrutura e da história*.

2012: Publica *A obra de Sartre: busca da liberdade e desafio da história* em português, pela Boitempo.

2013: Publica *O conceito de dialética* em *Lukács* em português, pela Boitempo.

2014: Publica *The Necessity of Social Control: enlarged edition*.

2015: Publica *A montanha que devemos conquistar: reflexões acerca do Estado* em português, pela Boitempo.

Atualmente vive em Rochester, perto de Londres.

# SOBRE ISTVÁN MÉSZÁROS

Nascido em Budapeste, Hungria, em 1930, István Mészáros graduou-se em filosofia na Universidade de Budapeste, onde foi assistente de György Lukács no Instituto de Estética. Deixou o país após o levante de outubro de 1956 e exilou-se na Itália, onde trabalhou na Universidade de Turim. Posteriormente, ministrou aulas nas universidades de Londres (Inglaterra), St. Andrews (Escócia) e Sussex (Inglaterra), além de na Universidade Nacional Autônoma do México e na Universidade de York (Canadá). Em 1977, retornou à Universidade de Sussex, onde recebeu, catorze anos depois, o título de Professor Emérito de Filosofia. Permaneceu nessa universidade até 1995, quando se afastou das atividades docentes – mesmo ano em que foi eleito membro da Academia Húngara de Ciências. É reconhecido como um dos principais intelectuais marxistas contemporâneos e recebeu, entre outras distinções, o Premio Libertador al Pensamiento Crítico, em 2008, concedido pelo Ministério da Cultura da Venezuela, por sua obra *O desafio e o fardo do tempo histórico*, o título de Pesquisador Emérito da Academia de Ciências Cubana, em 2006, e o Deutscher Memorial Prize, em 1970, por *A teoria da alienação em Marx*.

**Obras de István Mészáros**

*Szatira és valóság*. Budapeste, Szépirodalmi Könyvkiadó, 1955.
*La rivolta degli intellettuali in Ungheria*. Turim, Einaudi, 1958.
*Attila József e l'arte moderna*. Milão, Lerici, 1964.
*Marx's Theory of Alienation*. Londres, Merlin, 1970. [Ed. bras.: *A teoria da alienação em Marx*. Trad. Nélio Schneider. São Paulo, Boitempo, no prelo.]
*Aspects of History and Class Consciousness*. Londres, Routledge & Kegan Paul, 1971.
*The Necessity of Social Control*. Londres, Merlin, 1971.
*Lukács' Concept of Dialectic*. Londres, Merlin, 1972. [Ed. bras.: *O conceito de dialética* em *Lukács*. Trad. Rogério Bettoni. São Paulo, Boitempo, 2013.]

*Neocolonial Identity and Counter-Consciousness.* Londres, Merlin, 1978.

*The Work of Sartre: Search for Freedom and the Challenge of History.* Brighton, HarvesterWheatsheaf, 1979. [Ed. bras.: *A obra de Sartre: busca da liberdade e desafio da história.* Trad. Rogério Bettoni. São Paulo, Boitempo, 2012.]

*Philosophy, Ideology and Social Science.* Brighton, HarvesterWheatsheaf, 1986. [Ed. bras.: *Filosofia, ideologia e ciência social.* Trad. Ester Vaisman. São Paulo, Boitempo, 2008.]

*The Power of Ideology.* Brighton, HarvesterWheatsheaf, 1989. [Ed. bras.: *O poder da ideologia.* Trad. Magda Lopes e Paulo Cézar Castanheira. São Paulo, Boitempo, 2004.]

*Beyond Capital: Towards a Theory of Transition.* Londres, Merlin, 1995. [Ed. bras.: *Para além do capital: rumo a uma teoria da transição.* Trad. Paulo Cézar Castanheira e Sérgio Lessa. São Paulo, Boitempo, 2002.]

*Socialism or Barbarism: from the "American Century" to the Crossroads.* Nova York, Monthly Review, 2001. [Ed. bras.: *O século XXI: socialismo ou barbárie?.* Trad. Paulo Cézar Castanheira. São Paulo, Boitempo, 2003.]

*A educação para além do capital.* Trad. Isa Tavares. São Paulo, Boitempo, 2005.

*O desafio e o fardo do tempo histórico: o socialismo no século XXI.* Trad. Ana Cotrim e Vera Cotrim. São Paulo, Boitempo, 2007.

*A crise estrutural do capital.* Trad. Francisco Raul Cornejo. São Paulo, Boitempo, 2009.

*Social Structure and Forms of Consciousness,* v. I. *The Social Determination of Method.* Nova York, Monthly Review, 2010. [Ed. bras.: *Estrutura social e formas de consciência,* v. I. *A determinação social do método.* Trad. Luciana Pudenzi e Paulo César Castanheira. São Paulo, Boitempo, 2009.]

*Historical Actuality of the Socialist Offensive: Alternative to Parliamentarism.* Londres, Bookmark, 2010. [Ed. bras.: *Atualidade histórica da ofensiva socialista: uma alternativa radical ao sistema parlamentar.* Trad. Maria Orlanda Pinassi e Paulo Cézar Castanheira. São Paulo, Boitempo, 2010.]

*Social Structure and Forms of Consciousness,* v. II. *The Dialectic of Structure and History.* Nova York, Monthly Review, 2011. [Ed. bras.: *Estrutura social e formas de consciência,* v. II. *A dialética da estrutura e da história.* Trad. Caio Antunes e Rogério Bettoni. São Paulo, Boitempo, 2011.]

*The Necessity of Social Control: enlarged edition.* Nova York, Monthly Review, 2014.

*A montanha que devemos conquistar: reflexões acerca do Estado.* Trad. Maria Izabel Lagoa. São Paulo, Boitempo, 2015.

# SOBRE OS AUTORES E OS ORGANIZADORES

AFRÂNIO MENDES CATANI é professor na Faculdade de Educação da Universidade de São Paulo (USP) e no Programa de Pós-Graduação em América Latina da mesma instituição (Prolam/USP). É pesquisador do CNPq e autor de *Origem e destino: pensando a sociologia reflexiva de Bourdieu* (Mercado de Letras, 2013).

BRETT CLARK é professor de sociologia na Universidade da Carolina do Norte (EUA). É coautor de *The Ecological Rift: Capitalism's War on the Earth* (Monthly Review, 2010) e *Critique of Intelligent Design: Materialism versus Creationism from Antiquity to the Present* (Monthly Review, 2008), ambos em parceria com John Bellamy Foster e Richard York.

EDMILSON COSTA é doutor em economia pela Universidade Estadual de Campinas (Unicamp), com pós-doutorado no Instituto de Filosofia e Ciências Humanas (IFCH) da mesma instituição, e professor da Faculdade de Belas Artes. É diretor de pesquisa do Instituto Caio Prado Jr., membro do Comitê Central do Partido Comunista Brasileiro (PCB), um dos editores da revista *Novos Temas*, e autor, entre outros, de *A política salarial no Brasil* (Boitempo, 1997) e *A globalização e o capitalismo contemporâneo* (Expressão Popular, 2008).

EMIR SADER é professor aposentado de sociologia da USP e secretário executivo do Clacso (Conselho Latino-Americano de Ciências Sociais). É autor, entre outros, de *A nova toupeira: os caminhos da esquerda latinoamericana* (Boitempo, 2009) e *Estado e política em Marx* (Boitempo, 2014), coordenador da *Latinoamericana: enciclopédia contemporânea da América Latina e do Caribe* (Boitempo, 2006) e organizador, com Marco Aurélio Garcia, de *O Brasil, entre o passado e o futuro* (Boitempo, 2010).

François Chesnais é professor emérito de ciências econômicas na Universidade Paris-XIII (França) e membro do Conselho Científico da Association pour La Taxation des Transactions Financières pour l'Aide aux Citoyens (ATTAC). É autor, entre outros, de *A mundialização do capital* (Xamã, 1996) e *A mundialização financeira* (Xamã, 1998), e organizador de *A finança mundializada* (Boitempo, 2005).

Giovanni Alves é professor livre-docente de sociologia do trabalho da Universidade do Estado de São Paulo (Unesp-Marília), pesquisador do CNPq, coordenador-geral da Rede de Estudos do Trabalho (RET) e do Projeto Tela Crítica/CineTrabalho (www.telacritica.org). Autor de vários artigos científicos e livros, tais como *O novo e precário mundo do trabalho* (Boitempo, 2000), *Trabalho e cinema* (Práxis, 2006, 3 v.), *A condição de proletariedade* (Práxis, 2009), *Lukács e o século XXI* (Práxis, 2010) e *Trabalho e subjetividade* (Boitempo, 2011), e organizador de *O trabalho do juiz: Análise crítica do video documentário* (Práxis, 2014).

Ivana Jinkings é editora da Boitempo e da revista *Margem Esquerda – Ensaios Marxistas*. É coorganizadora de *As utopias de Michael Löwy: reflexões sobre um marxista insubordinado* (Boitempo, 2007), da *Latinoamericana: enciclopédia contemporânea da América Latina e do Caribe* (Boitempo, 2006), vencedora dos prêmios Melhor Livro de Ciências Humanas e Livro do Ano de Não Ficção outorgados pela Câmara Brasileira do Livro, e de *As armas da crítica: antologia do pensamento de esqueda* (Boitempo, 2012).

Jesus Ranieri é sociólogo e professor do Departamento de Sociologia do Instituto de Filosofia e Ciências Humanas da Unicamp (IFCH/Unicamp). É coorganizador de *A obra teórica de Marx: atualidade, problemas, interpretações* (Xamã, 2002) e autor de *A câmara escura: alienação e estranhamento em Marx* (Boitempo, 2001) e *Trabalho e dialética: Hegel, Marx e a teoria social do devir* (Boitempo, 2011).

John Bellamy Foster é professor do Departamento de Sociologia da Universidade de Oregon (EUA) e editor da revista *Monthly Review*. É autor de *A ecologia de Marx: materialismo e natureza* (Civilização Brasileira, 2005), além de coautor de *The Ecological Rift: Capitalism's War on the Earth* (Monthly Review, 2010) e *Critique of Intelligent Design: Materialism versus Creationism from Antiquity to the Present* (Monthly Review, 2008), ambos em parceria com Brett Clark e Richard York.

Jorge Beinstein é doutor em ciências econômicas pela Universidade de Franche-Comté (França) e e professor titular das Universidades de Buenos Aires e de Córdoba (Argentina) e da Universidade de Havana (Cuba). É autor, entre outros, de *Capitalismo senil: a grande crise da economia global* (Record, 2001) e *Crónica de la decadencia: capitalismo global 1999-2009* (Cartago, 2009).

JORGE GIORDANI é doutor em planificação pela Universidade de Sussex (Reino Unido) e atuou como professor do Centro de Estudios del Desarrollo da Universidad Central de Venezuela (Cendes/UCV). É ministro do Planejamento e Finanças da Venezuela e autor, entre outros, de *La planificación en Venezuela: del discurso ideológico al Plan Corporativo Petrolero* (Cendes, 1993).

MARIA ORLANDA PINASSI é professora de sociologia na Faculdade de Ciências e Letras da Universidade Estadual Paulista de Araraquara (FCL/Unesp), membro do conselho editorial da revista *Margem Esquerda* e autora do livro *Da miséria ideológica à crise do capital: uma reconciliação histórica* (Boitempo, 2009).

MIGUEL VEDDA é professor titular de literatura alemã na Faculdade de Filosofia e Letras da Universidade de Buenos Aires (UBA), onde atua como diretor da cátedra livre de Teoria Crítica e Marxismo Ocidental. É pesquisador do Consejo Nacional de Investigaciones Cientificas y Tecnicas (Conicet) e membro do conselho da revista *Herramienta*. É compilador de *Constelaciones dialécticas: tentativas sobre Walter Benjamin* (Herramienta, 2008).

OSVALDO COGGIOLA é professor titular de história na Faculdade de Filosofia, Letras e Ciências Humanas da Universidade de São Paulo (USP). É autor de *A Revolução Iraniana* (Unesp, 2008), *As Grandes Depressões 1873-1896 e 1929-1939* (Alameda, 2009) e *Alemanha 1918-1924: hiperinflação e revolução* (TCTE, 2010).

PLÍNIO DE ARRUDA SAMPAIO JR. é professor do Instituto de Economia da Unicamp. É autor, entre outras obras, de *Entre a nação e a barbárie: os dilemas do capitalismo dependente* (Vozes, 1990).

RICARDO ANTUNES é professor titular de sociologia do trabalho no Instituto de Filosofia e Ciências Humanas (IFCH) da Unicamp. É autor, entre outros, de *Infoproletários: degradação real do trabalho virtual* (Boitempo, 2009), em coautoria com Ruy Braga, *Os sentidos do trabalho* (Boitempo, 2010) e *O continente do labor* (Boitempo, 2011), e organizador de *Riqueza e miséria do trabalho no Brasil*, 3v. (2006, 2010 e 2014). Coordena as coleções Mundo do Trabalho, na Boitempo, e Trabalho e Emancipação, na Expressão Popular.

RICARDO MUSSE, doutor em filosofia pela USP, é professor do departamento de sociologia da Faculdade de Filosofia, Letras e Ciências Humanas da USP. Organizou os livros *Capítulos do marxismo ocidental* (Unesp/Fapesp, 1998) e *Émile Durkheim: fato social e divisão do trabalho* (Ática, 2007).

Roberto Leher é professor da Faculdade de Educação e do Programa de Pós-Graduação em Educação da UFRJ, colaborador da Escola Nacional Florestan Fernandes, pesquisador CNPq, bolsista sênior Ipea/Capes, coordenador do Observatório Social da América Latina (Osal), Brasil-Clacso, e do programa de formação Outro Brasil/IRL. Recentemente coordenou *Políticas de privatización, espacio público y educación en América Latina* (Homo Sapiens/Clacso, 2009) e *Por una reforma radical de las universidades latinoamericanas* (Homo Sapiens Ediciones, 2010).

Rodrigo de Souza Dantas é doutor em filosofia pela UFRJ, professor de filosofia política e filosofia marxista no Departamento de Filosofia da UnB e ativista político. Foi presidente da Associação dos Docentes da UnB e vice-presidente do Sindicato Nacional dos Docentes das Instituições de Nível Superior (Andes-SN). Publicou dezenas de artigos em periódicos acadêmicos, na imprensa sindical e popular, e em revistas e jornais de circulação nacional.

Rodrigo Nobile é mestre em estudos latino-americanos pelo Programa de Pós-Graduação em Integração da América Latina (Prolam) da Universidade de São Paulo (USP). Coordenador e coautor de *Latinoamericana: enciclopédia contemporânea da América Latina e do Caribe*, vencedora dos prêmios Melhor Livro de Ciências Humanas e Livro do Ano de Não Ficção outorgados pela Câmara Brasileira do Livro.

Valério Arcary é doutor em história social pela USP e professor do Centro Federal de Educação Tecnológica de São Paulo (Cefet/SP). Foi professor também do Instituto Federal de Educação, Ciência e Tecnologia de São Paulo (IFSP). É autor, entre outros, de *As esquinas perigosas da história* (Xamã, 2003).

Wolfgang Leo Maar é professor titular de filosofia da UFSCar e pesquisador colaborador do Cenedic-USP. Tradutor do alemão, autor de ensaios sobre Marx, Lukács, Marcuse e Adorno, entre outros, escreveu *O que é política* (Brasiliense, 1994) e *A formação da teoria em "História e consciência de classe"*, que, em 1988, foi a primeira tese de doutorado sobre Lukács no Brasil.

Este livro foi composto em California 10.5/14.5 e reimpresso em papel Pólen Soft 80 g/m² na gráfica Intergraf para a Boitempo Editorial, em abril de 2015, com tiragem de 1.000 exemplares.